グローバル秩序という視点

規範・歴史・地域

松井康浩 編

法律文化社

はしがき

　近年，英語圏を中心に，以前より馴染みのある国際秩序（international order）や世界秩序（world order）の概念と並んで，「グローバル秩序（global order）」という言葉が流通し始めている。「グローバル」が，国際／世界と区別されず互換的に使われることも珍しくはないから，それに「秩序」を付加した「グローバル秩序」なる概念が現われたとしても，それ自体はさほど不思議なことではない。たとえば，「国際関係のガヴァナンスにかかわる何らかのシステム」としての「グローバル秩序」という最大限にゆるやかな理解はその1つである［Maull 2005, p. 775］。
　しかしながら，この新語の登場は，地球規模で2極対立構造を築いた冷戦の終結を契機にくっきりと姿を現し，私たちの日常生活にも甚大な影響を及ぼしてきたグローバル化，およびその現象への理解や対応と深く結びついていることは間違いない。9・11テロ以前から，米国の対外政策に厳しい姿勢を示してきたノーム・チョムスキーは，早くも10年以上前に，同じく米国発のワシントン・コンセンサスに基づく「グローバル秩序」に批判を加えていた［Chomsky 1999］。そして，ワシントン・コンセンサスを支えるネオリベラリズムへのチョムスキーの警鐘は，2008年に，やはり米国を震源地とした金融危機のグローバルな広がりという形で現実のものとなり，各国はその対応に追われた。2008年11月，危機のさなかにワシントンで開かれた「金融・世界経済に関する首脳会合（G20）」を前にして，英国首相のゴードン・ブラウンは，「今日われわれが直面している脅威やチャレンジを，新たなグローバル秩序の困難な産みの苦しみ（the difficult birth-pangs of a new global order）と見ることが可能である」と強弁した［Brown 2008］。すなわち，グローバル資本の自由な活動を推進したワシントン・コンセンサス的秩序を，別のグローバル秩序によって取り替えていく必要性に，その真意はともかくとして，言及したのである。もっとも，さしあたりIMFや世界銀行などの既存の国際機構の権限を強化するといった

i

方向性が示されるにとどまり、新しいグローバル秩序の姿はまだ見えてこない。

このように、この言葉は、しばしば用いられる割には漠然とした印象を拭い去れないため、日本語圏でのその流通度が低いままにとどまっているのはある意味で健全なことなのかもしれない。たとえば、デヴィッド・ヘルドがコスモポリタン・デモクラシー論を提起した *Democracy and the Global Order*（1995年刊）を邦訳した1人である佐々木寛は、「『グローバル秩序』ということばは現段階で日本語としてなじみが薄」いとの理由で『デモクラシーと世界秩序』の訳語を採用した経緯にふれている［ヘルド 2002, 331頁］。世界秩序という言葉も、国家を単位として築かれる国際秩序に比べれば曖昧さを残すとしても、一般には国家以外のアクターを含みこんだ秩序像を想定し、かつ1991年の湾岸戦争時にいち早く定着を見たことから、この訳語の採用は理解できる。グローバル化や地球規模の諸問題が広く認知された現在にあっても、個々の主権的国民国家を軸とした国際秩序がいまなお主流であり、かつ問題への対処という点で有効性をもち続けているのだとしたら、グローバル秩序といったどこか浮ついた言葉に違和感を抱く向きがあったとしてもそれは不思議ではない。

ただ他方で、地球環境問題や金融危機に代表されるイシューに取り組むための地球大の枠組みが切実に求められる状況も否定しがたく、それに伴いグローバル・ガヴァナンスやグローバル市民社会といった新語がしっかりと日本の学界にも根を下ろしていることから判断すれば、グローバル秩序という用語の定着もおそらく時間の問題なのかもしれない。実際、地球環境問題をテーマとした著作でこの用語が表題に掲げられ［毛利 2008］、さらに「多極的世界秩序」を論じた章を含むシャンタル・ムフの著書 *On the Political* の日本語版の訳者は、訳書のタイトルに「多元主義的グローバル秩序の構築」という副題を添えている［ムフ 2008］。

いうまでもなく、本書は「グローバル秩序」という用語をあえて採用する立場にある。その理由は、国際秩序の概念のみでは、その中核的制度である国家主権に抵触する人道的介入の問題はもとより、「帝国」とも称される米国の突出したポジション、地球環境レジームの形成やグローバル経済の管理に関与する国際機構、企業、市民社会といった国家以外のアクターの登場という事態を

捉えきるにはやはり十分ではない、と考えるからである。ただその点については、日本語としても一定の定着を見ている「世界秩序」概念でも足りるとの批判が提示されるだろう。確かにそれはその通りかもしれない。しかし、もともと「世界」という言葉は、それぞれの時代における人間の意識や活動の範囲を指し、その空間的広がりは時代とともに変化してきた。たとえば、中国史の泰斗ジョン・フェアバンクに『中華世界秩序 (The Chinese World Order)』という著作（編著）があるように、グローバルな広がりをもたない「世界」「世界秩序」は至る所に存在した。「動物の世界」「知の世界」「趣味の世界」など、ありとあらゆる領域に適応可能な言葉が「世界」なのである。今日、人間の世界がグローバル大に広がりを見せたがゆえにこそ「グローバル世界 (a global world)」について語られ、両者が一致した空間を表す局面が生まれたものの、「グローバル」は、ただ1つの空間を誤解なく明示する概念である点でやはり区別される [Scholte 2005, p. 65]。そして現在、このグローバルな世界における秩序のあり様が、ローカルな場で暮らす1人ひとりの人間にとっても軽視しえない時代が到来したのである。

「グローバル」の含意を突き詰める作業を行ったジャン・ショルテやマーティン・ショーは、それぞれ「超領域性 (supraterritoriality)」、「世界規模での人間社会の共通意識 (a common consciousness of human society on a world scale)」といった新たな社会的諸関係の誕生に着目し、それに「グローバリティ (globality)」という言葉を当てた [Scholte 2005, chap. 2; Shaw 2000, p. 19]。9・11の同時多発テロをほぼライブに近い状態で体験し、地球温暖化問題について（差異はあるにしても）「共通」の責任を語り始めた私たちにとって、自然の生態系を含むグローバルな空間は、実感を伴う身近な世界になった。超領域的社会関係や人間の共通意識の高まりは、新たなグローバル秩序を導き出す基盤となる。ショーは、国連憲章、世界人権宣言、ジェノサイド条約以降の国際法の展開は、「国家のみならず個々の人間に基礎を置いた"グローバル"秩序の基礎を創り出した」ことを強調している [Shaw 2000, p. 198]。

チョムスキーからショーに至る以上の記述からも窺えるように、「グローバル秩序」のコンセプトは多様であり、一つに収斂できるものではない。その詳

細は「序章」に譲ることにするが，本書は，その序章で整理されたグローバル秩序に係る多面的な議論を導きの糸とし，グローバル秩序の視点を活かしつつ，執筆者各自の専門的フィールドで論を展開することを目指した論文集である。

本書は，大きくは4つのセクションから構成され，第Ⅰ部では「グローバル秩序への規範的アプローチ」を試みる。

第1章「規範的国際政治理論におけるグローバル秩序構想」（白川俊介論文）は，「コスモポリタン―コミュニタリアン」論争を手がかりに両者の結節点を探り，普遍的なものを擁護しつつ同時に個別的なものをも尊重し得るグローバル秩序構想の立脚点を規範的に提示している。

第2章「グローバル社会における国連の秩序構築」（千知岩正継論文）は，「成員・目標・規範・制度・パワーと権威」の5つの側面から国際秩序とグローバル秩序を比較検討したうえで，国連安全保障理事会が国際的権威からグローバルな権威へと変容しながらも，その正当性の点で大きな課題を抱えていることを論じている。

第3章「グローバル秩序の挑戦／グローバル秩序への挑戦」（大庭弘継論文）は，グローバル規範としての「保護する責任」に基づく人道的介入の現場の1つであるコンゴ民主共和国における国連平和維持活動を取り上げ，強制力を行使したローカル秩序構築の実践が，グローバル秩序への軋みとなってフィードバックする可能性を論じている。

第4章「スティムソンのモラリティとアメリカの戦後国際秩序構想」（佐藤秀信論文）は，最初の対日戦犯裁判たる山下奉文裁判が，米国の道徳性と戦争への正義を重視した米国陸軍長官ヘンリー・スティムソンの戦後処理思想を具体化し，戦後世界における米国のモラル・ヘゲモニーの実現に向けた重要な足がかりとなったことを主張する。なお本章は，規範的アプローチを採用した第Ⅰ部と，グローバル秩序における「ヘゲモン／帝国としてのアメリカ合衆国の形成と展開」を歴史的に考察する第Ⅱ部との橋渡し的位置にある。

第5章「1940年代における米国の太平洋戦略と『グローバル秩序』」（池上大祐論文）は，従来，アジア太平洋における地域協力の原点として理解されてき

た「南太平洋委員会」(1947年2月創設)をグローバル秩序の視点で再検討し，同委員会をアメリカのグローバルな基地戦略の文脈に位置づけた論稿である。

第6章「『招かれた「帝国」』の冷戦プロパガンダ」(川上耕平論文)は，1948年のイタリア国政選挙の際に，米国の支援を頼みにする中道保守のガスペリ政権を支えるキリスト教民主党への投票を呼び掛けたイタリア系アメリカ人による「イタリアへの手紙」キャンペーンを分析し，現在に至る米国の「心理戦争」政策の端緒を探ったものである。

第7章「ヘゲモニー国家の帝国への志向とその挫折」(筧雅貴論文)は，マイケル・ドイルによる「帝国」と「ヘゲモニー」の概念区分を手がかりに，1960年代初頭の米国によるベトナム共和国(ゴ・ジン・ジェム政権)の内政に対する干渉政策を検討し，ヘゲモニー国家としての米国が見せた「帝国」化志向が挫折に終わったことを論証している。

第8章「アメリカ『帝国』形成史からみる移民問題」(北美幸論文)は，19世紀以来のアメリカ「帝国」形成プロセスとヒスパニック移民の深い関わりを再確認し，近年のアメリカ社会におけるヒスパニック勢力の影響力拡大を背景に排外的愛国主義に傾きがちな米国のグローバル世界との関わり方を改めて問う論稿である。

第Ⅲ部「歴史的帝国から新しい地域主義(regionalism)へ」は，多民族からなる広域的政治ユニットとしての過去の帝国と，その帝国に擬えられることもある現在の地域主義による秩序形成をテーマとしたセクションである。

第9章「帝国の子ども，国民の子ども」(江口布由子論文)は，国民共同体(後の国民国家)が存在感を増す19世紀末〜20世紀初頭のオーストリアを舞台に，婚外子保護という社会福祉分野での帝国政府と国民共同体の相互補完的実践を明らかにし，20世紀的大衆統合の課題に応えようとする帝国のパフォーマンスに再評価を加えた論稿である。

第10章「東アジアにおけるグローバル化と地域統合」(鄭敬娥論文)は，近年の地域主義がグローバル化の促進と防御という両面を有した対応であることを指摘しながら，相次ぐ自由貿易協定(FTA)の締結やASEAN+3に見られる東アジア協力の動きを，グローバル化を地域レベルで管理し，調整するための

リージョナル・ガヴァナンスとして把握する。

　第11章「台頭する中国と東アジア秩序」（徐涛論文）は，遠くない将来，米国に匹敵するグローバル大国となるであろう中国の権力中枢に影響力をもつブレーンや学者の議論に着目し，彼らの展開する戦略的な東アジア共同体論の整理を通じて，東アジアがグローバルな存在感を増す中国の戦略拠点となっていることを考察した論稿である。

　第12章「ユーロ・グローバリズムと非承認国家問題」（佐藤圭史論文）は，「ソヴィエト帝国」崩壊過程で発生した非承認国家（南オセチア等）問題の解決に乗り出す欧州安全保障・協力機構（OSCE）の活動を西欧基準の移植を試みるユーロ・グローバリズムの現れと把握し，その限界を指摘したうえで，問題解決に向けた別の可能性をNGOの実践に探る論稿である。本章は，ローカルやトランスナショナル市民社会の胎動に，現行のグローバル秩序へのオルタナティヴを見出すいわゆる「オルター・グローバリズム」を取り上げる第Ⅳ部への繋ぎの位置にある。

　第13章「グローバルな権力ネットワークと市民社会」（藤井大輔論文）は，安全な水の確保が困難性を増す現在，「経済財としての水」というコンセプトを軸に「水道事業の民営化」を推進する企業，世界銀行，一部のNGOからなるグローバルな権力ネットワークに抗するグローカル市民社会のオルタナティヴな取組を考察した論稿である。

　第14章「歴史的記憶をめぐるトランスナショナル市民の萌芽」（大和裕美子論文）は，朝鮮半島出身者が多数犠牲となった宇部長生炭鉱水没事故（1942年）の記念碑建立を目指す市民団体「長生炭鉱の"水非常"を歴史に刻む会」の活動および韓国人遺族会との交流を追跡することで，トランスナショナル市民が作り出される背景を探っている。

　第15章「イスラム主義とその限界」（佐々木拓雄論文）は，ネオリベラリズム的グローバル秩序に抗する動きとしてしばしば注目されるイスラム主義勢力をインドネシアのそれに着目して分析し，その限界と問題点を明らかにしたうえで，「イスラム主義」とは一線を画したローカルな場でのイスラム的共同性にネオリベラリズム後を展望する論稿である。

以上，序章を除いた全15章の執筆者は全て，九州大学大学院比較社会文化学府（研究科）の博士後期課程の院生およびその修了者で，同大学院で教育・研究にあたられた高田和夫先生の指導を仰いできた。また編者も，30年前に同大学に入学した際，赴任されたばかりの高田先生が「担任」を務めた教養部のクラス（L1―7）に所属し，以来長きにわたりさまざまなご支援を頂戴してきた。高田先生が定年退職を迎えるにあたり，一同，感謝の気持ちを込めて本書を献呈したい。

 また，本企画の構想段階から本書の完成に至るまで，法律文化社編集部の田靡純子さんには適切なアドヴァイスを頂き，実際の編集作業では同編集部の舟木和久さんにご尽力頂いた。多数の執筆者からなる本書の完成は，お2人の細やかな配慮なしにはあり得なかった。改めてお礼を申し上げたい。

    2010年2月

                          編者　松井康浩

【参考文献】

 ヘルド, D.（佐々木寛ほか訳）(2002)『デモクラシーと世界秩序――地球市民の政治学』NTT出版
 ムフ, C.（酒井隆史監訳，篠原雅武訳）(2008)『政治的なものについて――闘技的民主主義と多元主義的グローバル秩序の構築』明石書店
 毛利勝彦編 (2008)『環境と開発のためのグローバル秩序』東信堂
 Brown, G. (2008), "Speech to the Lord Mayor's Banquet," http://number10.gov.uk/Page17419（2009年10月27日最終確認）
 Chomsky, N. (1999), *Profit Over People : Neoliberalism and Global Order,* New York, Seven Stories Press
 Maull, H. W. (2005), "Europe and the New Balance of Global Order," *International Affairs,* vol. 81, no. 4
 Scholte, J. A. (2005), *Globalization : A Critical Introduction,* Second edition, Basingstoke, Palgrave Macmillan
 Shaw, M. (2000), *Theory of the Global State : Globality as an Unfinished Revolution,* Cambridge, Cambridge University Press

◆目　　次◆

はしがき

序章　グローバル秩序論の諸相 …………………………………… *1*
　　　──帝国論からグローバル国家論へ
　　1　はじめに（1）
　　2　帝国論──3つのアプローチ（2）
　　3　英国学派のグローバル秩序論（7）
　　4　政府なきガヴァナンス・統治性・グローバル国家（11）
　　5　おわりに（16）

I　グローバル秩序への規範的アプローチ

第*1*章　規範的国際政治理論におけるグローバル秩序構想 … *21*
　　　──「コスモポリタン─コミュニタリアン論争」を手がかりに
　　1　はじめに（21）
　　2　規範的国際政治理論における
　　　「コスモポリタン─コミュニタリアン論争」（22）
　　3　コミュニタリアンはアンチ・コスモポリタンか？
　　　──コスモポリタンとコミュニタリアンの結節点（27）
　　4　むすびにかえて──「コスモポリタン─コミュニタリアン論争」
　　　の行方とグローバル秩序構想（32）

第*2*章　グローバル社会における国連の秩序構築 ………… *36*
　　　──安保理の権威と正当性の問題を中心に
　　1　はじめに（36）
　　2　秩序へのアプローチ（37）
　　3　国際社会における権威（40）
　　4　グローバル社会における国連安保理の秩序構築（44）

目　次

5　おわりにかえて——グローバルな権威としての正当性問題　(48)

第3章　グローバル秩序の挑戦／グローバル秩序への挑戦 …53
　　　——「保護する責任」規範と現場における実践

1　はじめに——グローバル秩序の挑戦　(53)
2　実践の困難　(56)
3　実践の進展　(59)
4　現場における認識の変化　(61)
5　秩序の萌芽　(63)
6　むすびにかえて——グローバル秩序への挑戦　(65)

第4章　スティムソンのモラリティと
　　　アメリカの戦後国際秩序構想 …………………………69

1　はじめに　(69)
2　国民世論とスティムソンのモラリティ　(71)
3　共同謀議論(コンスピラシー)と「正義」正当化の論理　(73)
4　国際軍事裁判の先駆けとしての山下ケース　(76)
5　山下裁判と「戦争への正義」(ユス・アド・ベルム)　(78)
6　おわりに　(80)

II　ヘゲモン／帝国としてのアメリカ合衆国の形成と展開

第5章　1940年代における米国の太平洋戦略と
　　　「グローバル秩序」………………………………………87
　　　——「南太平洋委員会」の創設をめぐって

1　はじめに　(87)
2　フランクリン・ルーズヴェルトの戦後世界秩序構想と
　　従属地域問題　(89)
3　米国務省における国際信託統治構想と「地域委員会」　(91)
4　安全保障戦略のなかの「地域委員会」構想　(94)
5　「南太平洋委員会」の成立へ　(97)
6　おわりに　(100)

第6章　「招かれた『帝国』」の冷戦プロパガンダ……… *103*
　　　　　──トルーマン政権期米国の「『イタリアへの手紙』キャンペーン」

　　1　はじめに　（103）
　　2　戦後初期における米伊関係
　　　　　──冷戦史研究のパースペクティヴから　（104）
　　3　「イタリアへの手紙」キャンペーン
　　　　　──移民と反共プロパガンダ　（108）
　　4　むすびにかえて
　　　　　──9・11後のアメリカにおけるプロパガンダと比較して　（113）

第7章　ヘゲモニー国家の帝国への志向とその挫折……… *118*
　　　　　──1961年の米国・ベトナム共和国関係を事例に

　　1　はじめに　（118）
　　2　帝国志向のベクトル　（120）
　　3　帝国的支配の手法と付随する問題　（123）
　　4　おわりに　（131）

第8章　アメリカ「帝国」形成史からみる移民問題……… *135*
　　　　　──ヒスパニックをめぐる問題の諸相

　　1　はじめに　（135）
　　2　ソトマイヨールの連邦最高裁判事指名とその波紋　（136）
　　3　増加するヒスパニック系人口　（138）
　　4　アメリカ合衆国における移民法の変遷
　　　　　──1924年法と1965年法　（141）
　　5　中南米とアメリカの関係史　（144）
　　6　むすびにかえて
　　　　　──グローバリゼーションのなかのアメリカと移民問題　（148）

Ⅲ　歴史的帝国から新しい地域主義（regionalism）へ

第9章　帝国の子ども，国民の子ども……155
——婚外子からみた帝政オーストリアにおける帝国—国民秩序

1. はじめに　(155)
2. 帝国の子ども　(157)
3. 自由主義的自治体と擬似的父子関係の断絶　(158)
4. 国民共同体という擬似家族とその限界　(159)
5. 父なる皇帝——帝国の子ども，再び　(164)
6. おわりに　(168)

第10章　東アジアにおけるグローバル化と地域統合……171

1. はじめに　(171)
2. グローバル化とリージョナリズム　(172)
3. 東アジアにおける経済的地域統合　(175)
4. 「東アジア共同体」形成へ向けて　(180)
5. おわりに　(185)

第11章　台頭する中国と東アジア秩序……188
——中国の戦略的東アジア共同体論

1. はじめに　(188)
2. 台頭する大国と東アジア地域主義との出会い　(190)
3. 中国の戦略的東アジア共同体論　(192)
4. おわりに　(200)

第12章　ユーロ・グローバリズムと非承認国家問題……205
—— OSCE は民族紛争の解決に有効か

1. はじめに　(205)
2. グローバリズムと非承認国家問題　(207)
3. OSCE の東方拡大と文明の衝突　(210)
4. 結　論　(218)

Ⅳ　オルター・グローバリズム
　　――地域（local）／市民社会の可能性

第13章　グローバルな権力ネットワークと市民社会 …… 223
　　　　――水道事業の民営化言説・実践と対抗運動

　　1　はじめに　(223)
　　2　世界銀行とグローバル水企業の企て
　　　　　――「経済財としての水」概念の登場　(225)
　　3　世界水フォーラムでの国際政策ネットワークの取り組み　(227)
　　4　「シアトル」以降のグローバル化する経済への対抗運動　(230)
　　5　抵抗・アドボカシー・オルタナティヴ
　　　　　――もうひとつの「グローバル市民社会」　(232)
　　6　おわりに――多元的な「グローバル市民社会」を巡って　(235)

第14章　歴史的記憶をめぐる
　　　　トランスナショナル市民の萌芽 …… 240
　　　　――「長生炭鉱の"水非常"を歴史に刻む会」を事例に

　　1　はじめに　(240)
　　2　「長生炭鉱の"水非常"を歴史に刻む会」の概要と設立経緯　(244)
　　3　「長生炭鉱の"水非常"を歴史に刻む会」の結成・参加の動機　(248)
　　4　おわりに　(254)

第15章　イスラム主義とその限界 …… 258
　　　　――インドネシアの事例から

　　1　はじめに　(258)
　　2　イスラム主義の擡頭　(260)
　　3　「改革」の内実　(263)
　　4　イスラム主義の挫折　(265)
　　5　展　　望　(271)

　　事項索引
　　人名索引

◆執筆者紹介 （執筆順，＊印は編者）

＊松井　康浩（まつい　やすひろ）
九州大学大学院比較社会文化研究院教授　「はしがき」，序章担当
主要業績　『20世紀ロシア史と日露関係の展望』（2010）編著，九州大学出版会

白川　俊介（しらかわ　しゅんすけ）
九州大学大学院比較社会文化学府博士後期課程，日本学術振興会特別研究員　第1章担当
主要業績　「分断された社会における社会的連帯をめぐる一考察──リベラル・ナショナリズム論を手がかりに」（2010）『政治思想研究』10号，風行社

千知岩正継（ちぢいわ　まさつぐ）
北九州市立大学国際環境工学部非常勤講師　第2章担当
主要業績　「『保護する責任』の意義と課題──正当性と権威の概念を手がかりに」（2008）『社会と倫理』（南山大学社会倫理研究所）22号

大庭　弘継（おおば　ひろつぐ）
九州大学大学院比較社会文化学府博士後期課程　第3章担当
主要業績　「ルワンダ・ジェノサイドにおける責任のアポリア──現場指揮官の責任と『国際社会の責任』の課題」（2009）『政治研究』（九州大学政治研究会）56号

佐藤　秀信（さとう　ひでのぶ）
大分県立碩信高等学校教諭，九州大学大学院比較社会文化学府博士後期課程　第4章担当
主要業績　「山下奉文裁判にみるアメリカの政策意図──統合参謀本部指令62612号と11, 12指令」（2008）『軍事史学』（軍事史学会）44巻3号，錦正社

池上　大祐（いけがみ　だいすけ）
福岡大学人文学部ポストドクター　第5章担当
主要業績　「第二次世界大戦期におけるアメリカ国務省の国際信託統治構想──「独立」と「自治」をめぐる言説分析」（2008）『歴史評論』693号

川上　耕平（かわかみ　こうへい）
宮崎公立大学他非常勤講師　第6章担当
主要業績　「冷戦とプロパガンダ」（2008）『西洋史学論集』46号

筧　雅貴（かけひ　まさき）
九州大学大学院比較社会文化学府博士後期課程　第7章担当
主要業績　「ケネディ政権期前半のアジア太平洋における秩序形成──ジョージ・W・ボールを手がかりにして」（2004）『東アジア研究』（東アジア学会）7号

北　美幸（きた　みゆき）
北九州市立大学外国語学部准教授　第8章担当
主要業績　『半開きの＜黄金の扉＞──アメリカ・ユダヤ人と高等教育』（2009）法政大学出版局

江口布由子（えぐち　ふゆこ）
　　　佐賀大学他非常勤講師　第9章担当
　　　主要業績　「第一次大戦期のオーストリアにおける国家と子ども──「父のいない社会」の児童福祉」（2006）『歴史学研究』816号

鄭　　敬娥（じょん　きょんあ）
　　　大分大学教育福祉科学部准教授　第10章担当
　　　主要業績　「地域主義と国際関係論──グローバル化における地域の生成と再編」（2007）高田和夫編『新時代の国際関係論』法律文化社

徐　　　涛（じょ　とう）
　　　九州大学大学院比較社会文化学府博士後期課程，北九州市立大学非常勤講師　第11章担当
　　　主要業績　「グローバル化時代のリージョナル・ガヴァナンス──東アジアにおける新地域主義の展開」（2008）『東アジア研究』（東アジア学会）9号

佐藤　圭史（さとう　けいじ）
　　　日本学術振興会特別研究員，北海道大学スラブ研究センター　第12章担当
　　　主要業績　"Mobilization of Non-titular Ethnicities during the Last Years of the Soviet Union: Gagauzia, Transnistria, and the Lithuanian Poles" (2009) *Acta Slavica Iaponica,* Tomus 26

藤井　大輔（ふじい　だいすけ）
　　　九州国際大学国際関係学部助教　第13章担当
　　　主要業績　「国内におけるネットワークNGOの役割と課題」（2006）共著，『国際農林業協力』28巻4-5号

大和裕美子（やまと　ゆみこ）
　　　九州大学大学院比較社会文化学府博士後期課程　第14章担当
　　　主要業績　「トランスナショナルな『公共の記憶』とその『共有』──『長生炭鉱の"水非常"を歴史に刻む会』を事例に」（2009）『比較思想論輯』（比較思想学会福岡支部）16号

佐々木拓雄（ささき　たくお）
　　　久留米大学法学部准教授　第15章担当
　　　主要業績　「戸惑いの時代と『イヌル現象』──大衆文化の観点からみたインドネシア・ムスリム社会の動態」（2004）『東南アジア研究』42巻2号

グローバル秩序論の諸相
―― 帝国論からグローバル国家論へ

松 井 康 浩

1 はじめに

　本章は，近年の国際関係論，政治理論，歴史学の分野での「グローバル秩序」をめぐる議論を整理し，第1章以下の論稿を読み進めるための視点の提示を試みる。

　冷戦終焉後，グローバル化が進む世界の秩序様式に人々の関心を集めることに寄与した作品が，マイケル・ハートとアントニオ・ネグリの『〈帝国〉』であったことは論をまたない。2人は，その著作の冒頭の章に「世界秩序」の表題を与えつつも，国際秩序と対比する形で「グローバルな秩序という新たな概念 [a new notion of *global* order]」に言及し [Hardt, Negri 2000, p. 4（邦訳書，17頁）]，続編の『マルチチュード』では，「『〈帝国〉』で……いかにして私たちが〈帝国〉と呼ぶ新しいグローバルな秩序形態が現出しつつあるかを明らかにしようとした」と回顧する [Hardt, Negri 2004, p. xii（邦訳書，16頁）]。

　そこで本章は，ありきたりの切り口であることを承知のうえで，〈帝国〉論とそれをめぐるやりとりを手がかりに作業を始めたい（第2節）。その後，英国学派のグローバル秩序論に目を転じ（第3節），最後に，グローバル・ガヴァナンス論から統治性論を経てグローバル国家論へと至る論議のベクトルを開示する（第4節）。

2　帝国論——3つのアプローチ

　ハートとネグリのそれを含めて，近年ブームとなった帝国論には大きく3つのタイプがあった。まず1つは「歴史的帝国論」とでも呼べるアプローチである。冷戦終焉前後から，「ソヴィエト帝国」の解体を含む旧秩序の崩壊過程で民族紛争が多発した事態を受け（第Ⅲ部第12章参照），まがりなりにも多民族を統合することに成功していた過去の帝国の秩序様式に注目が集まったのである（第3部第9章参照）。

　2つ目が，いわゆる「アメリカ帝国論」である。米国を帝国に擬える見方は古くからあり，冷戦期においても「自由帝国」アメリカによる秩序，すなわちパクス・アメリカーナについて語られた（第Ⅱ部参照）。しかし，冷戦終焉とソ連崩壊を背景に突出したパワーを獲得した米国が単独主義的対外行動を採用したことを受けて，アメリカ帝国論の「第二の波」［山本 2006, 4頁］が押し寄せたのである。藤原帰一は，超大国や覇権（ヘゲモニー）国家といった言葉では，図抜けた軍事力に象徴される米国への権力集中現象を適切に表現できないとして「帝国」概念を採用し，アメリカ帝国論の主唱者となった［藤原 2002］。藤原を含むアメリカ帝国論者は，冷戦後の秩序には米国という権力中枢が厳然と存在していると考えており，この点こそが，3つ目のハートとネグリの〈帝国〉論との間で論争の争点となってきた。

　ハートとネグリによると，〈帝国〉はグローバル資本主義が国境や国民国家の主権を溶解させるなかから登場するグローバルな主権的形態であり，「単一の支配論理のもとに統合された一連の国家的かつ超国家的な組織体」＝ネットワーク的権力から構成される政治的主体である。帝国主義とは異なり「〈帝国〉は権力の領土上の中心を打ち立てることもなければ，固定した境界や障壁にも依拠しない……脱中心的で脱領土的な支配装置」なのである。したがって，米国は，その〈帝国〉の「階層秩序のなかで特権的な位置を占めている」グローバル・パワーであるにしても〈帝国〉そのものではない。米国自身が，

〈帝国〉が作り出す経済的政治的構造に従属した存在なのである [Hardt, Negri 2000, pp. xii, 384 (邦訳書, 4-5, 478頁)]。

　以上のように，アメリカ帝国論と〈帝国〉論の間には，米国の位置づけを争点にしてグローバル秩序理解に大きな相違があるようにみえる。藤原が米国を「世界政府を代行する」存在とみなしたことからすれば [藤原 2002, 51頁]，アメリカ帝国論は「グローバル・ガヴァメント論」の一種，他方，〈帝国〉論は1つの「グローバル・ガヴァナンス論」と対置することも可能である。ただ後者に，冷戦後に開花したグローバル・ガヴァナンス論一般が時に醸し出す牧歌的なトーンはない。〈帝国〉は3層構造からなる「グローバルな政体構成のピラミッド」を成し，支配被支配関係が組み込まれたヒエラルキー型秩序なのである。

　もっとも，政体構成のピラミッドの「狭い頂上」には，「1つの超大国，すなわち力のグローバルな使用に関してヘゲモニーを握っているアメリカ合衆国が鎮座している」と主張するハートとネグリの見解に照らすと [Hardt, Negri, 2000, p. 309 (邦訳書, 396頁)]，〈帝国〉論とアメリカ帝国論の違いは，米国を「帝国」とみるのか，それとも「ヘゲモニー」概念で把握すべきなのかというキーコンセプト上の差異に過ぎないともいえる。実際，近年の議論はその点に集中してきた。とくに，他国の対外政策のみに影響力を与える「ヘゲモニー」，国内政策にまで支配を及ぼす「帝国」というマイケル・ドイルの概念区分を用いて，現在の米国がそのいずれなのかを問う論争が活発化した（第Ⅱ部第7章参照）。たとえば，イギリス帝国史の木畑洋一は，「中心なき帝国」とみて米国の位置を相対化するハートとネグリの見解にも，また，帝国という歴史的概念を現在に適用する一般の企てにも与せず，米国を「ヘゲモニーを行使する存在」ととらえる見方に同意を与えた [木畑 2008, 第1章]。また，アメリカ帝国を多角的に論じたロイド・ガードナー，マリリン・ヤング編『アメリカ帝国とは何か』に解説を寄せた菅英輝は，「ドイルの定義に従うならば，合衆国がいまだ帝国の『中心』としての支配を貫徹していくだけの力を欠いていると見る方が妥当だと思われる」し，「合衆国はヘゲモニー国家（ヘゲモン）ではあっても，帝国ではない」と述べて，以前からのスタンスを堅持している [ガード

ナー, ヤング 2008, 336頁]。

　この種の論争を耳にした時脳裏に浮かぶのは，米国の対外政策のオピニオン・リーダー的存在でもあるウォルター・ミードが，20年以上前に著した『限りある栄光——過渡期にあるアメリカ帝国』である。ドイルの著作に比して参照されることの少ない本書のなかで，ミードはユニークな「自由帝国」論を展開した。本帝国がその基底的イデオロギーとしてリベラリズムを掲げ，自由な交易を重んじ，可能な限り同意と協力を取り付けることで統治を行う点を論拠に，ミードは自由帝国としての米国について語った。ただ，ここまでであれば数多の自由帝国論と大差はないだろう。実は，そこからの彼の議論が秀逸である。ミードによれば，アメリカ帝国は3つの層から成った。第1層は英仏独そして日本のような自由民主主義，福祉国家の体制をとる「帝国におけるジュニア・パートナー」から構成され，「重要な争点に関しては彼らの意見も一般に求められ」た。したがって，「帝国の第1層同盟者に対するアメリカのヘゲモニーは，力の行使やその脅しにより続いているのではな」く，当該諸国が「自身の繁栄と軍事的安全保障を維持するにあたってアメリカとの結びつきに依存」しているのである（第2部第6章参照）。しかし，それに対して，第2層からさらに第3層へと周辺部分に目を移すと，そこには自由帝国の名にそぐわない状況が広がる。「アメリカのヘゲモニー内にある諸国の第2層」は，当時のギリシア，スペイン，アルゼンチンなどを含む「第1層よりは貧しい」が，「第3層よりは豊か」な国々からなる。しかし，これらの国では「国内問題に対する外部の干渉からの自由度ははるかに限定的である」。すなわち米国による内政干渉を受ける国々なのである。そして最周辺部としての第3層は，グァテマラ，ハイチ，ザイールなどを含むいわゆる「第3世界と一括りで呼ばれる国々の大半」からなり，貧富の著しい格差と独裁者の存在がそこでは普遍化する。「国民政府は外国の権力の代弁者にすぎ」ず，「アメリカ大使が……その国自身の市民よりも国家の政策や政府形態について発言力をもつ」。ミードは第3層の記述に際しては「ヘゲモニー」の言葉を用いないが，これらの国が「アメリカ帝国の主要な部分を構成する」ことを強調している [Mead 1987, pp. 18-28, 42; 石田 1993, 11-17頁]。

ミードの議論の優れている点は、米国の影響下にある「自由帝国」内の国々は一様に配置されているのではなく、リーダーシップ的な含意をもつヘゲモニー下から、帝国主義的直接介入下にまで至る差別的な対応に直面し、したがって、ヘゲモニーと帝国の両面を米国が兼ね備えていることを示したところにある。なお、帝国をめぐる各種の論点を踏まえ、帝国を国際システムとして把握した山本吉宣は、「ドーナツ型の帝国システム [中心圏での覇権、周辺での帝国]」に言及している [山本 2006, 315-316頁]。

冷戦期には、この「自由帝国」の外側に社会主義諸国を傘下においたソヴィエト帝国が広がり、その両者の対立が冷戦と呼ばれ、両者の共同統治の側面に光を当てた言葉がパクス・ルッソ・アメリカーナであった。であれば、冷戦の終焉とソヴィエト帝国の崩壊により地球規模に拡張したミードの「自由帝国」は、21世紀初めに起こったイラク戦争の時期までのアメリカ中心のグローバル秩序についてもかなりの説明能力をもつように思われる。

もっとも、米国を帝国と呼ぶにせよ、ヘゲモンと位置づけるにせよ、冷戦後に生まれたアメリカ一極秩序は、それに対するオルタナティヴの議論を呼び起こした。その種の論者の多くは、アメリカ一極体制に代替する秩序像として多極均衡型モデルを提示する。たとえば、シャンタル・ムフは「私たちはいま、合衆国のヘゲモニーに対抗するための正当化された回路が存在しない一極的世界を生きている」との現状認識を示す。そのうえで、一極秩序への対抗ヴィジョンと一般には受け止められているデヴィッド・ヘルドらのコスモポリタン民主主義モデルも、ハートとネグリの〈帝国〉にしても、リベラル派の普遍主義的性質を身にまとい「政治的なもの」を軽視する立場にたっていると批判する。それらに代わる構想として、カール・シュミットを援用しながら「複数の自律的な地域ブロック（regional blocks）の存在に基礎をおく新しいグローバル秩序（a new global order）」を展望するムフは、中国の台頭、東南アジア諸国連合（ASEAN）やメルコスールの動きに肯定的なコメントを加えた [Mouffe 2005, pp.115-118（邦訳書、168-172頁。訳語を一部変更）]。同様の地域ブロックを支持するのが、ムフの著作でも好意的に引用されるイタリアの政治哲学者ダニーロ・ゾーロである。『コスモポリス――世界政府の展望』という書物を著し、「現存

する国際制度から生まれる世界政府」は,「専制的かつ全体主義的レヴァイアサン」にならざるをえないことを強調していたゾーロは,「『帝国』に関する対話」と題したネグリとの対談のなかで,「合衆国の帝国的権力の侵略的な戦略的単独行動主義と均衡をはかり,ついでそれを抑制し打ち負かす力のある多極的地域主義の名で,新しい形態の世界的バランスについて考える」必要性について語った [Zolo 1997, p.166; ネグリ 2004, 42頁]。

今後のグローバルな秩序を展望する際,地域ブロックによる多極的構図を思い描くスタンスは現実味はあるものの,この種の秩序像は,近年のグローバル・ヒストリーの動向に照らしても新味のあるヴィジョンとは必ずしもいえない。本節の最初に触れた歴史的帝国論は,地域ブロックからなる世界像と多分に重複するからである。イマニュエル・ウォーラーステインの批判的検討からグローバル・ヒストリー,帝国研究に参入する山下範久は「長い16世紀」にグローバル規模で成立した「近世帝国の時代」を論じている [山下 2006, 2008]。また,「国民帝国」概念の提示でも知られる山室信一は,「多数の帝国」による「競存体制」としての「近代世界体系」が「主権国家のみならず植民地や従属国などの圏域を含む全ての統治体制がトータルに創り出すグローバル秩序として……成り立っていた」との見方を提起している [山室 2009, 21-22頁]。こうして,歴史的帝国論は,過去の歴史のなかにグローバル秩序を見出さんとするが,その射程は単なる歴史研究にとどまらない。主権的国民国家の時代の終焉は「帝国に回帰する世界」かもしれないからである [松里 2008, 12-13頁]。

イラク戦争の失敗と深刻な経済危機を受けて米国のヘゲモン的地位が傷つき,「アメリカ後」をにらんだ議論が活発化していることともからみ [Layne 2009],米国一極秩序に代替し,かつ,近代西欧に発する主権的国民国家体系以後を展望しうるグローバル秩序として,新帝国＝地域ブロックに注目が集まっている(第Ⅲ部第10章,第11章参照)。BRICs に代表される新興大国のプレゼンスの増大やその大国周辺での地域主義の活況に着目すれば,この展望に一定のリアリティはあるのかもしれない。しかし,バラバラの地域ブロックが直ちに地球大の諸問題を解決する道筋を示せるわけではなく,結局のところ,グローバル・システムのレヴェルでのガヴァナンスをいかに構想するのかが問われ続ける。

3 英国学派のグローバル秩序論

　マーティン・ワイトやヘドリー・ブル等に代表される英国学派は，国家間の単なる相互作用からなる「国際システム」とは区別される「国際社会」，すなわちアナーキーな国際システムの再生産に寄与する規範，ルール，価値が主権国家間で共有された国際社会の秩序について緻密な議論を展開したことで知られている。ブルの著作にみられるように，英国学派は主権国家からなる国際社会とは異なる世界秩序の可能性にも議論を及ぼしたものの，一般には国際秩序を維持する勢力均衡，国際法，外交，戦争，大国といった要素に関心を寄せた [Bull 1995]。しかし，英国学派の同伴者であるバリー・ブザンによれば，英国学派の創始者たちは「国際システムも国際社会もグローバルな現象である」とし，グローバル・システムのレヴェルに分析の焦点を合わせた [Buzan 2004, p.16]。たとえば，彼らの中核的問題意識の1つは，ヨーロッパ起源の国際社会が「西洋への反乱」としての脱植民地化によって地球大に広がったとき，国際社会の秩序を成り立たせしめたルールや価値や制度が維持されるのか，あるいはどのように変容を被るのかということであった。結論的にいえば，旧植民地諸国にもその大半は内面化され，「グローバルな国家間社会」が成立したのである [Buzan, pp.215-216, 222-223; Linklater 2005, pp.98-99]。このように，英国学派の議論はそもそもグローバル秩序論の1つと評価可能だが，ワイトもブルもともに長命ではなかったから，近年のグローバル化のインパクトをも射程に入れた理論を組み立てることはできなかった。そこでその作業は，英国学派の流れをくむ後継世代に委ねられた。

　ブザン自身は，英国学派が精緻化した国際社会の議論に，英国学派のもう1つのキーワードである「世界社会 (world society)」の概念を接ぎ木することで，グローバル世界の理解に向けた概念整理を試みている。ここでいう世界社会とは非国家主体からなる領域を意味し，ブザンはそれをさらにNGOや企業等の脱国家主体が活動する「脱国家社会 (transnational societies)」と，個人を単位

とし個人間の共同意識やアイデンティティに基礎をおいた「個人間社会（inter-human societies)」に分類する。ブザンはこうして、「国家間社会（interstate societies)」「脱国家社会」「個人間社会」の3次元でグローバル世界を把握しようとする［Buzan 2004, chap. 4］。もっとも、ブザン自身はもともと「地域安全保障複合体（regional security complex)」論を主唱する地域秩序の理論家として知られ、本書でも、サブ・グローバル（sub-global）のレヴェル、とりわけリージョン・レヴェルでの国家間関係の質（多元主義から連帯主義に至るスペクトル上の位置［後述］)、脱国家関係や個人的ネットワークの分厚さが異なる点に目を向けることを主張し、グローバル・レヴェルよりもその下位レヴェルに力点を置いた議論を展開している。実際、ブザンは「サブ・グローバル・レヴェルに目を向けなかったことこそが……古典的英国学派の著述家達がその後継者に最もダメージを与えた遺産である」とまで述べている［Buzan, p. 208］。

　英国学派の正統な流れにあって、グローバル秩序そのものを主題に考察を深めたのが、ブルを自らの「先生」と記したアンドリュー・ハレルである［Hurrell 2007, p. vi］。ハレルの著作は、グローバル秩序に係る実に幅広いイシューを取り上げている。地域主義や帝国論の整理はもとより（ハレルは米国を「帝国的パワーというよりむしろヘゲモニー・パワー」と理解する［Hurrell 2007, p. 262］)、人権と民主主義、集団的安全保障、グローバル化と不平等、生態系の危機、あるいはナショナリズムなどの各争点から、グローバル秩序を考える際に不可欠なグローバル・レヴェルでの「道義」や「正当性」といった規範的な問題（第Ⅰ部参照）にまで周到な目配りをしている。それだけに、ともすると総花的な印象を与える作品となっていることは否めない。しかしハレル本では、この種の多様なテーマを総合し、グローバル秩序そのものにアプローチするための理論的概念枠組みは明示されており、それは3つのコンセプトからなる。英国学派の継承者にふさわしくハレルは、「多元主義（pluralism)」「連帯主義（solidarism)」をベースにして、さらにグローバル・ガヴァナンス論の観点から「複合的ガヴァナンス（complex governance)」の概念を提示する。

　まず、国家を単位とし、各国家の主権と相互の不干渉による「共存」を重視する多元主義から始めよう。ハレルは、この立場に立つ論者の見解を丁寧にフ

ォローし，多元主義が「国際秩序に関する強力かつ影響力ある思考様式としてその地位を保っている」理由について考察する。グローバル秩序の根底に国家が位置すべきなのは，「60年間の専制は一夜のアナーキーよりもまし」というイスラムの格言にあるように，国家こそが秩序の守護者としての役割を果たし，かつ文化や価値の多様性を守り，あるいは市民の自己統治や民主主義を可能にする枠組みだからである。それだけに，共存と紛争の限定化を重視する多元主義を軽々しく捨て去ることは困難なのである（第I部第1章参照）。しかし，ハレルによれば現在の問題は，この多元主義的秩序が，以下に述べる「連帯主義的，コスモポリタン的なガヴァナンスの概念と……不幸な形で共存している」ことにあり，地球大の諸課題に鑑みた場合，「国家に基礎をおく……多元主義への退行は極めて問題」と受け止められる [Hurrell 2007, pp. 9, 12, 25-27]。

であれば連帯主義は，国際社会を前進させるための秩序構想ということになろう。ハレルのいう連帯主義は，神聖同盟などの保守的な連帯主義とは区別されるリベラルなそれであるが，主要なアクターはあくまで国家であり，国家連帯主義である。リベラル連帯主義はグローバル規模での規範・ルールや制度の強化・拡大に力点を置き，国際法の拘束力を強め，国連や地域機構等を通じた共同行動，経済制裁から軍事的介入にまで至る強制力，各種のコンディショナリティの設定と国内政策への採用を志向する。したがって，リベラル連帯主義の秩序下では国家の地位や役割は変化し，自ら主権者として行動する国家という多元主義的国家像ではなく，国民共同体のエージェントでありながらも国際規範や国際的公共善のエージェントとしても行動する国家像が前面に出る [Hurrell 2007, pp. 59-66]。ただ，こうしたリベラル連帯主義の推進は，米国を始めとした主要国のパワーに左右され，であるがゆえにその動向は「著しく不平等な権力関係の歴史的文脈から切り離すことはできない」[Hurrell 2007, p. 75]。それだけに，リベラル連帯主義の強制性は多元主義以上に「正当性」問題を浮上させるのである。人道的介入に代表される共同行動や強制行動の決定のプロセスや手続きに係る「インプット・レジティマシー」を重視すれば，グローバル民主主義の仕組みや国際機構の透明性や説明責任が不可欠だが，迅速性に欠ける場合，その成果や効率性＝「アウトプット・レジティマシー」と

の間でジレンマが発生する。突き詰めれば、リベラル連帯主義のジレンマを最終的に解消する方法としては世界政府を創出する以外にはないのかもしれない。しかし、ハレルによれば、1990年代のグローバル秩序に関する議論は、1940年代～50年代のそれに比して「世界政府の議論が欠如している」ところに特徴があり、ハレルは「もし世界政府に向けたいかなる展開も政治的に不可能で、規範的にも望ましくないとして拒絶されるのであれば、他のどこに目を向ければよいのだろうか」と問いかけ [Hurrell 2007, pp.77-94]、複合的ガヴァナンス論を導出する。

　ハレルは、複合的ガヴァナンス論の対象となるアリーナとして国家・市場・市民社会の3つを挙げ、「この3つのアリーナすべてが重要であり、多くのことがこれらの間のしばしば微妙なバランスにかかっている」と主張する [Hurrell 2007, p.110]。グローバル秩序の観点からすれば、国家からなるアリーナも、市場や市民社会のアリーナもそれぞれがすべて不可欠な役割を担うのであり、それらの相互関係や相互浸透の領域に注目しなければならないのである。ハレルが強調するように「国家間ガヴァナンス」は近年進化しており、国際制度の数は増し、グローバル意思形成の規模も拡大し、かつ複雑化している。世界貿易機関（WTO）の紛争解決パネルにみられるように国際制度自体が自律的な性質を強化し、コミトロジーと呼ばれる専門家からなる諸委員会への意思決定権限の実質的移譲も進行している [Hurrell 2007, pp.97-99]。ハレルも参照するアン＝マリー・スローターの議論を借りれば、一体性を保った国家（unitary state）は過去のもので、現在の国家は複合的構成要素からなるそれ（disaggregated state）へと変貌を遂げつつあり、イシューや政策ごとの政府間ネットワークがガヴァナンスの中心をなしているのである [Slaughter 2004, pp.12-13]。

　一方、グローバル化の進展により国家から市場へのパワーシフトが生じ、経済ガヴァナンスの側面では民間による秩序構築も目立ち始めた。同様に「公的権威や私的経済アクターから相対的に自立し、自身の利益や価値の追求において集合行動を行うことができる自己組織的中間集団が国境を越えて政治的に活動する領域や空間」としてのトランスナショナル市民社会が、グローバルな規範形成やアドヴォカシーの領域等で影響を強めている [Hurrell 2007, p.100]（第

Ⅳ部第13章，第14章参照）。さらにその3つのアリーナの相互浸透の側面にも注目しなければならない。たとえば，「市民社会は，正当性の提供を通じて国家基底的秩序へと，あるいは，それなしには市場が機能しない信頼やその他の形態の社会関係資本の貯蔵庫として市場基底的秩序へと，積極的に浸透している」のである［Hurrell 2007, p.110］。

ハレルのいう複合的ガヴァナンスとは，おおよそ以上のようなモデルである。もともとガヴァナンス論自体が，政府の役割を相対化した国内政治行政の新たなモデルとして登場した以上当然ともいえるが，英国学派をベースにそれを発展させたハレルの複合的ガヴァナンス論は，ブルの国際社会論から離れて，国内類推的性格を強めつつあるといえる。

4 政府なきガヴァナンス・統治性・グローバル国家

以上のように，冷戦終焉前後から加速化したグローバル化や地球大の諸問題の登場を受けて，グローバル・ガヴァナンス論がグローバル秩序論の1つの柱となった。ハレルはガヴァナンスに作用する権力を争点化し，「どのガヴァナンス・メカニズムが誰の利益に役立てられ，誰の価値が保護・促進されているのか」を顧慮するが［Hurrell 2007, p.112］，政府なきガヴァナンス論一般は権力の問題を軽視し，各種のアクターが共通の地球的課題の解決に取り組む側面に傾きがちで，どこか牧歌的なトーンを醸し出していたことは否定できない。そのなかにあって，マイケル・バーネット，レイモンド・ドゥヴァル編『グローバル・ガヴァナンスにおける権力』は，ガヴァナンス論のある種の素朴さを批判的にとらえる研究動向を代表する作品である。本書は，ガヴァナンスを支えるパワーを，ガヴァナンス・メカニズムを構成するさまざまな領域——国際機構，脱国境的な動きの警備，世界経済フォーラム，グローバル市民社会等——を対象に検討すると同時に，パワー理解そのものの刷新を試みる。リアリズム的伝統からいえば，特定のアクター間に直接的に働き，力をふるう主体が特定できる強制的権力（compulsory power）がパワー理解の王道であるが，本

書ではそれ以外に，制度的権力（institutional power），構造的権力（structural power），産出的権力（productive power）の3つが加えられている［Barnett, Duvall 2005, chap. 1］。理論的な新しさの観点からいえば，かつガヴァナンスと権力の関係を考える際に重要となるのは，最後の産出的権力だろう。ミシェル・フーコーの権力論が国際関係分野に援用されたこの種の議論が切り開くのは，グローバル・ガヴァナンスに関わるアジェンダが設定され，それをめぐる知や言説が作り出され，それぞれのイシューにかかわるアクターによる社会的実践が生み出される権力への視点である。先のハレルのモデルを参照すれば，国家・市場・市民社会のアリーナを包摂する共通のアジェンダを浮上させ，各アリーナにおける主体の構築と実践を作り出す知＝権力が存在するのであって，そこにこそ注意が向けられなければならないのである。

　以上とのかかわりで「統治」のテクノロジーへの注目が高まり，ここでもフーコーの「統治性（governmentality）」論をグローバル水準に援用する試みが広がっている［土佐 2007］。フーコーにおいて「統治」とは，「事物の正しき配置」，すなわち人間の行動・思考を含み込んだ「事物をふさわしき目的に導く」ための「行為の指揮（conduct of conducts）」の観点で定義されるものだが，グローバル世界では，国家のみならず，国際機構，多国籍企業，NGOなどの非国家主体が「トランスナショナルな権力ネットワーク」を構成し，「統治性を目指した1つの大きな〈権力－知〉のネクサス」として，グローバル・ガヴァナンスを形作っているのである［フーコー 2000, 256-258頁；土佐 2007, 122頁；Sending, Neumann 2006, p. 656］。

　その場合，とくに焦点化すべきはグローバル市民社会のアリーナであり，NGO等への評価である。バーネットとドゥヴァルの本にもそれに関連する論文が含まれているが，ここで紹介したいのは，統治性論の観点から，グローバル・ガヴァナンス論一般の市民社会理解を問題視するオウル・センディングとアイヴァー・ニューマンの論稿である。従来のガヴァナンス論は，市民社会アクターの活性化を，国家から市民社会アクターへのパワー・権威の転移により説明する傾向にあったが，そうした評価は妥当ではないとして，グローバル化のもとで新たに登場した統治実践の文脈でそれを理解すべきことを彼らは主張

する。市民社会の高揚は「アクティヴかつ自由な市民」をグローバルな統治の任務にエンゲージさせるテクノロジー＝産出的権力の作用によるものであり，そのことを論証するために，両者は，一般にはレジーム形成上のNGOの役割の高まりという文脈に位置づけられる地雷廃絶国際キャンペーン（ICBL）と国家のパートナーシップ事例を，統治性の観点から再解釈する［Sending, Neumann 2006］。

　市民社会も統治の一翼を担っているにすぎないと考えがちな統治性論は，ガヴァナンスに働く権力の理解に寄与したとはいえ，どこか，出口なしの印象を醸し出すことも否めない。ネオリベラリズム的グローバル化に基づく現行の秩序に抗議し，グローバルな配分的正義の実現を求めるオルター・グローバリズムの運動も一定の広がりを見せているが，そのような動きをも統治性の文脈に流し込むとしたら運動のラディカリズムを軽視しすぎの感がある。また現在の秩序様式とは一線を画した市民の営みがローカルな場で展開されていることも忘れてはならない（第Ⅳ部参照）。もっとも，バーネットとドゥヴァルの本はその配慮をも怠らず，4つの権力各々に対する抵抗や異議申し立てに触れているが，とくに産出的権力に関しては，啓蒙的近代の言説やグローバル資本主義への抵抗としての「脱国境的宗教原理主義運動」に言及している［Barnett, Duvall 2005, p.23］。フーコーがイラン革命に期待を寄せたこととも関連して［土佐 2007, pp.122, 146］，この点はしかるべき考察を必要とするだろう（第Ⅳ部第15章参照）。

　統治性にかかわる多くの論者が主張するように，グローバルな統治を支えてきたイデオロギーはネオリベラリズムであった。であれば，グローバル金融危機をめぐってネオリベラリズムのヘゲモニーが揺らいだ今後のグローバル秩序はどのように展望できるだろうか。この点で，やはり統治性論を主導するニコラス・ローズが，国際関係の文脈ではないものの，ネオリベラリズム後の「アドヴァンスト・リベラリズム」について語っていることが参考になるかもしれない。ローズは，英国のブレア政権のブレインであったアンソニー・ギデンズの「第三の道」論を念頭に置きながら，それは市場を重視し，個人を主体化するネオリベラリズムのモデルを撤回するものではなく，発展させたものだと捉

えたうえで次のように論じている。「20世紀の最後の20年間に，右派の政治であるかどうかにかかわりなく，統治の目的・目標，メカニズムとその制約にかかわる新たな思考様式――それはネオリベラリズムの前提と多くを共有する――が形姿を整えた。それは，政府自身が働きかけを行う各種の領域――市場，家族，コミュニティ，個人――に備わった固有の合理性にかかわる新たな概念化と，政治装置，『中間的アソシエーション』，専門家，経済アクター，コミュニティ，私的市民の間で統治の任務を振り分ける新しい方式を伴うのである。私はこの新たな統治の略図（diagram）を『アドヴァンスト・リベラル』と命名する」[Rose 1999, pp. 139-140]。

つまりローズは，ポスト・ネオリベラリズムのもとで，市民社会を含めたさまざまなアクターやアリーナに統治の任務が振り向けられる新たな統治体制への再編成が進んでいることを主張する。これに倣えば，ネオリベラリズム後をにらむグローバル秩序のレヴェルでも，同様の再編成がまずは試みられるのかもしれない。ただし，その場合に焦点となるアリーナは，国内社会と国際社会ではやや異なるものとなろう。現在，金融危機を受けて「新ブレトンウッズ」体制の構築が唱えられ始めている。欧州側からは「世界の金融市場を監督する国際的な官僚機構をつくること」を望む声も聞かれ，自律的な国際機構を設立する動きが進捗する気配もある［友田 2008］。他方，グローバルな配分的正義を求める運動（ATTAC等）が掲げるトービン税構想（国際金融取引への課税システム）も，税収を管理する国際機構の設立を主張しているから，グローバル化の衝撃に何らかの歯止めをかけようとする動きはいずれも，国家アリーナから国際機構アリーナを切り離す，従来から進行してきた流れを加速化させることにつながるだろう。そしてそれを世界政府の萌芽とみることは十分可能である［橋本 2007, 第9章］。

ハレルは，アレクサンダー・ウェントの論稿の存在は意識しつつも［Wendt, 2003］，この間，世界政府論が一般に低調であったことを指摘したが，近年に限ればそうともいえない［日本平和学会 2003; Cabrera 2004; Yunker 2007; Tännsjö 2008］。日本でも知られたマーティン・ショーもその主唱者の1人である。ショーは「あらゆる革命は国家を破壊する代わりにその機構を完成した」という

カール・マルクスの考え（ただし、彼はプロレタリア革命を例外と考えていたが）を引きながら、フランス革命が19世紀の国民国家を単位としたインターナショナルな世界への移行にあたっての決定的事件であったように、20世紀末の「東欧中欧における革命」に「グローバルな国家性（statehood）」出現の画期を見る［Shaw 2000, pp. 16, 170, 220］。彼によれば、現代世界は3つのタイプの国家から構成されている。①日本を含む欧米先進諸国からなる「西洋国家（Western State)」=グローバル化された西洋国家複合体（Western state-congromerate）、②疑似帝国的国民国家（ロシア、インド、中国など）、③プロト国家ないし疑似国家の3つである。しかしこれらの国家群に加えて、「国家権力のグローバル・レイヤー」が登場していることをショーは主張する。このグローバル・レイヤーは、情報上の資源や財政的資源の点で①の西洋国家に依存し、それと共棲関係にはあるが、しかし相対的にではあれ自律した存在として西洋国家の変容に向けても作用する。このレイヤーは4つの要素——グローバル政治権力、グローバル法制度、世界経済・社会制度、「国際共同体」の理念——から構成されるが、その具体的な担い手として主に挙げられているのは、国連やブレトンウッズの諸制度、WTOといった国際機構である。ショーの評価によれば、これらは「諸国家の侍女」ではなく、国民国家から相対的な自律性を獲得し、独自の組織文化をもち、「諸国家の利益に反して活動しうる」のである［Shaw 2000, pp. 214-218］。

　西洋国家により下支えされつつ、しかし自律性を高める国際機構に基づいたグローバル国家権力の出現というショーの議論には異論が寄せられるだろうが、人道的介入にみられるように、破綻国家に住む人々にとりグローバル国家は事実上存在するのかもしれない（第Ⅰ部第3章参照）。いずれにせよ、ここでも注意を向けられるべきは、国家アリーナからの国際機構アリーナの分離の問題である。グローバル・ガヴァナンスと呼ばれるにせよ、グローバル国家と呼ばれるにせよ、今後のグローバル秩序を考えるうえで、国際機構の位置と役割、およびその正当性の問題は考察の中心に位置するだろう（第Ⅰ部第2章、第Ⅲ部第12章参照）。

5 おわりに

　以上みてきたように，帝国論からグローバル国家論に至るまで，グローバル秩序をめぐる見解は多種多様な様相を呈している。英国学派が彫琢した多元主義的国際秩序像は基底的な重要性をもち続けているが，そこから足を踏み出した議論が現在のグローバル秩序論の主旋律となっている。

　以下の各章では，本章の作業で得られた視点を手がかりに，執筆者が専門とするそれぞれの分野で論が展開される。各論稿のアプローチを大まかに括れば，本書副題にある「規範」・「歴史」・「地域（region/local）」という枠組みに収斂するだろう。まず，第１部のグローバル秩序への規範的アプローチから始めよう。

【参考文献】
石田正治（1993）『冷戦国家の形成――トルーマンと安全保障のパラドックス』三一書房
ガードナー，L., ヤング，M. 編（松田武，菅英輝，藤本博訳）（2008）『アメリカ帝国とは何か――21世紀世界秩序の行方』ミネルヴァ書房
木畑洋一（2008）『イギリス帝国と帝国主義――比較と関係の視座』有志舎
土佐弘之（2007）「グローバルな統治性」芹沢一也，高桑和巳編『フーコーの後で――統治性・セキュリティ・闘争』慶應義塾大学出版会
友田錫（2008）「金融・経済危機の彼方に『新ブレトンウッズ』を見据える米欧」日本国際問題研究所『焦点・世界のいまを読む』55号
日本平和学会編（2003）『世界政府の展望』早稲田大学出版部
ネグリ，A.（小原耕一，吉澤明訳）（2004）『〈帝国〉をめぐる五つの講義』青土社
橋本努（2007）『帝国の条件――自由を育む秩序の原理』弘文堂
フーコー，M.（2000）「統治性」蓮實重彦，渡辺守章監修，小林康夫，石田英敬，松浦寿輝編『ミシェル・フーコー思考集成Ⅶ 知／身体』筑摩書房
藤原帰一（2002）『デモクラシーの帝国――アメリカ・戦争・現代世界』岩波書店
松里公孝（2008）「帝国と心象地理，そして跨境史」松里公孝編『ユーラシア――帝国の大陸』（講座スラブ・ユーラシア学３）講談社
山下範久（2006）「帝国化する世界システム」山下範久編『帝国論』講談社
――（2008）「世界システム論からグローバル・ヒストリーへ」水島司編『グローバル・ヒストリーの挑戦』山川出版社
山室信一（2009）「繋ぐものと距てるもの――ナショナリズムとデモクラシーの環」『未来』516号

山本吉宣（2006）『「帝国」の国際政治学——冷戦後の国際システムとアメリカ』東信堂
Barnett, M., Duvall, R. eds.（2005）, *Power in Global Governance*, Cambridge, Cambridge University Press
Bull, H.（1995）, *The Anarchical Society : A Study of Order in World Politics*, Second edition, Basingstoke, Macmillan（臼杵英一訳（2000）『国際社会論』岩波書店）
Buzan, B.（2004）, *From International to World Society? English School Theory and the Social Structure of Globalisation*, Cambridge, Cambridge University Press
Cabrera, L.（2004）, *Political Theory of Global Justice : A Cosmopolitan Case for the World State*, London, Routledge
Hardt, M., Negri, A.（2000）, *Empire*, Cambridge, Mass., Harvard University Press（水嶋一憲ほか訳（2003）『〈帝国〉』以文社）
―― （2004）, *Multitude : War and Democracy in the Age of Empire*, London, Penguin Books（幾島幸子訳（2005）『マルチチュード（上）——〈帝国〉時代の戦争と民主主義』NHKブックス）
Hurrell, A.（2007）, *On Global Order : Power, Values, and the Constitution of International Society*, Oxford, Oxford University Press
Layne, C.（2009）, "The Waning of U. S. Hegemony — Myth or Reality? A Review Essay," *International Security*, vol. 34, no. 1
Linklater, A.（2005）, "The English School," in S. Burchill et al. eds., *Theories of International Relations*, Third Edition, Basingstoke, Palgrave Macmillan
Mead, W. R.（1987）, *Mortal Splendor : The American Empire in Transition*, Boston, Houghton Mifflin Company
Mouffe, C.（2005）, *On the Political*, London, Routledge,（酒井隆史監訳，篠原雅武訳（2008）『政治的なものについて——闘技的民主主義と多元主義的グローバル秩序の構築』明石書店）
Rose, N.（1999）, *Powers of Freedom : Reframing Political Thought*, Cambridge, Cambridge University Press
Sending, O. J., Neumann, I. B.（2006）, "Governance to Governmentality : Analyzing NGOs, States, and Power," *International Studies Quarterly*, vol. 50, no. 3
Shaw, M.（2000）, *Theory of the Global State : Globality as an Unfinished Revolution*, Cambridge, Cambridge University Press
Slaughter, A.-M.（2004）, *A New World Order*, Princeton, NJ, Princeton University Press
Tännsjö, T.（2008）, *Global Democracy : The Case for a World Government*, Edinburgh, Edinburgh University Press
Wendt, A.（2003）, "Why a World State Is Inevitable," *European Journal of International Relations*, vol. 9, no. 4
Yunker, J. A.（2007）, *Political Globalization : A New Vision of Federal World Government*, Lanham, University Press of America
Zolo, D.（1997）, *Cosmopolis : Prospects for World Government*, Cambridge, Polity Press

I

グローバル秩序への規範的アプローチ

1 規範的国際政治理論におけるグローバル秩序構想
――「コスモポリタン―コミュニタリアン論争」を手がかりに

白川俊介

1 はじめに

　普遍性の擁護か，個別性の尊重かという問題は，古代ギリシャ以来，政治哲学・政治理論において広く共有されている難問の1つである。現代においても，ジョン・ロールズによる『正義論』[Rawls 1971] の出版を皮切りに起こった，いわゆる「リベラル―コミュニタリアン論争」(liberal-communitarian debate)，そしてそれを国際政治思想のレベルで継承した「コスモポリタン―コミュニタリアン論争」(cosmopolitan-communitarian debate) があり，百家争鳴の議論が交わされている。また，いわゆる「英国学派」(English school) の国際政治理論における「連帯主義」(solidarism) と「多元主義」(pluralism) の対立も，基本的にはこの論争のなかに位置づけられよう。[1]

　普遍的なものと個別的なもののどちらを擁護すべきかということは，望ましいグローバル秩序の構想を論ずるうえでも重要な論点の1つである。普遍的なものを重視する立場の論者は，各国が保持する主権という障壁を可能な限り取り除こうとし，突き詰めれば世界政府のようなものを構築することが望ましいとする者もなかにはいる。他方，個別的なものの擁護を主張する理論家は，既存の主権国家の境界の維持のみならず，場合によってはナショナル・マイノリティの既存の国家からの分離独立を是認する者もいる。

　このようにみると，普遍性の擁護と個別性の尊重は，明らかに二律背反であり，両者を尊重することは不可能であるように思われる。したがって，上記の理論的な論争は和解不可能のようにも見える。しかしながら本章では，確かにこの2つの立場は相容れない部分も少なからず存在するが，必ずしも両者が和

解不可能なわけではなく，少なくとも両者がある1つの方向性に向かって収斂していく結節点を見出しうることを明らかにしたい。より本書のテーマに即していえば，小論の目的は，普遍的なものを擁護しつつ個別的なものも尊重しうるグローバルな秩序の構想を規範的な観点から導き出すことにある。そこで以下では，先にも挙げた規範的国際政治理論における「コスモポリタン―コミュニタリアン論争」の整理から出発し，近年政治理論において注目を集めている「リベラル・ナショナリズム論」（liberal nationalism）の知見を参照することによって，コスモポリタン的な立場とコミュニタリアン的な立場の結節点を見出し，普遍的なものを擁護しつつ，同時に個別的なものを尊重しうる，1つのグローバル秩序の構想へのアプローチを試論的に提示したい。

2　規範的国際政治理論における「コスモポリタン―コミュニタリアン論争」

クリス・ブラウンによれば，「コスモポリタン―コミュニタリアン論争」は以下のように規定される。

> コスモポリタンとコミュニタリアンの対抗は，規範的国際政治理論における最も中心的な課題と直接かかわっている。その課題とはすなわち，道徳的価値が，全体としての人類と対立するような個別の政治的集団に与えられるべきか，あるいは個々の人間の権利要求に付与されるべきかという問題である。コミュニタリアンの思想はここに道義的な対立があるとはみなさないか，むしろ明白に共同体に中心的な価値を付与しようとする。これにたいしてコスモポリタン的な思想は，道徳的価値の究極の源泉を共同体以外の何かに求め，共同体に中心的な価値を置くことを拒絶する［Brown 1992, p. 12］。

以下では紙幅の都合上，コスモポリタンおよびコミュニタリアンの立場の代表的な理論家として，それぞれチャールズ・ベイツとデイヴィッド・ミラーを取り上げ，両者の思想を整理したい。

第1章　規範的国際政治理論におけるグローバル秩序構想

(1) チャールズ・ベイツ――リベラル・コスモポリタニズム

　ベイツはロールズの『正義論』を批判的に継承し，それを国際関係に応用し，「グローバルな配分的正義」(global distributive justice)について論じた『国際秩序と正義』[Beitz 1999a]の著者として知られる。彼はこの著作で，国際関係において道義性は副次的な重要性しか持ちえないとしてきた伝統的な考え(特にホッブズ流のリアリズム)を批判し，「国際的道義性」(international morality)の重要性を指摘している。彼の考え方はしばしば「リベラル・コスモポリタニズム」(liberal cosmopolitanism)と呼ばれる。

　ベイツによればコスモポリタニズムは次のことを含意する。まず，コスモポリタニズムは普遍的なものでなければならない。すなわち，ロールズがそうしたように，個々の人間の善(the good of the individual)に配慮すべきなのである。ベイツによれば，コスモポリタニズムは「普遍的な共同体の構成員の道義的な関係性とかかわっており，そこでは国境は副次的な重要性しか持たないという意味が込められている」[Beitz 1999a, p.182]のである。さらにコスモポリタニズムは不偏的(impartial)に妥当する原理でなければならない。すなわち，当人の置かれた状況をあらかじめ考慮に入れることなしに，すべての個人を平等に処遇しようとするという意味で不偏的なものでなければならないのである[Beitz 1994, p.124]。

　これらを含意するコスモポリタニズムを，ベイツは国際的道義性に基づくグローバルな配分的正義の構想として論じている。このとき彼が大いに依拠するのがロールズの『正義論』である。『正義論』の主題はあくまで国内の社会正義の原理の探求である。しかしながら，ベイツは「社会正義という契約論の原理の適用範囲を，国民国家にのみ限定するのは間違っている」[Beitz 1999a, p.128]として，それをグローバルに拡大しようと試みた。

　ここでロールズの『正義論』に立ち入る余裕はないが，その要点の1つは，彼が正義の原理を導き出すために，「原初状態」(original position)という概念を用いていることである。「原初状態」とは端的にいえば，誰1人として先天的・社会的偶然性によってもたらされる自分の社会的地位を知ることができない，すなわち個人が「無知のヴェール」(veil of ignorance)に包まれた状態を

指す。そして、そのように仮定したとき、正義の原理（いわゆる「正義の二原理」）は、全くの平等者としての個人が合理的観点から選択あるいは合意すると想定される原理なのである［Rawls 1971, pp. 17-22（邦訳書、13-17頁）］。

ベイツにとっての不満は、ロールズが正義の原理の適用範囲を「自己完結的なナショナルな共同体」(self-contained national community) の枠内にとどめてしまっている点にあった。ベイツは以下のように指摘する。

> もちろん現在、世界は自己完結的な諸国家から成り立っているわけではない。国家は複雑な国際的な経済・政治・文化関係に参加しており、そのことは社会的協働のグローバルなスキームが存在することを示唆している。カントが指摘したように、国際的な経済的協働は国際的な道徳のための新しい基盤を創出する。もし社会的協働が配分的正義の基礎であるならば、国際的な経済上の相互依存関係によって、国際社会内部で適用されるのと類似のグローバルな配分的正義の原理を支持するように導かれると考えられるだろう［Beitz 1999a, pp. 143-144］。

つまり、ベイツからすれば、国際社会は国内社会と同様に「正義の環境」であるにもかかわらず、正義の原理の適用範囲を国内に限定することは、結局貧しい国々の人々に与えられるべき援助や補償が行き届かないことになり、グローバルな視点でみた場合、正義の原理は道義性を失うことになるという。換言すれば、国内的正義の原理が真に正義の原理になりうるのは、社会的協働のグローバルなスキーム全体にとっての正義の原理と一致する場合だけだというのである［Beitz 1999a, p. 150］。

国家が自己完結的なものではないとすれば、国家と国家を分かつ境界線の道義的重要性は薄れる。むしろグローバルな配分の原理の探究には、世界を「ナショナルなシティズンシップの問題が無知のヴェールによって覆われた、原初状態という観点から捉え直す」ことが求められる［Beitz 1999a, p. 176］。すなわち、国民国家ではなく個人を道義的な関心の究極の単位とし、すべての人間に普遍的かつ不偏的に妥当するものとして正義の原理を導出する必要がある。こうして導かれた正義の原理は、国内的に妥当であると同時に、グローバルにも妥当なのである。

このようなベイツのリベラル・コスモポリタニズムは、彼自身が「啓蒙主義

の道徳的平等という考えの子孫」[Beitz 1999a, p. 200] であるというように，すべての人間の道徳的人格としての平等性に基づいて，グローバルなレベルでの普遍的な配分的正義の構想を探究したものであるといえよう（伊藤 2007, 12-17頁）。

(2) デイヴィッド・ミラー——リベラル・ナショナリズム

ミラーはベイツとは対照的に，グローバルな配分的正義の構想について，ベイツのように普遍的かつ不遍的に妥当するものとして導き出すことに否定的であり，むしろ社会正義の構想は個別の共同体，とくにナショナルな共同体においてもっともよく実現されるとし，リベラル・ナショナリズム論を支持する。ベイツらコスモポリタンによれば，個々の人間は道徳的に平等に処遇されねばならないために，他国の市民にたいしても同国人と同じように正義の義務が生じることとなる。ミラーはこの点に反論し，同国人にたいする義務と他国の市民にたいする義務を比較すれば，同国人にたいしては，外国人にたいして負う以上の特別な義務を負うという。というのも，ある個人が負うべき正義の義務はア・プリオリに決定されているわけではなく，当人が属する共同体における伝統や慣習などを考慮しながら解釈されていくものだからである。

ミラーによれば，ある共同体に属する個人がその共同体にたいしていかなる正義の義務を負うべきかにかんする解釈を含む社会正義の構想は，当人が属する共同体の「公共文化」(public culture) によってかなりの影響を受ける。公共文化とは，「ある人間集団がどのようにして共に生活を営んでいくかに関する一連の理解」[Miller 1995, p. 26（邦訳書, 46頁）] であり，また「さまざまな責任を確定するためにも役立つ共同体の性格をめぐる一連の観念」[Miller 1995, p. 68（邦訳書, 121頁）] でもある。したがって，いわば社会正義の構想を模索していくうえでの手がかりとなる感覚や社会的意味・経験の集合であるといえよう。そしてこの公共文化を保持していることが，「ネイション」という共同体の特徴であるとされる。[3] 公共文化を共有していることが一因となり同じネイションに所属する人々はお互いを文化的に同質な仲間であると認識し，生活の多様な場面で継続的協力を常におこない，社会を共同で作っていこうと考えるの

である。したがって，個人が負う義務の具体的内容は「そのネイションの公共文化によって作り出されたもの」である。とすれば，公共文化が異なれば，当人が負うべき義務についての解釈も異なるわけであり，社会正義の構想は基本的にネイションごとに異なるというのである [Miller 1999a, pp.18-19]。

　ここで，ミラーのように世界にはネイションごとに異なった正義の原理の諸構想が存在するという考えを，ベイツが依拠しているロールズが支持しているという点に留意しておきたい。確かにロールズが当初『正義論』において提示した正義の原理は，明示的ではないにしろコスモポリタン的な志向性を孕んでいたといえる。ところが，『正義論』にたいするさまざまな批判を受けて，彼は1980年代半ば頃から態度を変更するようになる。ロールズによれば，世界の「穏当な多元性の事実」に鑑みるならば，正義の原理は「包括的な道徳的教説」でも，「一般的教説」でもなく，「正義の政治的な構想」（a *political* conception of justice）として理解されるべきである [Rawls 2001, p.xi（邦訳書，v頁）]。そして「正義の政治的構想はリベラルな立憲政体の公共的政治文化（public political culture）において使用可能な政治的（道徳的）諸観念から形成される」という [Rawls 1999（邦訳書，20頁）（傍点筆者）]。つまり，ロールズは，正義の原理は人類一般に妥当する単一のものとしてではなく，諸社会の公共的政治文化から多様に導出されるものであると考えるようになったのである [Rawls 1996]。したがって，「リベラル―コミュニタリアン論争」においてはリベラルの代表格であったロールズが，「コスモポリタン―コミュニタリアン論争」の文脈ではコミュニタリアンに分類されるというねじれが生じているのである。[4]

　要するにコミュニタリアン的な立場の理論家は，すべての個人に妥当するグローバルな正義の構想が直ちに導出されるとは考えない。むしろ，社会正義の構想は個別の共同体（ネイション）ごとに固有であり，各々の共同体がみずからの公共文化に根ざした社会正義の構想を花開かせることを理想とし，社会正義の構想の多元性を支持するのである。ミラーは以下のように述べる。

　　私が擁護している見方におけるグローバルな正義とは差異の世界のための正義である。それは単にネイション間の差異を取り除くことは実行困難であるか，または強い強制をともなうことになるであろうという理由だけでなく，みずからのルールのもと

で暮らすことや，みずからの文化的信念に従って暮らすことに大いに価値を置くからである［Miller 2007, p. 21］。

3 コミュニタリアンはアンチ・コスモポリタンか？
――コスモポリタンとコミュニタリアンの結節点

　ベイツは，ミラーやロールズのような議論を「社会的リベラリズム」（social liberalism）と呼び，みずからが立脚する「コスモポリタン・リベラリズム」（cosmopolitan liberalism）と対置し批判している［Beitz 1999b］。確かにベイツのように，国内的にもグローバルにも妥当する普遍的な正義の原理の構想を探究する方法と，ミラーらのように国内的な正義，すなわち社会正義とグローバルな正義の峻別を前提とするアプローチには明確な差異がある。この点は重要であるが，以下では，ミラーがグローバルな正義の構想をグローバルな社会正義の構想として提示することには反対しているものの，なんらかの形でのグローバルな正義の構想の必要性には同意している点に着目し，ここにコスモポリタンとの結節点を見出したい。

(1) 「道徳的コスモポリタニズム」への支持
　ミラー同様にリベラル・ナショナリズム論を支持するウィル・キムリッカは，端的に「リベラル・ナショナリズムを，コスモポリタニズムを拒絶するものとして描くことは誤解を招くもの」であると主張する。というのも，コスモポリタニズムの理念とは人権・寛容・文化交流・国際平和協力といった基本的な価値であるといえるが，ナショナリストがこれらに反対する理由は必ずしもないからである。したがって，リベラル・ナショナリズム論はコスモポリタニズムを否定するものではないという［Kymlikca 2001, pp. 219-220］。この点をより明確にするためには，次のコスモポリタニズムの2類型に言及する必要がある。
　ジョセリーヌ・クチュールによれば，コスモポリタニズムには「道徳的コスモポリタニズム」（moral cosmopolitanism）と「法的／制度的コスモポリタニズ

ム」(legal / institutional cosmopolitanism) という２つの立場があるという。前者は「自律と平等という道徳的価値を支持し，すべての者がこれらの価値を守るための世界市民としての義務を負うという考え方」である。対照的に，後者は「道徳的コスモポリタニズムの中心的な要求を実行するのに適した社会的・政治的・法的制度の構築を志向する考え方」であり，なんらかの世界大の統治機構の創出を求めるものである。このようにコスモポリタニズムを分類したうえで，リベラル・ナショナリストの見解は，「法的／制度的コスモポタニズム」とは相容れないが，「道徳的コスモポリタニズム」とは矛盾しないと主張する。なぜなら，リベラル・ナショナリズムは全体主義ではないため，個人や集団の基本的な権利や自由，あるいは他の社会を犠牲にしてまで，みずからの理念を育むことはできないし，またリベラルなネイションであるかぎり，他のネイション・社会・民族（peoples）にたいする破壊・抑圧・あるいは同化の強制は，当のネイションの利益となりえないからである。

　確かにナショナリズムが特定のネイションに特別な関心を示すことは否定できないが，その特別な関心は次の３つの理由から必ずしも排他的なものにはならないと彼女は主張する。まず，リベラル・ナショナリズムのみずからのネイションへの特別な関心は，それが他のネイションより優れているとか洗練されているからといったことではなく，そのネイションが，構成員のあいだで言語・文化・伝統といった構成員個々人の多様な人生設計の背景となるものを共有できる集団であるという事実に訴えかけるものだからである。第２に，リベラル・ナショナリズムが示す，自分たちが強力な民主主義国家を持続させることができるという自信は，他のネイションよりも価値があるといった類の自己認識に訴えかけるものではなく，むしろ共通の文化に所属し，特定の理想を共有する人々のあいだに見受けられる強い連帯意識に訴えかけるものだからである。最後に，リベラル・ナショナリズムが政治的主権を求めるのは，他のネイションから孤立するためではなく，他のネイションとの「コンサート」に参加し，協調しようとする意志があるからである。

　したがって，クチュールによれば，個人がある１つのネイションへ忠誠を誓うことは世界規模の人類共同体への忠誠心をもたないことを意味しない。むし

ろコスモポリタニズムが道徳的に要求することは、リベラル・ナショナリズムが政治的主権を求める理論的根拠となっているのである。この意味で、リベラル・ナショナリズムは「道徳的コスモポリタニズム」とは両立しうるというのである［Couture 2000, pp. 263-271］。

ここで重要なことは、ベイツもみずからが擁護しようとするコスモポリタニズムは「道徳的コスモポリタニズム」であるとしている点である。彼はクチュール同様に「道徳的コスモポリタニズム」と「制度的コスモポリタニズム」を峻別した上で、「制度的コスモポリタニズム」よりも「道徳的コスモポリタニズム」のほうがより基底的なものであるとしている［Beitz 1994, pp. 124-126］。加えてベイツは、コスモポリタン的な政治的道義的秩序のなかで国家が今後も非常に重要な存在であり続けることを認め、コスモポリタン的な見方が世界的な規模の政治制度へとつながるわけではないとしている［Beitz 1999, pp. 8, 182-183］。ここから明らかなように、ベイツは「道徳的コスモポリタニズム」を支持するのである。

こうした点に鑑みれば、ベイツとミラーは少なくとも「道徳的コスモポリタニズム」にたいする支持という点で合意しうる。

(2) 「希薄なコスモポリタニズム」への支持

ミラーは「自律と平等という道徳的価値を支持し、すべての者がこうした価値を守るために世界市民としての義務を負うという考え方」である道徳的コスモポリタニズムの理念を受け入れる。では、いかなるものを普遍的な正義の義務として受け入れるのだろうか。これについてミラーは、ジョエル・ファインバーグの「比較適合的な正義の原理」(comparative principles of justice) と「比較不適合な正義の原理」(noncomparative principles of justice) の区別に依拠して説明している［Miller, 1999b, pp. 169-171］。それによれば、「比較適合的な正義の原理」とは、ミラーが挙げている例を用いれば、教員の給料は銀行員よりも安いのは不正なのではないかというように、他の人々の状況がどうであるかをみずからと比較することによって評価できる原理のことである。反対に「比較不適合な正義の原理」とは、他の人々がどうであるのかにかかわりなく、そ

の状態が正義に適っている，あるいは不正であるといいうる原理のことである。たとえば，盗みを働いた人をそれだけの理由で死刑に処すのは他の者の処遇いかんにかかわらず不正である，という意味で比較不適合な正義の原理であるという。

　こうした類型に鑑みれば，「平等の原理は常に比較適合的な正義の原理であり，人権の原理は比較不適合な正義の原理である」とミラーは主張する。なぜなら，平等の原理は「当該集団の個々の構成員が平等に利益を享受すべきであると要求するが，個々の構成員が公正に権利要求をできるかどうかは，他の構成員が獲得できるものとの比較に負っている」からである。逆に人権の原理は，「他の人に何が起ころうとも，誰もが受けるに値する処遇の形態を特定している」のであり，「他人が現在こうした権利を享受しているか否かにかかわらず，それを受けるに値する」からである。

　ここで先のミラーの社会正義論に立ち返れば，平等の原理，すなわち社会正義の原理は，当該共同体の「公共文化」から導出され，「公共文化」が異なれば平等の原理も異なると彼は主張していた。したがって，先のミラーの例でいえば，ある共同体の中で教員の給料は銀行員よりも安いのは不正なのではないかとは主張しうるとしても，A国の教員の給料はB国の教員の給料より安いのは不正ではないかと簡単にはいえないのである。それゆえ，「比較適合的な正義の原理がうまく機能するのはナショナルな共同体の境界線の枠内だけであるが，他方で，比較不適合な正義の原理はナショナルな共同体の境界線を越えて機能する」とミラーはいうのである［Miller 1999b, pp. 170-171.（傍点筆者）］。

　このように人権などの最低限の基本的な権利を比較不適合な正義の原理としてグローバルな正義の原理の基盤に据えようとするコスモポリタン的な企てならば，ミラーはそれを「弱いコスモポリタニズム」（weak cosmpolitanism）として支持する。その主張の核心は，道義性のうちのある部分は普遍的であることを認めるというにとどまり，普遍的に有効な平等な配慮の諸原理がなんらかの形で存在するとしても，より限定的な空間にのみ妥当する別個で独自の原理もまた存在するという考え方である［Miller 1999b, pp. 166-167］。そして次のように述べている。

第1章　規範的国際政治理論におけるグローバル秩序構想

　弱いコスモポリタンであっても考慮すべきなのは，構成員の基本権を保障できない社会，すなわち，表現と結社の基本的自由を保護できない，あるいは適切な食料・教育・医療を提供できない社会についてである。こうした社会の存在は，政治文化的境界にかかわりなく，他の人間存在を支援するわれわれの一般的義務を生み出す［Miller 1999b, p. 179（傍点筆者）］。

　これまで述べてきたように，あくまでミラーは国内的な社会正義の原理とグローバルな正義を峻別し，国内的な社会正義の原理をグローバルな社会正義の原理に拡大することには反対するという意味で，ベイツとは明確に袂を分かっている。しかしながら，グローバルな正義の義務を否定するわけではなく，むしろ西洋諸国の植民地支配という負の遺産に苦しむ国々や資源などがとぼしく日々の生活もままならないような国々にたいしては，必要があれば十分な援助をおこなう義務があるとして，ミラーは次のように論じる。

　　私はこれまで，世界の貧者にたいするわれわれの責任は原理的にわれわれの同胞ネイションにたいする責任とまったく同じである，というコスモポリタンの見解に反対してきた。われわれは社会正義の事柄として同国人にたいして負っているものすべてを世界の貧者にたいして負っているのではない。……（中略）……よって諸社会の不平等が完全になくなるような仕方でグローバルな秩序を変えるようには要求されていないのである。私は他方で，正義の事柄として，あらゆる人間にあるべきグローバルなミニマムという理念を擁護してきた。このミニマムは一群の基本的人権として理解するのが最善である。現在のところ多くの社会がこうした諸権利をその成員に保障できていないため，それらを保護する責任は部外者にあるように思われる［Miller 2007, p. 231（傍点筆者）］。

　以上の考察を踏まえると，グローバルな正義について，それを国内的な社会正義の原理と同様の原理とみなすべきか，それとは別物とみなすべきかについては議論の余地が大いにあるものの，少なくとも，コミュニタリアンの代表格であるミラーの思想はアンチ・コスモポリタンであるとはいえないことは明らかである。また，このことから，一定程度普遍的なものを承認しつつ，個別的なものを重視する1つのグローバル秩序の構想をリベラル・ナショナリズム論からも導出しうるといえよう。(5)

31

4 むすびにかえて
――「コスモポリタン―コミュニタリアン論争」の行方とグローバル秩序構想

　本章では規範的国際政治理論における「コスモポリタン―コミュニタリアン論争」に焦点を当て，従来，「コスモポリタン＝普遍性の尊重，コミュニタリアン＝個別性の擁護」という二律背反的に語られてきた両者の立場の結節点を探ることで，個別的なものと普遍的なものを同時に擁護しうるようなグローバルな秩序の構想を探究した。

　そこで明らかになったことは，コスモポリタンの代表格であるベイツの議論と，コミュニタリアンの代表格であるミラーの議論を比較すると，彼らのあいだには，グローバルな正義を国内的な社会正義と同様の原理として考えるか，それとは別個に考えるべきかで大きな隔たりはあるものの，コスモポリタニズムを「制度的コスモポリタニズム」としてではなく，「道徳的コスモポリタニズム」として捉えるという点や，ミラーがファインバーグを参照していうところの「比較不適合な正義の原理」については政治文化の境界線を越えたグローバルな正義の義務があるという点で一致しうるということである。このことに鑑みれば，「コスモポリタン―コミュニタリアン論争」とは単に，普遍性の尊重を主張するコスモポリタンと個別性を擁護するコミュニタリアンとの論争という図式ではないことは明らかである。つまり，論争の軸はコスモポリタンかアンチ・コスモポリタンかにあるわけではなく，道徳的なコスモポリタニズムという理念・概念をより具体的に構想していくうえで，政治文化の境界線はどの程度道義的な重要性を有するのかというところにあるように思われる。

　さらに興味深いことに，近年，コスモポリタン的な立場からもミラーがいうところの「弱いコスモポリタニズム」にたいする支持が表明されていることである。たとえば批判理論（critical theory）の立場から英国学派の連帯主義的傾向をさらに推し進めるアンドリュー・リンクレイターやリチャード・シャプコットは，ファインバーグの「危害原理」（"do no harm" principle）をグローバル

に適用し,「コスモポリタンな危害原理」(cosmopolitan harm principle) の創出を論じ,ここにコスモポリタンとコミュニタリアンの架橋を見出そうとする [Linklater 2007, chs. 8-9; Linklater and Suganami 2006, pp. 5-6; Shapcott 2001, 2008]。

　ファインバーグも大いに依拠するJ・S・ミルが『自由論』で論じたように,他者にたいする危害の防止はリベラルな社会の根幹をなす原理である[6]。ここでの彼らの議論のポイントは,コスモポリタンな「危害」とはア・プリオリに決定されているわけではなく,とくにユルゲン・ハーバーマスらの討議倫理学に依拠しつつ,それが異質なる他者あるいは他の共同体との理性的「対話」(dialogue) によって形成されていくと考えている点にある。共同体間のクロスカルチュラルな対話によって醸成される危害原理は,多様な共同体が共存するルールとなる。この意味で,危害原理は善の構想の多様性と矛盾しないどころか,むしろ多様な善の構想の表出を許す素地を提供するというのである。シャプコットはこうしたコスモポリタニズムの構想を「薄いコスモポリタニズム」(thin cosmopolitanism) あるいは「道徳的にミニマムなコスモポリタニズム」(moral-minimum cosmopolitanism) であるとし,多元性と対立するものであるかのように描かれてきたコスモポリタニズムの修正を図ろうとする。そして彼自身が述べているように,「薄いコスモポリタニズム」は明らかにミラーのいう「弱いコスモポリタニズム」と近い概念である。[Shapcott 2008, p. 189]。

　無論,ミラーとリンクレイターおよびシャプコットは結果的に類似したコスモポリタニズムの構想を支持しているが,それに至るアプローチは多少異なっており,この点の検討の余地はある。しかしながら,これまで論じてきたように,少なくとも「コスモポリタン―コミュニタリアン論争」は単純な二項対立の構造ではなく,コミュニタリアンの思想は必ずしもコスモポリタニズムを拒絶するものとして理解しえない。そうであれば,論争軸の位相は薄いレベルのコスモポリタニズムをいかに構想しうるかというところにあるといえるのではなかろうか。そして,この見地からすれば,各々の政治共同体がグローバルミニマムを遵守し,グローバルな義務を果たしながら「棲み分け」をおこなうといった,多元的なグローバル秩序構想が規範理論的に導出されうるのである。

第Ⅰ部　グローバル秩序への規範的アプローチ

(1) 「リベラル―コミュニタリアン論争」については［Mulhall, Swift 1996］を，英国学派については［Linklater, Suganami 2006］を参照。
(2) 『国際秩序と正義』は1979年に初版が公刊され，1989年には進藤榮一による邦訳が出版された。その後1999年に著者ベイツによる新たなあとがきが付け加えられた第2版が刊行された。本稿では第2版を使用しているが，訳出にあたっては1989年の邦訳版も適宜参照した。
(3) 紙幅の都合上，ここではネイションとは何かについての議論には触れない。ミラーのネイションの定義にかんしては，［Miller 1995, ch. 2（邦訳書，第2章）］を参照のこと。
(4) ただし，ロールズがリベラル・コミュニタリアンであるということはできても，彼がリベラル・ナショナリストにどこまで同意できるのかは慎重に検討すべきである。特に，正義の構想が導出される基盤としてのミラーのいう「公共文化」と，ロールズのいう「公共的政治文化」の概念の相違については比較検討の余地があるように思われる。
(5) リベラル・ナショナリズム論から導出される世界像については，［施 2007；白川 2009a, 2009b, 2009c］における検討を参照のこと。
(6) ミルは以下のように述べている。「人間が，個人としてであれ，集団としてであれ，誰かの行動の自由に干渉するのが正当だといえるのは，自衛を目的とする場合だけである。文明社会で個人にたいして力を行使するのが正当であるといえるのはただひとつ，他人に危害が及ぶのを防ぐことを目的とする場合だけである。」［Mill 1955, p. 10（邦訳書，27頁）; See also Feinberg 1984］

【参考文献】
伊藤恭彦（2007）「リベラリズムの普遍性をめぐる対抗――グレイとベイツ」有賀誠，伊藤恭彦，松井暁編『ポスト・リベラリズムの対抗軸』ナカニシヤ出版
施光恒（2007）「多文化共生世界の二つの構想――ミラーとヤング」有賀誠，伊藤恭彦，松井暁編『ポスト・リベラリズムの対抗軸』ナカニシヤ出版
白川俊介（2009a）「『場所』と『癒し』に関する政治哲学的一考察――望ましい多文化共生世界の像を求めて」荒木正見編著『場所の癒し』中川書店
――（2009b）「リベラル・ナショナリズム論の国際秩序構想――序論的考察」『政治研究』九州大学政治研究会，56号
――（2009c）「多元主義的なグローバル秩序構想の規範理論的擁護――主権と人権の相克を越えて」『比較思想論輯』比較思想学会福岡支部，16号
Beitz, C. (1994) "Cosmopolitan Liberalism and the States System," in Brown, C. ed., *Political Restructuring in Europe : Ethical Perspectives*, London, Routledge
―― (1999a) *Political Theory and International Relations : With a New Afterword by Author,* Princeton N. J., Princeton University Press（進藤榮一訳（1989）『国際秩序と正義』岩波書店）
―― (1999b) "Social and Cosmopolitan Liberalism," *International Affairs*, vol. 75, iss. 3
Brown, C. (1992) *International Relations Theory : New Normative Approaches*, Hemel Hempstead, Harvester Wheatsheaf
Couture, J. (2000) "Cosmopolitan Democracy and Liberal Nationalism," in Miscevic N. ed., *Nationalism and Ethnic Conflict : Philosophical Perspectives*, La Salle, Open Court

Feinberg, J. (1984) *Harm to Others*, New York, Oxford University Press
Kymlicka, W. (2001) *Politics in the Vernacular : Nationalism, Multiculturalism, and Citizenship*, New York, Oxford University Press
Linklater, A. (2007) *Critical Theory and World Politics : Citizenship, Sovereignty, and Humanity*, London, Routlege
Linklater, A., Suganami, H. (2006) *The English School of International Relations : A Contemporary Reassessment*, Cambridge, Cambridge University Press
Mill, J. S. (1955) *On Liberty*, Chicago, Great Books Foundation（山岡洋一訳（2006）『自由論』光文社）
Miller, D. (1995) *On Nationality*, Oxford, Oxford University Press（富沢克，長谷川一年，施光恒，竹島博之訳（2007）『ナショナリティについて』風行社）
 ―― (1999a) *Principles of Social Justice*, Cambridge, Harvard University Press, 1999
 ―― (1999b) "The Limits of Cosmopolitan Justice," in Mapel, D. Nardin, T. eds., *International Society : Diverse Ethical Perspectives*, Princeton N. J., Princeton University Press
 ―― (2007) *National Responsibility and Global Justice*, New York, Oxford University Press
Mulhall, S., Swift, A. (1996) *Liberals and Communitarians : An Introduction*, Second Edition, Oxford, Blackwell（谷澤正嗣，飯島昇藏訳者代表（2007）『リベラル・コミュニタリアン論争』勁草書房）
Rawls, J. (1971) *A Theory of Justice*, Original Edition, Cambridge, Harvard University Press（矢島鈞次監訳（1979）『正義論』紀伊國屋書店）
 ―― (1996) *Political Liberalism*, Expanded Edition, New York, Columbia University Press
 ―― (1999) *The Laws of Peoples*, Massachusetts, Harvard University Press（中山竜一訳（2006）『万民の法』岩波書店）
 ―― (2001) *Justice as Fairness : A Restatement*, Cambridge Mass., Harvard University Press）（田中成明，亀本洋，平井亮輔訳（2004）『公正としての正義　再説』岩波書店）
Shapcott, R. (2001) *Justice, Community and Dialogue in International Relations*, Cambridge, Cambridge University Press
 ―― (2008) "Anti-cosmopolitanism, pluralism and the cosmopolitan harm principle," *Review of International Studies*, No. 34

【付記】

＊すでに邦訳があるものを引用する際，訳文・訳語を一部変更した場合がある。
＊本章は平成21年度日本学術振興会特別研究員研究奨励金による研究成果の一部である。

2 グローバル社会における国連の秩序構築
―― 安保理の権威と正当性の問題を中心に

千知岩正継

1 はじめに

　グローバル秩序，あるいは地球規模の社会における秩序。これはけっこう厄介な問題である。そのような社会の有無をはじめとし，秩序の様相がいまひとつ判然としないからだ。いやそれどころか，アメリカ本土における2001年の9・11事件以来，「テロに対するグローバルな戦争 (Global War on Terror)」が主戦場たるアフガニスタンを筆頭に世界各地でおこなわれている。グローバル社会の秩序（ないし無秩序）をめぐるこの摑みどころのなさは，グローバリゼーションがいまなお進行中の営為・現象であり，その影響のもとで世界も変容の過程にあるということに起因するのかもしれない。喩えるなら，グローバル秩序について考えることは，完成図のない壮大なジグソーパズルを解くような困難な作業である。

　そこで本章の狙いとしては，国連の秩序構築・維持という観点からいくつかのピースをあてはめることでこのパズルに挑み，グローバル秩序の一端を示そうというわけだ。もう少し具体的にいうなら，国連安全保障理事会（以下，国連安保理または安保理）を国際社会またはグローバル社会における権威とみたてて，その機能・権限の正当性を考察すること，これが課題となる。なお，国際法はもとより国際関係論でも，国連安保理の権威性や正当性を問う研究はすでに存在する[1]。本章は，それらの先行研究に依拠しつつ，国内社会の権威との異同も念頭におき，さらに国際的権威からグローバルな権威への変容を明らかにして安保理の正当性問題を描き出すよう試みたい。

　第2節では，国際秩序と比較しながらグローバル秩序の争点を整理し，秩序

の構築・維持を担う権威に着目することの重要性を説く。第3節は，国際社会におけるハイアラーキーの一種として国連安保理を国際的権威ととらえて考察する理路を説明する。第4節では，安保理がグローバル秩序の権威へと事実上の変容を遂げていることを明らかにする。そして最後に，現段階での安保理の正当性にかかわる問題を要約して結論としたい。

2　秩序へのアプローチ

　グローバル社会の秩序について思索するには，やはり既存の国際秩序論が手がかりになろう。また秩序をいくつかの構成要素に分解して考えるのも1つの手だ。おそらく秩序というものは，その基礎となる社会の範囲が国家間であれ地球規模であれ，社会の成員，目標，規範，制度，そして秩序を維持するパワーといった側面からなりたっていると考えることができるのではないか。
　① 成　　員
　第1に，秩序における整序の対象，つまり社会の構成員を特定しなければならない。この点について国際社会は，主権国家という領域的な単位を成員とする社会にほかならない。
　他方でグローバル社会はどのような単位ないしアクターを成員とするのか。この問いに答えるには，グローバリゼーションの進展する世界を把握する概念としてたびたび引き合いに出される"globality"が鍵になる。すなわちグローバリティーとは，地球そのものを1つの空間とみなし，政治・経済・社会・文化といった領域で展開される人間のあらゆる社会関係の結びつき，とりわけ領土超越的な関係や地球横断的な相互連結性を捉えようとする考え方だ［Scholte 2005, pp. 60-64］。そればかりではなく，地球規模での人間社会という共通意識の増大も意味し［Shaw 2000］，この点ではグローバル市民社会の到来も語られている。なるほど，グローバル社会の成員は究極的には人間1人ひとりということだ。ただし，これも十分すぎるほど指摘されるように，地球を1つの単位として把握するにしても，そこには今もって国境線が引かれ，かつ人間は国家

という政治共同体へと組織されている。その意味では，相変わらず国家とそれら相互間の社会関係の要素が占める部分は大きい。したがって本章ではグローバル社会を，主権国家および政府間組織ならびに個人・NGO・多国籍企業といったさまざまなアクターを包摂する社会だと理解しておこう。

　② 目　　標

　社会関係において秩序はそれ自体欠かせない価値の1つだ。それに秩序には基礎的で主要な目標が存在する。国際社会の文脈では，国家の自由と独立を前提としながら，国家間戦争の回避，国際合意の誠実な履行，主権の相互承認によって，国家間で一定の共存をはかることが固有の秩序目標といえよう［Bull 2002］。

　それではグローバル秩序については，何か独自の目標や価値が存在するのか。この点で示唆的なのが，21世紀の平和と安全に対する新しい脅威にあわせて国連の集団安全保障の強化を提言したハイレベル委員会の報告書『より安全な世界――私たちに共通の責任――』だろう。同レポートは，国家間の戦争だけでなく，国内紛争，テロリズム，トランスナショナルな組織犯罪，大量破壊兵器の拡散，さらにはAIDSなどの感染症および貧困や環境破壊を21世紀の新たな脅威と位置づけている［A/59/565, 2 December 2004］。かくしてグローバル秩序の目標に含まれるのは，国家間関係の制御のみならず，国内の武力紛争の防止・鎮圧，さらには従来の＜国内／国外＞の区分にとらわれない多様な脅威から，国家の独立および人間の安全を保障するということだとみなせよう。

　③ 規　　範

　第3に，社会の共通利益・価値の観点から何が正しい行為で何が正しくない行為なのかを定める規準，要するに社会規範がなければ秩序は成り立たない。実際に20世紀後半以来の国際秩序は，主権平等，内政不干渉の禁止，武力行使の禁止，領土保全，人民の自決，人間の平等および基本的人権の尊重などの基礎的な規範のうえに存続している。とりわけ，国際社会がそもそも主権国家から成りたっている限り，内政不干渉の規範を遵守することが，主権国家間の秩序ある共存にとって最低限の条件といえよう。

　もっともポスト冷戦期では，人権・人道規範の遵守が国家に強く要求されて

いる。その結果，内政不干渉の規範が緩和されたばかりか，大規模な人権侵害に対しては国連安保理の決議に基づく人道的介入が国際社会において正当な行為だとみなされて許容されるようになった。

　たしかに，現在でも内政不干渉が一般的な規範であり，介入が認められるのは例外にすぎない。しかし国内管轄事項の範囲が縮小し，第三者（国家・国家集団・国際機構）による一定の介入が要請・容認される傾向は，良くも悪くも，グローバル秩序の本質をあらわす重大な特徴である。これは，今後も強まりながら続くものと考えられよう。ここで，グローバル秩序の目標が国内の武力紛争および越境する種々の脅威に対処することだという基本を思い出そう。したがって，主権国家が引き続き主要なアクターの地位を占めるなら，従来の内政不干渉の規範と新しい秩序目標との折り合いをどうつけるのか。このあたりが規範の観点からのグローバル秩序論の争点になろう。

④　制　　度

　秩序の確保には，規範とともに制度も不可欠である。制度は秩序維持の手段であり，国際社会においては，国際法，外交，勢力均衡，戦争および大国の地位・役割がそのような機能をはたしてきたといわれる［Bull 2002］。

　もう1つ，国際機構の役割を考慮に入れなければ，現代世界の秩序論は未完に終わってしまう。19世紀のウィーン体制・ハーグ平和会議・国際行政連合という国際社会の組織化の3つの流れは20世紀前半に合流し，多種多様な国際機構へと結実した。その代表である国連は，加盟国の普遍性，目的の包括性および組織構成の複雑さという点において，国際社会の組織化という営為の現段階での頂点をなすものだといっても過言ではない。さらに，国家間の利害の単なる調整役でもなく，また国家に利用されるだけの手段でもなく，国際秩序の構築・維持のために必要な権限を付与されて成立した組織である。そのなかで本章の関心は，かような国連が正当性を確保したうえで，グローバル秩序の担い手になりうるかどうかという点にある。

⑤　パワーと権威

　秩序は，一定のパワーに支えられてはじめて持続可能となる。この点について既存の国際秩序論，とりわけリアリズムのそれが大きな関心を寄せてきたの

は，秩序の安定にとって望ましいのは多極か二極か，それとも単極かという大国間のパワーの分布状況をめぐる問題であった。これはこれで重要であることには違いない。そのうえで本章が重視したいのは，社会から正当とみなされる統治権力，要するに権威のはたす役割についてだ。

　ふつう国内社会には，社会全体を代表して秩序目標を達成し，またそのために必要な共通規範を定立・解釈・執行する政治的権威，要するに政府が存在する。対照的に国際社会は，法的にはお互いに平等である主権国家で構成され，かつその上位に一切の権威や権力体をもたない無政府な社会である。これは国際関係論の初歩の初歩だ。この「アナーキーの前提」は，国際的権威の存在を主張するハイアラーキー論によっていまや修正されつつある。すなわち国際社会にも，単に物質的なパワーの格差や優位から導かれるのではなく，正当性の承認のうえに一定の支配・服従の関係が成立するということだ。そのような事例としては，アメリカの覇権，冷戦期の旧ソ連と東欧諸国の関係など，大国と中小国とのインフォーマルなハイアラーキーが言及されることが多い。もっとも本章は，法に基礎をおく「合法化されたハイアラーキー」[Simpson 2004]に着目し，その1つとして国連安保理を議論の俎上にのせよう。要するに，国連安保理を秩序の構築・維持を担う権威とみたてて検討を加える。

3　国際社会における権威

(1) 国際的権威の概念

　政治的権威とは，被治者に正当なものと承認された統治の権利，つまり「正当な統治」をさす。権威関係において治者は命令を発する権限をもち，被治者はこれに従う義務を負う。政治的正当性の概念に関する研究に依拠すると，統治が正当だと認められる条件はおよそ次の3つにまとめられる[クワコウ 2000; Beetham 1991]。第1に，統治者がパワーを既存の法律に従って獲得し，行使することである。ただし前提として，法は社会で共有される利益や価値に適合していなければならない。ここから必然的に導かれる第2の条件は，社会で追

第2章　グローバル社会における国連の秩序構築

求すべき諸価値に治者と被治者が合意していることだ。第3に，治者の支配は被治者の同意に根ざしていることが不可欠である。

以上をひとまず国際社会の文脈で読みかえると，①国際法との一致，②国際社会で追求する共通の利益・価値についての合意，③国家の同意，といった条件がそろえば，主権国家に一定の支配・統治を及ぼす法形式的な権威（formal-legal authority）が成立するといえよう。もっとも，国内社会と国際社会を同等に扱うかような国内類推については但し書きを2つ加えなければならない。

第1に，国際社会における権威は法形式的なものに限られないということだ。国際的なハイアラーキーを分析したデイビッド・レイクにいわせると，国際関係にあらわれるのは関係的権威（relational authority）にすぎない。すなわち，秩序の提供と引き換えに服従をとりつける取引契約から導かれた上位・下位の関係である［Lake 2009］。かような関係的権威が成立するのは，たとえば同盟国に対するアメリカの支配，より一般的には中小国に対する大国のパワーの行使が，支配国と従属国の双方の政治的了解ないし取引交渉に基礎をおくときだという。たしかに，必ずしも法には依拠しない権威の存在を捉える点で，レイクの議論には一理ある。もっとも目下の関心としては，法に基礎をおく権威が主権国家の上位にも成立すること，その典型が国連安保理であることに着眼して論を進めたい。また同時に，法形式的な権威にしても，その正しさを左右するのは法規範との単純な一致だけではない。社会的な利益・価値に関する治者と被治者との合意およびその実現の度合いにもかかっていることも念頭においておこう。つまり，法形式的な権威は関係的な権威の側面も同時にあわせもつ。

第2に国際的権威は国内の権威とくらべると，パワーの行使を制約する枠組みがきわめて弱い。そもそも，「正当なパワーは制限つきのパワーである」［Beetham 1990, p.35］といわれるように，権威は本質において一定の制約を課された権力である。かような制約の1つとして，権威は社会で共有された利益・価値を実現するために行動する責任を負う。その最たるものは，秩序が脅かされるとき，秩序維持に必要な措置をとる責任だろう。要するに権威には一定の責任が内在するということだ［Cronin, Hurd 2008, p.17］。

もう1つの制約は，権威によるパワーの行使の限界を明確に定める法律の機

能である [Beetham 1990, pp. 35-36]。国内社会では，憲法がそのような役割をはたして国家の統治権力を制御する。しかし国際社会には，国際的権威の権限行使を制約する単一の憲法的文書はみあたらない。(2) その結果，法に基礎をおかない関係的権威の場合，支配国のパワーの行使を抑制する法的な枠組みは無いに等しく，支配国側の自制に頼るほかない。一方で法形式的な権威，本章で扱う国連安保理については，その権限行使に一定の枠をはめる国連憲章が一応は存在する。ただし第4節以下の検討をつうじて明らかにするように，国連安保理の権限行使が国連憲章上の基本原則から制約を受けているのかどうかはかなり疑わしい面もある。したがって関係的であれ法形式的であれ，国際的権威に対する法的な制約がかように弱いということは，パワーの行使（ないし不行使）が無原則かつ無責任になされる余地の拡大につながる。

さて，国内社会と同様に国際社会にも権威の成立をみいだす見解には，以上の留保をつける必要があることがわかった。そのうえで，ではどのような意味において国連安保理を国際的権威とみなせるのか。

(2) 国際的権威としての国連安保理

国連憲章によると安保理は，国連の主要目的である「国際の平和及び安全の維持」について主要な責任を負い（24条），加盟国に代って行動する義務を負う。安全保障の分野では総会に優先する権限をもち（12条），加盟国に対し拘束力をもつ決定をくだす（25条）。第6章により，国際の平和・安全の維持を危うくする事態について調査し，紛争当事者に紛争の平和的解決を勧告・要請する。さらに第7章下の権能については，39条のもとで「平和に対する脅威，平和の破壊又は侵略行為の存在」を認定し，それをもとに必要とあれば非軍事的・軍事的強制措置をとることができる（41条，42条）。その際に安保理は，兵力の提供，領域通過権といった便益について加盟国と特別協定を結び，これを利用する（43条）。また組織構成については，拒否権をもつ常任理事国（P5）および10ヵ国の非常任理事国となっている（23条1項）。

端的にいえば，諸国家はアナーキー（無政府）な国際関係で秩序を確立・維持するという共通利益・価値の実現をめざし，自発的な同意に基づき国連憲章

を締結した。その法的基盤のうえに安保理は法形式的な国際的権威として成立し、そして国際秩序を脅かす事態を認定する権限および秩序維持に必要な行動の決定・発動の権限を付与されている。とくに後者の権限は、国連憲章51条の個別的・集団的な自衛権以外の武力行使にかかわる正当な権利が安保理によって独占されることを意味する。

　少なくとも国連憲章を読む限りの解釈では、「国際の平和及び安全の維持」という限定的な分野において、安保理は国際的権威として機能することを期待されていた。しかしながら、その後の展開は既知のとおり、冷戦対立のもとにある国際社会では、そのような権威性は損なわれ、安保理中心の集団安全保障体制は機能麻痺に陥った。結果的に、冷戦期に国連憲章第7章の強制措置がとられたのは、朝鮮戦争における「国連軍」、さらに南ローデシアの白人政権と南アフリカのアパルトヘイト政策に対する経済制裁にとどまる。

　そのうえ安保理の権威の喪失は、強制措置の発動の有無におさまらなかった。最上敏樹によると、「紛争当事者に対して有権的に停戦を命じたり、調停その他の平和的解決手段を実施したりすることも安保理の重要な任務だが、それすらも妨げられたことこそが『麻痺』の実質にほかならなかった」［最上 2006, 80頁］。いうなれば、紛争の平和的解決についても安保理の権威は発揮されなかったということだ。

　もっとも、これも周知のように、平和維持活動（PKO）が集団安全保障体制にかわって国連の平和維持機能の主翼を担った。国連によるこの現地活動は、非武装の軍事監視団としてはすでに1948年の国連休戦監視機構（UNTSO）にはじまり、その後、歩兵部隊からなる平和維持軍として派遣された1956年の第一次国連緊急軍（UNEFI）を契機に本格的な確立をみせる。自衛の範囲をこえた武力行使が認められた国連コンゴ活動（ONUC）を例外とすれば、紛争当事国政府の同意に基づき展開する国連PKOは、中立・非強制の性格を堅持し、停戦の監視・維持により国際秩序に一定の寄与をなした。

　たしかに冷戦期において、国連憲章第7章下の平和強制の発動に関する安保理の権威性はほとんど損なわれた。他方でPKOは国際秩序の維持に限定的ながらも一役買うことで、失われた安保理の権威性と正当性をある程度は補塡し

たのではないだろうか。

4 グローバル社会における国連安保理の秩序構築

(1) 国際的権威の回復

　冷戦の終焉を前後して安保理が「国際の平和及び安全の維持」の分野で重要な役割をはたすようになるなかで，その国際的権威の回復を世界に印象づける重大な契機となったのは，ほかでもない湾岸戦争である。イラクによるクウェート侵攻に端を発するこの戦争は，主権国家間に生じた侵略型の紛争であり，国際秩序に対する典型的な脅威を構成した。安保理は1990年8月の決議で「国際の平和及び安全の破壊」の存在を認定して経済制裁を課したほか，最終的に1990年11月29日採択の決議678にて国連憲章第7章のもと，「国際の平和および安全の回復」を目的とする武力行使を「クウェート政府に協力する国連加盟国」に許可した［S/RES/678］。そしてアメリカ主導の多国籍軍が同決議にイラクからクェートを解放する。これら一連の過程は，従来の国際秩序の枠組みにおさまるものであり，かつ国連創設者の想定の範囲内の事態といえる。

　安保理の権威の座への復権について，ただし注意が必要なのは，国連憲章43条の特別協定にしたがって国連軍を組織し，これを軍事参謀委員会の助言を通じ指揮するという本来の権限の回復にはいたらなかったことだ。正確にあらわすなら，秩序維持に必要な行動を一部の国家や国家集団がとることに正当性を与える権威として安保理は再登場したということになろうか。以後，憲章第7章の平和強制の発動は，権威たる安保理による正当性付与を前提にして，これを実施する能力と意思をもつ国家および国家集団によって遂行されることが慣例となる。

　ところで国際機構論の碩学，イニス・クロードがすでに1966年の論考にて国連（とくに総会）の正当性付与の機能に積極的な意義を見出しながらも，いくつかの欠点を論じており，これは想起しておいたほうがよい。1つには，国家よりも安保理のような国際制度のほうが正義や英知に合致した正当性を与えて

くれる保証はどこにもないということ。いま1つは，正当性を与える機能が，「秩序原則の要請することの考慮ではなく，政治状況の許容することの計算に基づく行動を奨励しかねない」ということだ［Claude 1966, p. 379］。2つめの問題指摘は，要するに，安保理の正当性付与が国家によって都合よく利用される危うい可能性を意味する。

これらの2つの問題は先にふれた決議678の採択のさいにも，とくにアメリカによる安保理の権威の利用という形で顕在化していた。このことはすでに少なからず指摘されている。バーンズ・ウェストンは，憲章上の根拠の不明確さ，採択にいたる過程でのアメリカの圧力外交，武力行使に関する安保理の統制の欠如や白紙委任，非軍事的な制裁が早々に放棄されてしまったことをあげて，決議678とこれに基づく多国籍軍の武力行使の正当性は定かではないと主張する［Weston 1991］。

上述の議論からもわかるように，安保理による正当性付与が，国連憲章上の規範・原則に合致して機能するとは限らない。さらに注意しておきたいのは，正当性を認められた国家ないし国家集団の行動が，ひいてはその根拠となる安保理の決定が，実際に秩序目標の実現に寄与するかどうかである。正当性が合法性のみならず，社会の成員間に共通の利益・価値の実現の程度にもかかっていることを考えれば，この実効性の問題は安保理の権威を検証するうえで重要な意味をもつ。当然ながら安保理の機能が拡大すれば，正当性の一環をなす実効性の確保も対応していっそう強く要求されることになろう。それでは安保理の機能はどのように拡大し，権威の性格はどのように変容を遂げたのか。

(2) グローバル秩序の権威への変容

冷戦が終焉し，グローバリゼーションが進展する世界にあって，国際社会ないしグローバル社会の要請に応えるかのように安保理の役割は拡大し多様化している。それはもはや，国際秩序の維持という言葉では十分にとらえきれない。たとえば，武力紛争下での国際人道法の違反を裁く国際法廷を旧ユーゴスラヴィア国際刑事裁判所（ICTY）およびルワンダ国際刑事裁判所（ICTR）として設置するなど，司法的機能を担うようになった。さらに2001年の9・11事件の

のち、安保理はトランスナショナルなテロの脅威に取り組むにあたり、決議1373（2001年9月28日）にて、各国に資金給与の阻止や情報交換によるテロ防止の義務を課し、また各国による決議の履行状況を監視するテロ対策委員会（CTC）を設けるにいたった。また決議1540（2004年4月28日）では、テロ集団による大量破壊兵器の獲得を阻止する国内法整備を各国に義務づけている。以上の内容をもつ決議1373および1540は、安保理による立法機能の展開と位置づけられて注目を集めつつある。[3]

もっとも、紙幅の都合もあるので、以下では内戦型の武力紛争への対処にみられる安保理の機能拡大と権威の変容に話をしぼって言及するにとどめよう。第1に、安保理は国内で生じる武力紛争や人道状況の深刻な悪化を国連憲章第7章の「平和に対する脅威」に拡大認定し、一部の国家ないし国家集団の指揮下でおこなわれる平和強制措置に正当性を与える傾向にある。また当の強制措置の目的も、国内における治安の回復、法の支配の確立、民間人の保護、人道援助活動の保護など多岐にわたり、しかも人権・人道問題に直結するものとなった。そうした流れの先鞭をつけたのは1992年12月採択の決議794である。安保理は同決議にて、ソマリア内戦における国際人道法の広範な違反や大規模な飢餓状態などの「人間的悲劇の甚大さ」を「国際の平和及び安全に対する脅威」と認定し、人道援助活動にとって安全な環境をつくるための武力行使を米軍中心の統合機動部隊（UNITAF）に許可した。最近では、安保理決議1778（2007年9月25日）のもと、チャド東部および中央アフリカ共和国北東部に展開する欧州連合（EU）部隊（EUFOR）が、難民・避難民などの民間人を保護し、人道援助活動および国連中央アフリカ・チャド・ミッション（MINURCAT）を支援するべく、武力を行使する権限を認められている。このように国連憲章第7章を援用する安保理決議によって正当性を与えられて、他国の内戦や人道危機にたいし介入する平和強制は、ボスニア（1992～1995年）、ルワンダ（1994年）、ハイチ（1994年、2004年）、東ティモール（1999年）、アフガニスタン（2001年～）、リベリア（2003年）、コートディヴォワール（2003年）などで実践を重ねている。

これに関連して第2に、内戦状況や人道危機への対応において国連PKOの任務権限も強化され、活動形態も変化する趨勢にある。そうした最初のケース

としては，国連の平和維持機能の強化を提言するブトロス・ガリ第6代国連事務総長の報告書『平和への課題』(1992年6月) の影響を受けて展開した第二次国連ソマリア活動 (UNOSOM II)，ボスニア紛争の国連保護軍 (UNPROFOR) があげられよう。これら2件とも，国連憲章第7章のもとで平和強制の権限をもつPKOとして試みられた。しかしながら同時期に活動した国連ルワンダ支援団 (UNAMIR) とならんで，1990年代前半における国連PKOの挫折を象徴する結果におわった。ソマリアやボスニアでの苦い経験から一時は伝統的なPKOへの回帰も模索されるものの，90年代末から現在にかけて民間人の保護という新しい任務がPKOに加わり，これに応じて武力行使の権限も認められようになる。具体例をあげると，1999年10月にロメ合意履行を支援するべく設置された国連シエラレオネ・ミッション (UNAMSIL) が，「能力と展開地域の範囲内において」という条件のもと，さらにシエラレオネ政府に配慮しながら，物理的な暴力の脅威にさらされている民間人の保護に必要な武力行使を許可された [S/RES/1270, S/RES/1289]。同様のPKOは，国連コンゴ民主共和国ミッション (MONUC)，国連コートディヴォワール活動 (UNOCI)，国連ハイチ安定化ミッション (MINUSTAH) などがあり，民間人保護の任務をはたす新型のPKOは定着しつつあるようだ。

　最後に，内戦や人道危機が収束したのちに国内秩序の再建・構築をになう国連活動，つまり平和構築についても触れておこう。平和構築活動の内容はそれぞれ多岐にわたるが，国連カンボジア暫定統治機構 (UNTAC)，国連東ティモール暫定行政機構 (UNTAET)，国連東スラヴォニア・バラニャおよび西スレム暫定行政機構 (UNTAES)，国連コソヴォ暫定行政ミッション (UNMIK) などの暫定統治の活動は，「国際的な領域管理」というかたちで国家機能を一時的に肩代わりする点で特に注目に値する [山田 2004]。さらに形態や任務上の権限の面では多様な平和構築活動の最終目標は共通して，市場経済と民主主義体制の導入によるリベラルな政治経済体制の樹立にあるといわれている [Paris 2004]。

　ここで，冷戦からポスト冷戦への時代の移行にともなった国連安保理の権威の変容をまとめておこう。安保理はそもそも，国際社会のアナーキー状況に対

処するために組織された国際的権威であった。しかしポスト冷戦期に安保理が権限を行使する主要な局面は、国家がアナーキー（無秩序）に陥るかまたはタイラニー（抑圧的）になる結果から生じる武力紛争や人道上の危機、それにテロリズムをはじめとしたトランスナショナルな脅威に対してだ。しかも権威の主要目的が人間の保護に重心を移しつつあるようだ。

かような動向をふまえるなら、安保理はその権威のもとで行われる介入や平和構築活動を通じて、ただ単に既存の国際秩序を維持しているのではない。そうではなく、「産出力としてのパワー（productive power）」を行使して、市民的・政治的な人権、民主的なガヴァナンスおよび市場経済などのリベラリズムの価値や制度によってたつリベラルな国家モデルを推進しているようにみえる。そして最終的には、リベラルな国家が中心となるグローバル秩序を構築しつつあると解釈できそうだ［Barnett, Finnemore 2005］。

5 おわりにかえて――グローバルな権威としての正当性問題

以上の概観からもわかるだろう。冷戦が終焉してからこのかた、国連安保理は今や平和維持にかんする権限を実質的に拡大し、機能面ではグローバル秩序の構築・維持を担うようになっている。しかしながら安保理は、グローバル社会で秩序を提供する権威として正当性を完全に享受しているわけではない。むしろ逆に権威の正しさにまつわる限界を露呈させているようにみえる。たとえば、1999年の北大西洋条約機構（NATO）によるコソヴォ紛争への軍事介入、2003年のアメリカおよびイギリスによるイラク侵攻（2003年3月）は、平和強制に関する安保理の権威を揺るがすものだ。[4] かような国連憲章上の手続から逸脱した違法な武力行使という従来からの問題と別に、介入を通じた民間人の保護というグローバル秩序に特有の目標の実現をめぐっても、安保理というグローバルな権威は以下の正当性問題に直面している。

第1に、安保理が大国中心に構成され、広範な自由裁量をもつ政治的組織であることに内在する限界がある。国連憲章24条によると、安保理は国連の目

的・原則に従って行動しなければならない。ところが，実際には安保理は，憲章の一貫した解釈に参照して決定を下す機関であるとはいい難い。むろん，安保理は決定を下すにあたり，人権規範・内政不干渉原則・自決権などの国際規範を考慮に入れることは間違いないだろう。しかし同時に，その時々の国際社会の政治状況，安保理構成国をはじめとする国連加盟国の政治的意思の度合いに大きく左右されることも明らかだ。とりわけ大規模なPKOの展開，人道危機にたいする軍事介入の発動となれば，拒否権をもつ常任理事国の影響力と利害調整，さらにアメリカを筆頭に大国による物質的なリソースの提供の有無が，安保理の判断を強く制約する。

　かような政治性を帯びた安保理は，扱う問題の選別について，さらに決定・行動にかんして，まさに選択性を本質とした安全保障体制だ，というアダム・ロバーツとドミニク・ザウムの指摘は正鵠を得ている［Roberts, Zaum 2008］。しかも深刻なのは，安保理が選択的に，というか場当たり的にしか機能し得ないことが，グローバル秩序の目標の1つである武力紛争下の人間の保護について深刻な帰結をもたらすことだ。その最たるものが1994年4月から7月のルワンダでの惨劇であったのはよく知られている。人道上の緊急事態への対応に安保理が二の足を踏むという事態は，スーダン西部・ダルフール紛争でも繰りかえされたといえよう。

　それでは安保理は，一部加盟国による人道的介入を許可するかまたはPKOを派遣すれば権威として責任をはたしたことになり，正当性を確保できるのか。必ずしもそうとはいえないところが複雑なのだ。どういうことか。PKOにおける民間人保護に注目して1つ具体例をあげよう。先にふれたばかりのダルフール紛争では，安保理が決議1769（2007年7月31日）のもとで，アフリカ連合との合同による平和維持活動（UNAMID）を2008年1月から展開させている。同部隊は任務の1つに，平和維持の要員，人道援助活動の従事者および民間人を保護する武力行使の権限を認められた。しかし現実には，決議内容とは裏腹に，UNAMIDは装備や兵力の不足のせいで，民兵勢力のジャンジャウィードをはじめとした武装勢力の攻撃から民間人を護ることに失敗しているようだ［Badescu, Bergholm, 2009］。さらに民間人保護の実効性の欠如は，程度の差こ

そあれ，UNAMSIL や MONUC など同様の任務権限をもつ他の PKO にも共通して生じている。

　ここで，2000年8月に公表された国連平和活動パネルによるレポートを想起しておこう。このいわゆるブラヒミ報告は，PKO の任務に民間人の保護を加えることについて肯定的に評価しつつも，「PKO は，民間人を保護する任務を付与されるなら，任務を達成するための具体的なリソースを与えられていなければならない」と釘を刺すのも忘れていなかった［A/55/305, 21 August 2000, paras. 62-63］。というのも，民間人の保護を確約することにより PKO にたいする期待値をあげるだけあげておきながら，しかし必要なリソースの不足でその目標が実現できないとなれば，国連にたいする失望を招きかねないからである。かくして，実効性の乏しい介入や PKO は，結局はそれらの発動を決定した安保理の正当性問題に跳ね返ってくるということだ。

　かように現在の国連安保理が直面する正当性の問題をあげることは容易いが，これを解決する方策を提示することは実は難しい。その原因の1つは，グローバル・ガヴァナンスにおける国際機構の正当性についてマイケル・バーネットとマーサ・フィネモアが投げかけた次の問いに密接に関係しているように思われる。すなわち，「国際機構が統治しているのは，国家からなる共同体なのか，それとも人びとからなる共同体なのか」［Barnett, Finnemore 2005, p. 183］。これを本稿の文脈で敷衍するなら，グローバル社会の秩序を構築するにあたって国連安保理という権威が究極的に責任を負う対象は，国連加盟国の政府なのか，それとも一般の人びとなのか。コフィ・アナン前国連事務総長のしめす答えは明快である。

> 国連は国家からなる組織であるとはいえ，国連憲章は「われら人民」の名において書かれている。憲章はまた欠乏および恐怖からの自由のなかでの人間の尊厳および価値，人権および男女の同権の尊重，そして生活水準の向上で測られる社会的進歩への責務をあらためて確認している。つまるところ国連は世界各地の人びとのニーズと希望のために存在し，これに応えなければならない［A/54/2000, 27 March 2000, para. 10］。

　パラフレーズすると，グローバル社会において安保理による秩序構築の正当

性を審査するオーディエンスは，従来の国連加盟国の政府代表から世界の人びとにまでに拡大したということだろう。だとすれば安保理じたいが，国家のみならず市民の同意に基礎をおく正当性，リチャード・シャプコットの言葉を借りるなら「コスモポリタンな正当性付与」のうえに立脚しなければならないのではないか［Shapcott 2000, pp.156-159］。なかんずく，安保理の決定・行動をとおして行われる秩序構築で生命の安全を左右される人びとからみて，安保理が正当性を享受すること，これが不可欠となろう。その実現に向けた具体的な方途の探求は困難をきわめるにちがいない。とはいえ，グローバル秩序というパズルを完成させるうえで重要なピースの1つになることは間違いないし，真剣な考慮に値すると考える。

⑴　国際機構論では［浅田 2009，佐藤 2009，最上 2006］。国際関係論では，構成主義に基づく研究として［Hurd 2007］，さらに［Hurd, Cronin 2008］による編著。
⑵　もっとも近年では，国連憲章を国連組織の単なる設立文書としてではなく，国際社会の憲法ととらえる見解も提起されている。本章では検討することのできなかった，かような国際社会の立憲化の議論については［佐藤 2009］。
⑶　安保理の司法・立法機能の正当性についての検討は［浅田 2009］。
⑷　安保理みずからが，武力行使にかんする国家の自由裁量を自衛権の拡大というかたちで助長したという別の問題もある。2001年の9・11事件の翌日に安保理が採択した決議1368は，テロリストまたはテロリストをかくまう国家にたいする武力行使が国連憲章51条の自衛権に含まれるという新しい解釈を示した。これは，アメリカによるアフガニスタンへの報復攻撃，「不朽の自由作戦（OEF）」にたいし正当性を間接的に与えたことを意味する。詳細は［Byers 2006］。

【参考文献】
　浅田正彦（2009）「国連安保理の機能拡大とその正当性」村瀬信也編『国連安保理の機能変化』東信堂
　クワコウ，J.-M.（田中治男，押村高，宇野重規訳）（2000）『政治的正当性とは何か——法，道徳，責任に関する考察』藤原書店
　佐藤哲夫（2009）「国連安全保障理事会の創造的展開とその正当性——憲章第7章の機能の多様な展開と立憲化（constituionalization）の視点をめぐって」日本国際連合学会編『国連研究』10号
　最上敏樹（2006）『国際機構論〔第2版〕』東京大学出版会
　山田哲也（2005）「領域管理の意義を巡って——合法性と正統性の相剋」日本国際政治学会編『国際政治』143号

Badescu, C., Bergholm, L. (2009), "The Responsibility to Protect and the Conflict in Darfur : The Big Let-Down," *Security Dialogue*, vol. 40, no. 3

Barnett, M., Finnemore, M. (2005), "The Power of Liberal International Organizations," in Barnett, M., Duvall, R. eds., *Power in Global Governance*, Cambridge, Cambridge University Press

Beetham, D. (1991), *The Legitimation of Power*, Basingstoke, Macmillan

Bull, H. (2002), *Anarchical Society : A Study of Order in World Politics*, 3rd edn. Basingstoke, Palgrave

Byers, M. (2006), "Not Yet Havoc : Geopolitical Change and the International Rules on Military Force," in Armstrong, D. et al eds., *Force and Legitimacy in World Politics*, Cambridge, Cambridge University Press

Claude, I. L. Jr., (1966), "Collective Legitimation as a Political Function of the United Nations," *International Organization*, vol. 20, no. 3

Cronin, B., Hurd, I. (2008), "Introduction," in idem, *The UN Security Council and the Politics of International Authority*, Abingdon, Routledge

Hurd, I. (2007), *After Anarchy : Legitimacy and Power in the United Nations Security Council*, Princeton, N. J., Princeton University Press

Lake, D. A. (2009), *Hierarchy in International Relations*, Ithaca, Cornell University Press

Paris, R. (2004), *At War's End : Building Peace After Civil Conflict*, Cambridge, Cambridge University Press

Roberts, A., Zaum, D. (2008), *Selective Security : War and the United Nations Security Council since 1945*, Abingdon, Routledge

Scholte, J. A. (2005), *Globalization : A Critical Introduction*, 2nd edn. Basingstoke, Palgrave

Shapcott, R. (2000), "Solidarism and After : Global Governance, International Society and the Normative 'Turn' in International Relations," *Pacifica Review*, vol. 12, no. 2

Shaw, M. (2002), *Theory of the Global State : Globality as an Unfinished Revolution*, Cambridge, Cambridge University Press

Simpson, G. (2004), *Great Power and Outlaw States : Unequal Sovereigns in the International Legal Order*, Cambridge, Cambridge University Press

Weston, B. H. (1991), "Security Council Resolution 678 and Persian Gulf Decision Making : Precarious Legitimacy," *American Journal of International Law*, vol. 85, no. 3

3 グローバル秩序の挑戦／グローバル秩序への挑戦
――「保護する責任」規範と現場における実践

大庭弘継

1 はじめに――グローバル秩序の挑戦

　本章は，グローバル秩序が破綻国家内部などのローカルな秩序に対して，実践の困難を「克服」しながら構築の一翼を担うことを示すと同時に，そのことがグローバル秩序の更なる変容をもたらす軋みや揺らぎとなる恐れを指摘する。

　グローバル秩序に関する問いは，可能性に満ちた問いである。なぜなら「グローバル秩序」という名の器の中身は未だ混沌としたままだからである。ある者はイラク戦争などにみられる米国の単独行動主義を念頭に「帝国」をグローバル秩序と呼び，ある者は下からの秩序形成「グローバル・ガヴァナンス」をグローバル秩序と呼ぶ。そしてこの秩序像を現実の政治家や活動家たちが道しるべとして世界を変えようとする。相反する秩序像を各人が描き，そして行動するという百家争鳴の状態がグローバル秩序を巡る現在の状況である。

　グローバル秩序という概念に共通了解が存在しないとしても，最も近しい概念であり，人口に膾炙した国際秩序との関連は明確にされるべきだろう。国際秩序をグローバル秩序なる聞きなれない言葉に置き換えるならば，そこには何らかの必然性がなくてはならない。言い換えれば，グローバル秩序という新しい用語を使う以上，従来の国際秩序では包含できないリアリティの存在を示す必要があるだろう。では，従来の国際秩序と何が異なるのだろうか。

　従来の国際秩序は周知の通り，自立した国家の存在，つまり相互に関連性のない国際秩序と国内秩序が存在しているという前提のうえに成り立っていた。実際にこの2つの秩序が独立して存在できていたかというと疑問の余地はあるが，少なくとも多くの人々の確信に支えられていたのは事実であろう。実際，

他国で悲劇が生じたとしても——1970年代に東パキスタンやカンボジアで激しい弾圧や虐殺が起きたときにも，国際社会が介入することはなかった。逆にこれらの国に介入することで大量虐殺を終わらせたインドやベトナムは「内政不干渉原則」を侵犯したとして，国際的な非難を浴びることになった。ところが現在では「グローバルな責任」の名のもとに，人道的介入や国連平和維持活動（以下，PKO）によるローカルな秩序への介入や再構築は肯定されつつある。グローバル秩序がいかなる形態をとるにせよ，宗主国アメリカの下にある帝国であれ，国連が発展した世界政府であれ，国際関係の主体である国家などのアクターは，国境を超えて問題に対処するという性格を必然的に有するであろう。あえてレトリカルな言い方をすれば，「グローバル秩序はローカルな秩序に介入するもしくは影響を及ぼす」という性質を備えることになる。

　国際関係論の教科書として定評のある『世界政治のグローバル化』の人道的介入の章を執筆したアレックス・ベラミーとニコラス・ウィーラーは，人道的介入が肯定されるに至る過程を次のように説明する [Bellamy, Wheeler 2008]。「国際法に人道的介入の根拠が存在する」，「ジェノサイドや大量殺戮に対し，介入する道徳的義務（moral duty）が存在する」といった賛成意見がある一方で，「国際法上の根拠はない」，「国家は人道ではなく国益を目的として介入する」，「他者（stranger）を救うために自国兵士の生命を危険にさらす権利を国家は持たない」といった反対意見が示されるなか，双方の最大の論争点である内政不干渉の原則と介入する権利の対立を止揚する形で保護する責任が提唱された。つまり，保護する責任（Responsibility to Protect）は，国家主権は国民を保護する責任を果たすことで成立する権利と再解釈を加えたうえで，国民を保護する責任を果たせないならば国際社会（International Community）が当該国民を保護する責任を担うという論理を採用したものである。

　以上のように「保護する責任」に行きついた人道的介入の議論は，共通の規範や共通の課題が人類社会に存在するという確信に基づいている。だが単に共通の規範が存在するというだけならば，従来の「国際社会」概念と大差はない。ヘドリー・ブルが指摘したように，国際社会もまた共通の規範やルールを備えた国際秩序であるのだから。国際秩序との大きな差異は，グローバル秩序にお

いてはグローバルな規範に基づいて国内秩序（ローカルな秩序）に介入するということである。実際，ローカルな秩序に介入する傾向は，冷戦終結以降の安保理決議に如実に反映されてきた。従来，国家間の紛争を想定して設けられた国連憲章39条に基づく「国際の平和と安全」への脅威の認定は，一国内における人権侵害にまで適用されるようになり，1990年代以降PKOは質量ともに飛躍的に拡大し，合わせてPKOの任務に国内秩序の再建を担う平和構築や「その能力と展開地区の範囲内で……さし迫った暴力の脅威のもとにある一般市民を保護するために、必要な行動をとることができる」という文言で人々を保護する任務をも付与している。その結果，PKOはグローバルな規範のもとローカルな秩序に介入し秩序構築の一翼を担う状況となり，人道的介入との境界があいまいになりつつある。2009年現在，およそ9万人の軍事・警察要員が世界中に派遣され，武力行使を認めた憲章7章のもと市民保護などの任務に携わっている。

だが以上のように既に介入が行われている現実があるにもかかわらず，人道的介入の議論は「介入するべきか否か」という議論に偏りすぎている。上述のベラミーとウィーラーの説明がその典型であろう。加えて2009年1月に出された国連事務総長の報告書『保護する責任の実行』［A/63/677, Implementing the responsibility to protect］においても，「保護する責任は大国が小国に干渉するためのトロイの木馬である」といった批判に対する反論が報告書のかなりの部分を占めている。メアリー・カルドーは次のように指摘する。「人道的介入の多くの研究は「なぜ（why）」に関するものである。いつそれが正当化され，どんな根拠に基づき，どのようにオーソライズされるべきなのか」［Kaldor 2008, p.193］。つまり現場の実践とローカルな秩序の構築の実際という視点がそこには抜け落ちている。

いま実際に，グローバル秩序特有の挑戦である人道的介入が実践されており，現場に新しい現実を作りつつある。グローバルな秩序が新たな秩序を生みだす時，何が問題となり，そして何を生みだしているのか，生み出されるものに対しても関心を払う必要がある。現場で生み出される新たな現実が，巡り巡ってグローバル秩序を揺るがす軋みや歪みを備えている恐れがあるからである。か

つて第一次世界大戦後のヴェルサイユ条約は戦後の国際秩序を形作ると同時に，過大な賠償金で苦しむドイツの国内秩序を生みだし，それが第二次世界大戦の原因となったともいわれる。よって本章は，グローバル秩序の挑戦である人道的介入の実践を考察し，現在主流の人道的介入の議論が捉えていない現場における介入の進展を明らかにするとともに，そこに潜む軋みや歪みによるグローバル秩序への挑戦を考察する。

2 実践の困難

本節では人道的介入の実践が直面する困難について考察する。その困難さについて，最上敏樹は人道的介入の根本問題と呼び，次のように指摘する。

> ひとつは平和のためにどこまで他人を強制できるか，特にどこまで暴力や武力を行使できるかという問題と，ひとは平和のために，どこまで危険を引き受けることができるか，引き受けなければならないか，という問題……（略）……［最上 2000, vii-viii 頁］。

「平和のために武力を行使する」という言明が直面するのは，まず平和とは何か，ということでもある。暴力がない状態が平和だとすれば，平和を作るために暴力を行使するという言明は矛盾に満ちたものとなる。果たして誰かを助けるために誰かを殺すことは正しいことなのか。介入を実践する人々はこの回答不能な問いに直面することになる。また平和のために自分の命を犠牲に捧げることは可能なのだろうか。自分の命はともかく，人道的介入においては多くの兵士の命を危険にさらすことになる。正義のために部下の命を捧げることは正しいことなのか，難しい決断を迫られることになる。現場が直面する困難をルワンダのPKOであるUNAMIRの部隊指揮官であったロメオ・ダレールは次のように具体的に描いている。

> 女性や子供がバラバラに切り刻まれるといった住民の虐殺がまさに進行中であり，それでも幾人かが生き残り，助けを求めて叫んでいるような村において，指揮官は何を

するべきなのか？ 指揮官は，人口の三十パーセントが AIDS［ママ］に冒されている国において，感染を防ぐための手袋やその他の装備が欠けているにもかかわらず，部下の兵士に対し彼らを助けるよう命令することができるのか？ それ以上に，子供を背負った女性が，子供を背負った女性を殺そうとしているような虐殺の最中において，指揮官はどんな対応ができるのか？ 兵士は，銃を撃てるのか？ 誰に対して？［Dallaire 2000, p.39］

上記の状況において，指揮官は決断を迫られる。死にかけている人々を救うために，その生命に対して責任を負う部下を HIV 感染の危険に晒すことが正しいことなのか。誰かを助けるために，乳飲み子を抱えた母親を射殺することができるのか。人道的介入の実践は，明確な答えのない状況に直面することであり，にもかかわらず判断を下さなければならない状況におかれることである。つまり，果しえない責任を負わされたうえで決断し行動を迫られる責任のアポリアという事態に直面することになる［大庭 2009］。

また与えられるマンデートも数々の困難を引き起こす。ダレールは「古典的な」戦争では「攻撃する」「防衛する」といった動詞がたとえ敵方であっても何を意味しているのか理解できるものであったとし，PKO の困難について次のように述べる。

> 私が1993年からのルワンダでのミッションで受けたのは，実質的に「安全が保障された状況」を「構築する」という文言でした。しかし「安全が保障された状況」というのは，いったい何を意味するのでしょうか。武器が一切ないことなのか，警察国家であることなのか，あるいは，すべての武器が登録されていることなのか。それとも，「安全が保障された状況」とは，心理的な面を指しているのでしょうか。あらゆる場所に警察が配備されているので人々が安全を感じられる，というようなことでしょうか。
> また「構築する」とは，いったいどういう意味なのでしょう。「攻撃する」であれば，何を意味するかはわかります。「防衛する」もわかります。でも，「構築する」というのはわかりません。それはそれぞれの軍隊が解体されて再構成されるということでしょうか。軍隊の解体と再構成を監督しながら防衛も行うということでしょうか。そして，兵士たちが「構築する」ための仕事を行ううえで，わたしは，作戦の危険性についてどのように伝えるべきなのでしょうか。
> このように十分に定義されていない曖昧で複雑な言葉を扱うときは，さまざまに解釈する余地が残ってしまいます。［伊勢崎，ダレール 2007, 44-45頁］。

第Ⅰ部　グローバル秩序への規範的アプローチ

　通常，安保理決議やマンデートは各国の妥協の産物であり，抽象的で，実際の行動に変換するのが困難な表現も多い。とくに軍隊の任務は通常，敵の撃破であり，文民に対するスタンスはあくまで副次的なものであった。その副次的な存在である市民の保護が主たる任務になるとき，その解釈は多義的となる。

　グローバル規範とも呼称される「保護する責任」が目指す市民保護は，実際に多義的な概念と化している。ビクトリア・ホルトとトビアス・バークマンは市民保護が現場で次のように細分化されると指摘している。[Holt, Berkman 2006, pp. 37-42]

①ジュネーブ条約など戦時における軍人の義務としての市民保護
②戦争での勝利の結果として実現する市民保護
③人道支援機関を防護することによる市民保護
④難民キャンプの設置などによる市民保護
⑤多種多彩な活動を含むPKOによる市民保護
⑥大量殺戮を防止するための軍事介入を通じた市民保護

　①と②で示された市民保護は，従来型の戦争における軍人の役目だといってよい。軍隊は敵対勢力を撃滅することによって平和を獲得することを任務としている。だがこの考え方はたとえば③と④で示された市民保護の考え方と対立する。③と④の市民保護は，軍隊が難民キャンプなどを警護し，非政府組織（NGO）などの人道支援機関を保護することを意味する。この考え方を支持する人々は人道支援のNGOに多く，軍隊の武力行使に反対の考えをもつ人々が多い。問題は相反する解釈が混在することにより，摩擦と対立が惹起され，任務が崩壊の危険にさらされることである。現在PKOは，各国の軍隊や数多くのNGOや国連諸機関で実施される共同作業である。目的を共有していると思い込んだまま，違う目的で行動するなら，混乱は避けられず，目的達成は困難となる。

　以上のように，一見明快な保護する責任という概念は，実践において解決不能な問題と解釈の対立を惹起し，機能不全に陥る恐れがある。実際，この様な困難な状況に直面したPKOの現場の本音として，次のコメントが印象的である。

第3章　グローバル秩序の挑戦／グローバル秩序への挑戦

私は積極的でないと非難され，そして臆病者のレッテルを張られた。何が正しい行動かわからないが，私は賢明である。神に感謝を。もし賢明でなかったならば，私は軍法会議に送られていたから。[Holt, Berkman 2006, p. 97]

3　実践の進展

　前節では，人道的介入の実践における困難を考察した。だが現場は単に困難に直面し，機能不全に陥っているだけなのだろうか。本節ではコンゴ民主共和国（以下，DRC）の平和維持活動であるMONUCを事例に，人道的介入の実践における困難の克服を考察する。しかしDRCの紛争についてはあまりに複雑なため，説明に代えて現場の複雑さがうまく表現されている寓話を紹介する。

> 2000年には南アフリカが平和維持部隊の派遣を初めて検討したが，前途多難であることを，ある風刺漫画が見事に指摘して見せた。十字路に立つ主人公の平和維持部隊員が，藪から突き出したロケット推進式榴弾砲の先端を見つけて誰何する。「コンゴ民主連合だ」と相手が答える。隊員は「ちょっと待ってくれよ」と言って，参戦している各派のリストに目を落とす。そこには7派の「味方」と8派の「敵」が列挙され，10派が「どっちつかず」と書かれている。」[ゲスト 2008, 54頁]

　MONUCは1999年に展開を開始した平和維持活動であり，そのマンデートには「展開範囲内において市民を保護する」と記載されていた。だが文言がそのまま現実化したわけではない。MONUCの活動に大きな影響を与えたのは，現場における2つの危機であった。

　始めに契機となったのは2003年のイツリにおける失敗である。2003年5月，ウガンダ軍の撤退によってMONUCのウルグアイ部隊（712名）が進駐する。しかし，ヘマ民兵によるレンドゥ族に対する攻撃を抑えることができず，2週間で約400名が殺害されたが，辛うじて自部隊兵士とブニア周辺の市民（約2万人）を保護できた [Holt, Berkman 2006, pp. 160-161]。この失敗の結果，IEMF（暫定緊急多国籍部隊）がEU主導により組織され，憲章7章に基づく権限を付与された約1400名がブニアに展開した。IEMFは武装解除地帯を設定するとと

もに,ヘリコプターの偵察等により武器の流入を阻止,民兵に対して攻撃を強めるなどを行い,治安を回復させた。IEMFの活動は,従来MONUCが行っていた活動と大きく異なるものであった。IEMFは軍事力の使用をためらわなかったのである。その結果IEMFが回復した治安を維持するためにMONUCはIEMFと同様のやり方を継続する必要に迫られることになった。

そのためMONUCの強化が図られることになった。安保理決議1493号において,兵力の強化に加えて,MONUCに対するマンデートが2つに分けられている。まず第1に従来と同じく「その展開範囲内で肉体的暴力の脅威にさらされている市民を保護するために必要な手段(the necessary measures)をとること」(安保理決議1493号 25項)が記載されるが,加えて2つ目の任務として「イツリ地区,能力の範囲内と判断するならば,北および南キブにおいて,マンデートを実行するためにあらゆる必要な手段(all necessary means)をとることを許可する」(安保理決議1493号 26項)とされている。この「あらゆる必要な手段」とは国連独特の表現であり,1991年の湾岸戦争の際に多国籍軍に武力行使を許可した文言と同じである。この新たなマンデートが派出された結果,心構えの実質的変化と交戦規則(ROE)の再解釈が促され,ミッションクリープに対する恐れが消滅したという[Rogier 2003, p.259]。

しかしMONUCの活動は順風とはいかなかった。第二の契機となる2004年ブカブでの失敗である。この失敗は,MONUCが展開していた南キブ州の州都ブカブを,反政府勢力であるRCDゴマ(Rally for the Congolese Democracy-Goma)が攻撃・占領し,市民に数百人の犠牲が生じた事件である。この攻撃に対しMONUCは無力であった。その結果,キンシャサを含むDRC全土で,次のような反国連の暴動が生じることになった。

> ブカブでのMONUCの失敗は国中で国連構内に対する暴力的抗議活動を引き起こした。国連軍がデモを解散させるため正当防衛で射撃を行った結果,キンシャサで3人が死亡し,国連への敵意は頂点に達した。政府高官は,MONUCがブカブ陥落を防ぐのに憲章7章に基づくマンデートを使用しないことを非難した。また,続いた人権抑圧は,国際的な人権NGOが,国連にマンデートの見直しを要求した。国際危機グループ(ICG)によると,ブカブは「MONUCの弱点を明るみにだし,ミッションの信頼性を消し去り」,(民主政府への)移行過程を支援する能力を消し去った,と

された。[Månsson 2005, p. 512]

　つまり，ブカブでの失敗は，MONUC ひいては国連に対する深刻な信頼低下を招いた。MONUC は無力であり，その存在意義が疑念にさらされる事態に至ったためである。その結果，国連安保理及び MONUC は大きく方針を転換することになる。それは従来の平和維持を大きく逸脱するものであった。

　MONUC は更なる強化が行われることになった。まず MONUC は経験豊富なインド部隊とパキスタン部隊を中心に構成された実戦的な部隊（約5500人）を北および南キブ州に配備した。加えて，新たに東部地区司令官として着任したパトリック・カマールト（当時オランダ陸軍少将）は武力行使を辞さず，本格的な治安維持に乗り出した。MONUC は2005年3月までにビレッジ・アラート・システムを整え，武装勢力の攻撃を察知すると即座に展開し，攻撃を阻止する仕組みとした。また4，5月においては積極的にコードン・アンド・サーチ作戦（一定区域を封鎖したのち，しらみつぶしに敵勢力の探知排除を行う作戦）を実施し，安全区域を拡大する。またこの間，8回に及ぶ市民に対する攻撃のうち6回を阻止した。また7月のオペレーション・ファルコンにおいてはフツ族の反乱軍を包囲したうえで，武装解除とルワンダへの帰還を要求し，フツ側が拒絶したことを受けて攻撃を加え，6つの軍事キャンプを焼き払った。[Marks 2007, p. 76]

　つまり，従来の平和維持と異なり，より戦争に近いやり方で市民保護を実施するように変わってきているのである。市民を保護するためには，市民の安全を脅かす勢力を攻撃し排除する。PKO に派遣された各国軍隊は曖昧な任務から，自分達に理解できる言葉に任務を置き換えつつあるのだといえる。

4　現場における認識の変化

　以上，DRC における活動はより戦争に近い形で活発化していることが見て取れる。では，この過程で現場の認識はどのように変わったのだろうか。

PKOの各級指揮官および事務総長特別代表などの経験者を集めて2007年に行われた市民保護に関するワークショップの報告書から，興味深い内容が読み取れる。現場は実践の困難を「克服」している。

> いくつかの主要な領域において合意が生じている。第1に，軍隊には一般に市民保護の役割を担うという強いコンセンサスがあること。第2に，ダイレクトに市民を保護することと，安定した環境を構築することの結果としての保護との間には違いが存在するということ。第3に，大量離散と市民に対する攻撃に特徴づけられる状況において人道機関や文民のエレメント（警察等）が重要であることを認識しつつも，参加者は，武装グループによる直接攻撃から市民を物理的に保護することを最も可能にするアクターが軍隊であることに，同意している。
> このコンセンサスは重要である。参加者は，軍隊の責任に対する拡大した理解と現代の軍隊の行動が変化しつつあることについての認識を提示している。多くの軍隊のリーダーたちは今や，かつて軍隊が対象としてきた識別された敵を撃破し土地を占領するといった伝統的な戦争から，軍隊の戦術と目的が市民を保護するといったことを含んでより多様多彩なものに変容してきていることを認識している。この認識は「コラテラル・ダメージ」（民間人への付随被害）を避けるとか国際人道法を尊重するといった規範の一線を越えて，代わりに市民を保護するという積極的な軍隊の役割を描いている。［Holt, Smith 2008, p.8］

以前は，軍隊の内部においても，保護するという言葉の意味を巡ってさまざまな解釈が存在してきたことはすでに指摘した。だが現在では，直接武力でもって人々を保護することが軍隊の任務であるとの共通認識が得られ始めた。しかも民間人への付随被害を覚悟したうえで，軍隊の役割を積極的に描いているという点は興味深い。それは最上が提示した「平和のためにどこまで他人を強制できるか」という問いに対して，現場が明確な回答を出したことを示している。上述のMONUC東部地区司令官として，DRC東部の治安維持を指揮したカマールト（現在，オランダ陸軍退役少将）は述べる。「我々は公平だが中立ではない。故に行動するべきなら，行動しなくてはならない。平和を維持するためなら，時にそれを強制するべきである。」［Marks 2007, p.75］

以上から，軍隊が任務として危険を引き受けること，犠牲が出ても平和を強制することなど，現場のレベルで様々な規範を巡る問題が克服されている。

もっとも，より戦争に近い手法で活動するMONUCの姿勢に対し，MSF

(国境なき医師団) は「イツリは何も変わっていない」[MSF 2005] として批判している。だが本当に何も変わっていないのだろうか。実際に秩序維持の恩恵を享受する市民は，MONUCの活動によってどう変容したのだろうか。

5 秩序の萌芽

本節では前節のMONUCによる強力な平和維持，つまり戦争に近い手法が，DRCの人々へ与える影響について考察する。

まず死亡率の低下が指摘できる。NGOであるIRC（国際救助委員会，International Rescue Committee）が，2006年1月から2007年4月に行った計5回目となる調査によると，DRC全体における粗死亡率（Crude mortality rate；本調査では1月当たりの人口1000人における死亡者数）は，前回2003～2004の2.1に対し，2.2へと増加している。しかしMONUCの主たる活動地域であるDRC東部においては，1999年～2001年度の調査5.4，2002年度の調査3.5，2003～2004年の調査2.9，今回の調査2.6と減少してきていることが分かる[IRC 2007, p.11]。この死亡率の低下について，IRCは次のように指摘する。

> このEAST2002（IRCが2002年に調査したDRC東部の東部，北キブ，南キブ，カタンガ，マニエマの各州を指す）における小さな減少は，この地域においてより強力な国際平和維持活動（a more robust international peacekeeping）が実施された期間に生起している。これはDRCにおける国連の平和維持軍であるMONUCが住民保護を改善し，東部諸州における大規模な攻撃を減少させていることに起因する。今回の調査で記録された，暴力を原因とする死者の減少と，2004年の調査で証明された，危険（insecurity）とあらゆる原因による死亡率と関連性の観点から考慮すると，East 2002における粗死亡率の減少は，安全状況の改善によるものと推察するのが妥当であろう。[IRC 2007, p.14]

では，この状況を生みだしているMONUCに対して，DRCの人々はどう考えているのだろうか。NGOのBERCI（国際研究，調査，コンサルティング事務所）はDRC全土で世論調査を行い，その調査結果はMONUCが人々の支持を得ていることを示している。とくに興味深いことは，MONUCのプレゼンス

が大きな地域の回答者,つまり上述のイツリやブカブが存在する東部地域の人々がMONUCのプレゼンスによって安全を感じると最も多く答えていることである［BERCI 2005, p.11］。また全土にわたって,「総回答者のうち多数（62パーセント）がMONUC部隊は住民に配慮して行動していると答えた」［BERCI 2005, p.12］ことから,市民の信頼を獲得しているといえる。

以上から,内戦状態で無秩序と形容しうる状況だったDRCは,MONUCの活動によって,死亡率が下がり,その活動に市民の支持が得られるなど,状況が好転しつつある。

かつてブルは,あらゆる社会秩序は最低限以下の3つの目的を有していると指摘した。それは①生存の確保②合意の遵守③所有の安定である［ブル 2000, 5頁］。DRCの内戦は上記3つが満たされない,無秩序と形容するにふさわしい状況だったとすれば,現在は①生存の確保だけでも好転しつつあるということができる。

しかし仮に上記3つの目的がすべて達成されたとしても,実現された社会が恐怖で抑圧された全体主義社会であったなら,人々はどう感じるであろうか。秩序は単に,「……である」という性質のみならず,「……であるべき」という性質もまた備えている。盛山和夫は次のように指摘する。

> 一方においては,秩序とは現象の中に見出されるべき現象の事実的性質である。……他方においては,秩序とは現象の中に確立されるべき望ましい性質でもある。……内乱状態にある社会に秩序の再建が期待されるとき,社会科学はあるべきものとしての秩序を構想しているのである。」［盛山 1995, ⅲ頁］

「……であるべき」という性質も十人十色であるだろうが,国家や社会において最低限備わっている「……であるべき」は,人々がある体制を支持しているという正統性である。たとえば現代日本においては,政策や政党への支持は人によって異なるが,普通選挙によって選ばれた政府が国家を統治するという原則に対しては共通の支持があると推定できる。

現在のDRCの状況は,ブルの三条件のうち,生存の確保が好転しつつある状況であり,しかもその活動に対して,DRCの人々の支持という正統性が備わっている。この秩序と無秩序の間にあり,状況が好転しつつある現状は,秩

序の萌芽と呼称できるのではないだろうか。つまり MONUC の活動は，DRC においてローカルな秩序の構築へ寄与しつつあると指摘できる。

6　むすびにかえて——グローバル秩序への挑戦

　以上の考察から，実践の困難を乗り越えたグローバル秩序の発露である人道的介入は，ローカルな秩序の回復に貢献しつつあるかのように思える。だがこの傾向だけをとって，グローバル秩序は破綻国家においてローカルな秩序構築に寄与している，と単純に断言することはできない。秩序は常に軋みや揺らぎを伴い，その軋みは時に秩序そのものを崩壊させる危険を胚胎する。グローバル秩序とグローバル秩序が作り上げるローカルな秩序とのあいだに，グローバル秩序の正統性を脅かすズレが存在するからである。つまりグローバル秩序は，ローカルな秩序を構築することによって逆に挑戦を受けることになる。

　第1のズレは，最上が指摘した人道的介入の根本問題を，現場のレベルだけで「克服」していることに由来する。「保護する」もしくは「助ける」という漠然としたイメージで人々は人道的介入に期待するが，実際に行われているのは戦争に近い手法である。この実情に対して一般の人々が違和感を覚えた場合，世論の反発となって噴出する恐れがある。最上が指摘した「平和をどこまで強制できるか」という問題が現場レベルで克服されたとしても，世界中の人々のコンセンサスを得ているわけではない。とくに民間人への付随被害（コラテラル・ダメージ）は，現場のレベルで必要悪だと覚悟しても，一般の人々の理解を得ることは難しいであろう。またコラテラル・ダメージの規模や内容によっては，常に人道的介入，ひいてはグローバル秩序の正統性が脅かされる。武力行使に関してコンセンサスが存在しない状況での，現場での進展は逆に非難の対象となる恐れがある。

　第2に，人道的介入という一般的な人々の期待と，助けられない人々がいるという現実との間のズレである。アラン・クーパーマンはルワンダの人道的介入を事例に，ジェノサイドの発生とともに人道的介入を行ったとしても数十万

人が犠牲になることを示し，人道的介入に限界があることを示した［Kuperman 2001］。そのうえ，上述のDRCにおける事例は，失敗の結果としての秩序の萌芽であることを示している。ジム・テリーはDRCの現場におけるPKOの進展について次のように述べる。

> 現場で状況の変化に対応することでミッションを発展させてきているが，しかしながら，これらの進展は主として彼らが望んだというよりも成り行きの結果として生じてきた。……惨劇が起こり，しばしばコンゴ市民が代償を払った後で。［Terrie 2009, p.22］

人々を保護するという壮大な意図が失敗し，多くの人々の犠牲のうえでなし崩し的に出来上がった現実を前にして，人道的介入が有効であると自信をもっていえる人間はそう多くはないだろう。

第3に国際社会の正義と現場の妥協の間にあるズレである。土佐弘之は国際刑事裁判所（ICC）設立などにみられるグローバルな立憲秩序が，応報的正義を優先することで，妥協によって成り立つ秩序が崩壊する恐れがあると指摘する［土佐 2007］。DRCなどの内戦後の諸国は，国家再建のため政権に多数の紛争アクターを抱え込む。それら紛争アクターのなかには，戦争犯罪などに関与した者が含まれる。ICCがこれらの人々を正義の追求という形で訴追に踏み切れば，紛争アクターは政権に反旗を翻し，和平プロセスそのものが崩壊する危険がある。

以上のようにグローバル秩序の特徴たる人道的介入は，現場に新たな秩序の萌芽をもたらしつつある一方で，グローバル秩序を変容もしくは崩壊させる恐れがある軋みや揺らぎを伴うことになる。言い換えれば，人道的介入のようにローカル秩序に介入するというグローバル秩序の挑戦は，出来上がった現実とのズレというグローバル秩序を脅かす挑戦をも生み出すことになる。だが同時に，グローバル秩序へのベクトルが逆転し，従来の国際秩序に戻ることはもはや考えられない。有史以来，人間の世界は拡大し，相互依存は進化しつつある。グローバル秩序がどんな形態を取るにせよ，地球大の問題に対処し，ローカルな秩序に介入しもしくは秩序を構築する流れは必然的である。そしてグローバル秩序は，ローカルな秩序の構築とともに，現場におけるさまざまな挑戦を引

き受けなければならない不可避の運命をも背負うことになるだろう。

【参考文献】

伊勢崎賢治, ダレール, R. (2007)『ロメオ・ダレール――戦禍なき時代を築く』日本放送出版協会

エジャートン, R. (和波弘樹, 和波雅子訳) (1993)『ビーチの社会学』現代書館

大庭弘継 (2009)「ルワンダ・ジェノサイドにおける責任のアポリア」『政治研究』九州大学政治研究会, 56号

カー, E. H. (井上茂訳) (1996)『危機の二十年――1919-1939』岩波書店

ゲスト, R. (伊藤真訳) (2008)『アフリカ 苦悩する大陸』東洋経済新報社

盛山和夫 (1995)『制度論の構図』創文社

土佐弘之 (2007)「グローバルな立憲秩序と逸脱レジーム――ICC プロセスの事例を中心に」『国際政治』147号

ブル, H. (臼杵英一訳) (2000)『国際社会論――アナーキカル・ソサイエティ』岩波書店

最上敏樹 (2001)『人道的介入――正義の武力行使はあるか』岩波書店

Bellamy, A. J., Wheeler, N. J. (2008), "Humanitarian Intervention in World Politics," in Baylis, J., Smith, S., Owens, P. eds., *The Globalization of World Politics : An Introduction to International Relations*, 4th ed., Oxford, Oxford University Press

Bellamy, A. J. (2009), "Realizing the Responsibility to Protect," *International Studies Perspectives*, vol. 10

BERCI (Bureau d'Etudes, de Recherches et de Consulting International) (2005), *Peacekeeping Operations in the Democratic Republic of the Congo : The Perception of the Population* (Available at http : //www. un. org/Depts/dpko/missions/monuc/MONUC_PI_survey. pdf)

Dallaire, R. A. (2000) "Command Experiences in Rwanda," in *The Human in Command Exploring the Modern Military Experience*, New York, Kluwer Academic Pub.

Doss, A. (2008) "Eyewitness : Crisis, Contention and Coherence-Reflections from the Field," *International Peacekeeping*, vol. 15, no. 4

Holt, V. K., Berkman, T. C. (2006), *The Impossible Mandate ? Military Preparedness, The Responsibility To Protect And Modern Peace Operations*, Washington D. C., The Henry L. Stimson Center

Holt, V. K., Smith, J. G. (2008), *Halting Widespread Or Systematic Attacks On Civilians : Military Strategies & Operational Concepts : A Workshop Report*, Washington D. C., The Henry L. Stimson Center

ICISS (International Commission on Intervention and State Sovereignty) (2001), *The Responsibility to Protect*, International Development Research Centre (Available at http : //www. iciss. ca/pdf/Commission-Report. pdf)

IRC (International Rescue Committee) (2007), *Mortality in the Democratic Republic of Congo : An Ongoing Crisis* (Available at http : //www. theirc. org/resources/2007/2006

-7_congomortalitysurvey. pdf)

Kaldor, M. (2008) "Responsible Intervention," *Survival*, vol. 50, no. 4

Kuperman, A. J. (2001), *The Limits of Humanitarian Intervention : Genocide in Rwanda*, Washington, D. C., Brookings Institution Press

Marks, J. (2007) "The Pitfalls of Action and Inaction : Civilian Protection in MONUC's Peacekeeping Operations," *African Security Review*, vol. 16, no. 3

Månsson, K. (2005) "Use of Force and Civilian Protection : Peace Operations in the Congo," *International Peacekeeping*, vol. 12, no. 4

MSF (Médecins Sans Frontières) (2005), "Nothing New in Ituri : the Violence Continues," *MSF report* (Available at http : //doctorswithoutborders.org/publications/reports/2005/ituri_violence_2005report. pdf)

Robinson, P. (2002), *The CNN Effect : The Myth of News Media, Foreign Policy and Intervention*, London and New York, Routledge

Rogier, E. (2003) "MONUC and the Challenges of Peace Implementation in the DRC : A participant's perspective," in Malan, M., Porto, J. G. eds., *Challenges of Peace Implemen-tation The UN Mission in the Democratic Republic of the Congo*, Pretoria, Institute for Security Studies

Terrie, J. (2009) "The use of force in UN peacekeeping : The experience of MONUC," *African Security Review*, vol. 18, no. 1

U. N. Doc. A/55/305-S/2000/809 (17 August 2000), *Report of the Panel on United Nations Peace Operations*

4 スティムソンのモラリティとアメリカの戦後国際秩序構想

佐藤秀信

1 はじめに

　第二次世界大戦における戦争犯罪人，とりわけ主要戦争犯罪人の取扱いをめぐり，アメリカが即決処刑方式（summary punishment）［Stimson 1947, p.179］を否定し，最終的に裁判による処罰方式――国際軍事法廷での審理――を主張したことについては，これまで，少なからぬ研究者がその背景を検証してきた。なかでもよく知られているのは，陸軍長官ヘンリー・スティムソンの戦後処理思想との関連性を追究するもので，世界の安全を保障する義務を認知したアメリカが，裁判を通して自らの道徳的優位を他に喧伝し，同国が主導する国際秩序の確立と維持に利用しようとしたとするものである［日暮 2002, 136-140頁］。

　カレヴィ・ホルスティが指摘するように，多数の国家が持続的な平和のための戦後秩序を求めるときには，ガヴァナンス（統治 Governance）やレジチマシー（正当性 Legitimacy），アシミレーション（同化 Assimilation），ディタレント（抑止力 Deterrent）といった要素が，そこに含まれうるかが問題となる［Holsti 1991, pp.336-348］。すなわち，確立された秩序内に権威的な意志決定システムが存在し，それが正義に基づく正当性や敗戦国をも同化させるだけの性質を有すること，さらには，当事国間の戦争再発防止に有効な集団的強制措置や非強制措置を実施するだけの力を保持していること，が問われるのである。それらが満たされて始めて，勝者と敗者の権力関係は担保され，不可避的に生ずる両者の報復熱や復讐熱が抑制されるとともに，勝者にとっては参戦理由の正当化が可能となる。

　こうした観点に立脚するなら，モラリティ（morality）こそ戦後国際秩序確

立の要であるとするスティムソンの思想は、きわめて現実的な判断であったと理解される［Stimson 1947, p.189；日暮 2002, 139頁］。なぜなら、国際軍事法廷において、アメリカがあくまで高度なモラル・リーダーシップの保持者として振る舞い、国際社会に対して果たすべき「法と正義」の役割を強調したとするならば、一定の説得力をもって、同国主導の戦後秩序が持続的な平和の創出に有効であることを、世界に主張しえたからである。その際、唯一問題となるのは、提示された秩序を他の戦勝国が政治的に承認するか否かという、国家間の主導権をめぐる争い（モラル・ヘゲモニー）に他ならない。

　ところで、このような論理に基づくなら、世界が守るべき特定秩序の誕生を国際社会が最終的に認知するには、少なくとも裁判の閉廷を待たねばならない。換言すれば、戦勝国による戦後国際秩序確立の試みについて検証する場合、国際軍事裁判所（以下、ニュルンベルク裁判）や極東国際軍事裁判所（以下、東京裁判）の審理に関連する事象——たとえば「平和に対する罪（A級戦争犯罪）」——以外は、そもそも分析の対象になりにくいという事態が起こりがちなのである。しかしながら、スティムソン自身も述べているように、個々の主権国家からなる国際社会は本来アナーキーな状況にあり、そこで派生する戦争の残忍性をできるだけ制限することが、国際法の初期の発展にとって重要な意味を有していた［Stimson 1947, p.181］。国際法は各国家が有する価値観や道徳観の集成であり、国際秩序とはそれらを根拠に成立する国家の行為規範に他ならない。だとするなら、そうした規範の成立要件を個別に検証することで、国際秩序の全体像はより具体化されうるはずである。つまり、たとえ両国際軍事裁判以外の審理（一国単位の戦争裁判）で唱えられた戦勝国の論理であったとしても、それは結果として戦後処理をめぐる国際法原則全体の構成に関係すると理解されるのである。

　そこで本章では、すでに両裁判開廷以前に審理が始まっていた米軍管轄下の裁判を分析視角に加え、スティムソンのいうモラリティが、アメリカの戦後国際秩序構想の具体化に果たした役割について探っていく。検証に際しては、彼の思想がアメリカ国民の意識として定着するに至った政治的・社会的プロセスに留意するとともに、具体例として、戦後初の対日戦争犯罪人裁判として知ら

れる山下奉文大将（第14方面軍［比島方面軍］最高司令官）のケースを取り上げ，国際社会におけるモラル・ヘゲモニー実現の試みに，裁判で示された同国の「正義」が少なからぬ影響を与えていたことを明らかにしたいと考える。

2　国民世論とスティムソンのモラリティ

　ハンス・モーゲンソーが定義しているように，国家はしばしば，特定のモラリティを「普遍的な法則」にまで高めようとする。それが，どこの国の人々にも共通する基準に合致しているということを，他国に信じさせようとするばかりでなく，自らも信ずるために行動するのである。けれども，そもそも国家は，国民が現実に抱いている政治哲学や政治倫理・目的と，個人の生命・自由・力に対する本質的欲望の間に介在している。一方，国家の構成員たる国民自身も，普遍的倫理基準を適用する1つの世界社会のメンバーとしてよりは，国家的なモラリティの基準によって動かされる各々の国民社会のメンバーとして，政治的に生き，行動するものである。したがって，本来，モラリティとは，あくまで国家とそれに属する国民に固有なものであって，それが各国政府の国際政策を抑制する世界世論にはならない［モーゲンソー 1986, 285-286頁］。つまり，一見，世界を規定する「普遍的な法則」にまで高められたかに見える国家のモラリティも，実際には，多分に一国の国民世論を意識して意図的に創出された場合が少なくないわけである。

　このような観点に立脚するならば，スティムソンのモラリティも，その例外とはなりえない。つまり，彼が戦争犯罪人の処罰形式として裁判方式を主張するにあたり提示した諸観念は，第一義的には国際社会に対してではなく，まず国内［国民］世論を意識して唱えられたと理解することも可能なのである。

　ところで，東西を2つの大洋に護られ，南北には友好的な弱い隣国という絶好の地理的条件にも関わらず，2度の大きな世界大戦に引き込まれたアメリカの人々にとって，それまで支配的だった旧世界の勢力均衡論は，終戦に前後して，もはやほとんど魅力的なものではなくなっていた［ラギー 2009, v-vi頁］。

旧態依然とした秩序が継承されることに対する彼らの漠然とした不安は，安定した新たなグローバル・ガバナンスを受容する下地へと変化していく。同国が主導する集団的安全保障や自由貿易，安定的な通貨・人権・脱植民地化，さらには私的でボランタリーな部門による諸々のルールや制度等を織り込んだ「穏当な構成主義 (constitutionalism)」——国家としてのアメリカ自身の感覚をうまく利用したより広範な秩序構想——が［ラギー 2009, v-vi 頁］，少しずつ国民の間に浸透していくのである。

いうまでもなく，こうした意識の変化は，たとえば政治的・軍事的・社会的側面から，その推移を加速させうるような要因が存在してはじめて具体化される。国家の唱えるモラリティもその1つである。上述の如く国民意識とは必ずしも合致するものではないが，ひとたびそれが定着すれば，国家は自らが主張したモラリティとそれを支持する国民世論によって以後の行動を拘束され，それがまた国家と国民の思想的一体感を高めていくことになる。換言するなら，スティムソンのいうモラリティが国民世論の一画を形成するに至った要因，もしくはそれを国民意識として定着させようとする彼または国家の試みについて分析することで，アメリカの戦後国際秩序構想に与えた同モラリティの影響をも探りうると判断されるのである。

したがって，まず整理しなければならないのは，そもそもスティムソンが大戦中の国民世論についてどのような認識を有していたのかということ，そしてそれが彼の論理展開に与えた影響である。戦後処理政策をめぐり関係者間でスティムソンの主張に注目が集まるのが，とくに1944年秋の「モーゲンソープラン」——財務長官ヘンリー・モーゲンソー Jr. による懲罰的ドイツ戦後処理計画——に対する世論批判を契機としていたことに鑑みて，検証には，同年以前に特徴的な国民意識の確認が不可欠と判断される。そうした意味で興味深いのは，大沼保昭が，連合国の戦争目的を明示した「大西洋憲章」やナチに対する無条件降伏政策を説明した「米英両国首脳の諸声明」に着眼し，大戦前期の段階におけるアメリカ国民の基本的な意識形成について言及したことである［大沼 1975, 164, 174, 238-239頁］。

簡単にいえば大沼が強調したのは，「大西洋憲章」で謳われたきわめて高度

な「正義」の概念であり,「米英両首脳声明」によって示された「邪悪な」枢軸国戦争指導者に対する「峻厳な処罰」と「報復」の原則であった。枢軸国国民を処罰の対象としないその正義観は,戦争の経過とともに漸次国民に定着し,その後は政府の意図を離れた1つの客観的意味を獲得していったという。戦後処理をめぐる1944年秋の混乱についても,その主たる原因をこれら世論の反モーゲンソー的スタンスに見出し,国民の反応が政府の政策変更に大きく影響することを指摘したのだった［大沼 1975, 164, 174, 238-239頁］。

こうしてみると,当時注目を集めたスティムソンのモラリティが受け入れられるには,少なくともそれが世論の理解する「正義」,すなわち,「邪悪」に対する「峻厳な処罰」・「報復」という国民感情に応えうるものでなければならなかったと判断される。換言すれば,即決処刑を含むモーゲンソーの諸論理が「正義」に反するものとして否定された以上,スティムソンの唱える裁判方式を国家が採用するに当たっては,その正当性が迅速に国民に対して宣伝されねばならなかったし,スティムソン自身――彼は,過剰な「報復」願望が戦後世界におけるアメリカの利益を損なうと考えていた［Stimson 1948, pp.581-582］――もそれに対応する論理展開を心懸けねばならなかったわけである。ここに,「正義」の迅速な実現という戦後処理政策をめぐる重要な要件が見出されるのである。

3 共同謀議論（コンスピラシー）と「正義」正当化の論理

スティムソンによれば,史上最も高度に組織化され,広範囲の不正を働いた戦争指導者に対する処罰には,「人間性という怒りの力 (massed angered forces of common humanity)」を結集させる必要があるという。それは,感情の欲求を直接的に満足させる手法（即決処刑）によってではなく,自らの正当性を証明しうる手法（裁判）を用いることで,より一層「道徳的に正しい怒り (righteous anger)」となる。たとえ戦争犯罪人といえども,「法律の保護」が謳われた「理性的かつ公正」な裁判を保証することで,「邪悪」に対する「正義」の

「峻厳な処罰」が証明されるというのである［Stimson 1947, pp. 179-180, 186］。

しかしながら，このような法律尊重主義的論理(リーガリズム)に対しては，しばしば「報復」の感情を斟酌する政治的現実主義(レアルポリティーク)の立場から批判が加えられやすい［清水 2004, 83頁］。すなわち，裁判方式は過度の時間を必要とするとか，具体的な犯罪行為の立証が不可能であるといった類の指摘である。スティムソン思想への注目に並行して，いわゆる共同謀議論(コンスピラシー)が盛んに議論されるに至ったのは，こうした批判に対する回答としての側面があった［大沼 1975, 242頁］。

そもそもナチ犯罪の根底に存在するとされた「犯罪的かつ挑発的な扇動」への荷担の有無をもって関係者の一網打尽的な処罰を企図した共同謀議論は［Bernays 1944, p. 35］，それが東京裁判においてさえ適用されていることから分かるように，第２次世界大戦後に行われた戦争裁判に広く共通する訴追論理である。その原型は，陸軍省参謀第１部（G1）特別計画課長マレイ・バーネイズ大佐が1944年９月15日に起草した「欧州戦争犯罪人裁判（Trial of European War Criminals）」にあり，欧州全域に存在する数千人にも及ぶ戦争犯罪人の効率的かつ迅速な訴追を可能にする方策として提唱された［Bernays 1944, pp. 33-37］。

スティムソンが同論に魅了され，その特色を取り入れることで，上述の如き政治的現実主義からの批判や，従来，裁くことができなかった戦争犯罪に対処する術を得たことはよく知られている［日暮 2002, 103-110頁］。両者の思想の根底には１つの共通性が存在していたがゆえに，バーネイズの主張が，結果的にスティムソンの論理的問題点を補完する働きを果たしたのだった。すなわち，彼らが共有していたのは，国際法を世界の安寧（国際秩序）実現のための礎とみなし，そこに誰もが納得できる「正義」正当化の論理――「道徳的責務（moral responsibility）」の概念――を見出そうとしたことにある［Bernays 1946, p. 64］。国家の行動を制御しうる国民（世論）が国際法に謳われた「正義」（モラリティ）を認知できなければ，個々の主権国家の総意を前提とする国際法は実際的な効力を発揮できない，というのがその意図するところだった。

したがって，現行法下，もし戦争犯罪のカテゴリーに含まれないような蛮行が処罰されずに済まされるならば，世界の諸国民に挫折や幻滅の感情が生まれ

る旨，早くからバーネイズが指摘していた点には留意する必要がある［Bernays 1944, pp. 34-37］。結果として彼は，主要戦争犯罪人のみならず多数の共犯者に対する迅速な訴追を可能にするため，連合国があえて武器を手にした経緯を踏まえ，共同謀議論を提唱することで，それに対処しようとした。世論に応え，広範囲かつ大規模に繰り広げられた残虐行為に対する責任追及のあり方を検討するなかで，法規定そのものの変更（revolution in the law）ではなく，法執行のあり方を変更（revolution in law enforcement）することで，国際法が目指す理念を守ろうとしたわけである［Bernays 1946, pp. 56, 64］。つまり，バーネイズの共同謀議論は，本来，世論に身近な残虐行為を追及する姿勢のなかから誕生してきたのであり［Smith 1981, p. 70］，侵略戦争の準備・開始・遂行といった責任をも追及しうる理論的武器としての性質については，アメリカおよび国際社会の果たすべき「正義」（モラリティ）の観念に共感したスティムソンが付与したというわけである(1)。

　今日，共同謀議といえば，たとえば侵略戦争を引き起こしたこと自体ではなく，またその戦争のなかで行われたさまざまな残虐行為そのものでもなく，それらを包含し惹起せしめた根本的動因とでもいうべき犯罪的共謀関係の全体を指すとされる。しかしながら，それが初めて公開された段階においては，犯罪的共謀関係なる概念規定そのものが適正であるか否かについて，世論が判断することなどできなかったはずである。したがって，あらゆる犯罪を包括する挑発的扇動の存在とその不当性を訴える者にとって，自らの正当性を証明する唯一の方策は，まず具体的な犯罪事実を積み重ね，その因果関係を確認していくこと以外にはなかったと理解される。そうした意味で，スティムソン，バーネイズ両者のいう道徳的責務が広く大衆の支持を受け，もって戦争犯罪をめぐる国際法ならびに国際秩序の基本とされるためには，詰まるところ，国家という権力機関による戦時下行われた種々の残虐行為——「通例の戦争犯罪（B級戦争犯罪）」・「人道に対する罪（C級戦争犯罪）」——をめぐる組織的・計画的犯罪性の立証が不可欠だったと判断されるのである。

4　国際軍事裁判の先駆けとしての山下ケース

　前節で指摘したように，本来，共同謀議論は，残虐行為を追及する提案のなかから誕生し，侵略戦争の準備・開始・遂行のための共通の計画（「平和に対する罪」）といったポレミックな争点をも解決する方策として，拡大解釈されるに至ったものである。したがって，欧州ならびに極東戦争犯罪人の罪状を審理し処罰するために制定された「国際軍事裁判所条例（Charter of The International Military Tribunal）」（1945年8月8日）や「極東国際軍事裁判所条例（Charter of The International Military Tribunal for The Far East）」（1946年1月19日）には，「平和に対する罪」・「通例の戦争犯罪」・「人道に対する罪」各々への適用が，明確に謳われている［法務大臣官房司法法制調査部 1963, 15-18, 41-44頁］。

　ところが興味深いことに，ニュルンベルク裁判ならびに東京裁判の判決（前者1946年10月，後者1948年11月）では，共同謀議罪が成立する法的根拠が厳密に制限された。前者では，「国際軍事裁判所条例」が「侵略戦争遂行の共同謀議以外を何ら格別の犯罪であると定義していない」として，「それゆえ法廷は，訴因1に掲げられる被告等が戦争犯罪および人道に対する罪を犯すために共同謀議に加わったとする訴追は顧慮せず，ただ侵略戦争の準備・開始・遂行の共同計画のみを考慮する」と述べ，結局，「通例の戦争犯罪」および「人道に対する罪」についての共同謀議罪を認定しなかった。状況は後者においても同様で，共同謀議は「平和に対する罪」に事実上その適用が収斂されたのである［清水 2002, 61頁］。

　これらの点について清水正義は，国際法学者奥原敏雄の言を引き，「ニュルンベルク裁判判決がそのように判断し，それを東京裁判判決が踏襲したために，共同謀議といえば，侵略戦争の準備・開始・遂行に関わるものだけであるかのような漠然とした了解ができてしまった」として，同概念誕生をめぐる経緯との矛盾点を指摘している［清水 2002, 55-56, 61頁］。しかしながら，この清水の定義に関連して留意しなければならないのは，少なくともニュルンベルク裁判

第 4 章　スティムソンのモラリティとアメリカの戦後国際秩序構想

閉廷以前になされた戦争裁判（各国の一国単位法廷）では，共同謀議罪の適用は必ずしも「平和に対する罪」のみに限定されたのではなかったと理解されることであり，実際，以下で例示するように，それを裏付ける裁判が存在しているという事実である。つまり問題は，終戦からニュルンベルク裁判閉廷までの期間に，共同謀議罪の適用をめぐり解釈の変化が生じているということに他ならない。同期間になされた裁判は，組織的・計画的残虐行為の追及を目的に開廷されており（BC級戦争裁判），前節で指摘した国際法ならびに国際秩序の前提となる大衆レベルでの「正義」――スティムソン的モラリティ――の認知に，より多大な影響を及ぼす可能性が指摘される裁判だったのである。

　そうした意味で，米軍管理の下，終戦のわずか2カ月後（1945年10月8日）に審理が開始された山下奉文（第14方面軍［比島方面軍］最高司令官）ケースには，留意する必要がある。既述のように，同ケースは日本人戦争犯罪人に対する戦後初の裁判として知られるが，その進行をめぐっては，統合参謀本部（Joint Chiefs of Staff）からマッカーサーに対し，「国際軍事裁判所条例」に準ずる包括的取扱いが命ぜられるなど［JCS 1945］，そもそも規定上からも，ニュルンベルク（1945年11月20日開廷）・東京（1946年5月3日開廷）における両国際軍事裁判の先駆けたる性質を見出すことができる特徴的な裁判であった。また，対日戦争犯罪人処理に関する国際原則が公的に成立していない段階で急遽開廷されたことでも知られ，彼を非主要戦争犯罪人として処遇したアメリカ当局に対し，イギリスやオーストラリアは主要戦争犯罪人としての訴追を要求するなど［林 1998, 39–40頁；児島 1991, 90–91頁］，犯罪類型の観点からも国際軍事法廷との関わりが意識される裁判であった。

　したがって法廷での状況については，戦争の現実を世界に痛感させるという目的から，あえて公開（Public Trial）――それはバーネイズの主張に沿う決定であった［Bernays 1944, p.36］――とされ，審理についても迅速な進行が企図されている［佐藤 2008, 20–40頁］。開廷のわずか2カ月後（1945年12月7日）には判決（絞首刑）が下され，部下の行った戦争犯罪に対する指揮官としての責任，いわゆる「指揮官責任（command responsibility）」が認定された。「最もおそろしく，最も吐き気を催させる……」と称された現地フィリピン人への残虐行為

77

の数々や［Military Commisssion 1945, p. 98］、当然保護されるべき立場にある捕虜や抑留者に対する違法行為について、「隷下部隊の行動を統制すべき責務を、不当にも無視かつ怠った」［Military Commisssion 1945, p. 31］とする「不作為責任（omission responsibility）」が認められたわけである［Bantekas 1999, p. 575; 足立 1979, 290-292頁］。それは、在比日本軍によってなされた種々の残虐行為や重大犯罪を、法廷が偶発的事件ではなく組織的・計画的犯行とみなした結果に他ならなかった［Military Commisssion 1945, pp. 4062-4063］。

　さて、このような特色をもつ山下裁判の判決からは、大別して2つの意義が読み取れる。1つは、不作為責任の認定により、具体的犯罪事例を根拠とした高位の軍指揮官に対する責任追及が可能となったこと、そしてもう1つは、残虐行為をめぐる共同謀議の存在を認めたことで、それを包括するより広範な謀議――戦争指導者による「平和に対する罪」――の存在を他に印象づけ、山下以降の裁判、とりわけ主要戦争犯罪人裁判における被告人の責任追及を、より容易にする雰囲気を醸成したということである。(3) 山下ケースの裁判規定たる「アメリカ太平洋陸軍総司令部・戦争犯罪人裁判規定（General Headquarters, United States Army Forces, Pacific, Regulations Governing the trial of War Criminals, 24 September 1945）」第16項（証拠）d［Military Commisssion 1945, p. 14］が、共同犯罪の関係にある者の有罪を、すでに他の裁判で有罪の根拠とされた同一事件に関する証拠を用いて立証できる、と規定していたことと併せて判断するならば、結果として同裁判には、戦争犯罪人とみなされた山下の上級者ならびに下級者すべての有罪を迅速に確定させうる基準判例としての性質が付与された、と理解できるのである。

5　山下裁判と「戦争への正義（ユス・アド・ベルム）」

　山下裁判において白日の下にさらされた日本軍の諸犯罪は、「キリスト教を信奉する情緒的なアメリカ人」（検察側冒頭陳述）に強い衝撃と憤りを与えた［Military Commisssion 1945, p. 97］。アメリカ国内で発行された新聞各紙は、公

第 4 章　スティムソンのモラリティとアメリカの戦後国際秩序構想

判中に示された日本軍ならびに山下の罪状を，きわめてセンセーショナルな形で報道している(4)。

　彼に対する123項目からなる訴状には，主にフィリピン人一般市民とアメリカ人捕虜に対する日本軍の残虐行為が詳細に取りあげられていたが，そのうちとくに注視されたのが，1945年2月に発生した「マニラ事件」(63項目) であった。ニューギニアから対日反攻を開始したマッカーサーが，ルソン島に進行後，マニラを陥落させる過程でおこった同事件では，追い詰められた日本軍が，フィリピン人一般住民の殺害を始め，捕虜虐待・略奪・破壊といった諸々の犯罪行為を繰り返し，10万人を超える死者を出したといわれる［佐藤 2008, 20-40頁］。

　こうした非戦闘員や捕虜に対する保護を無視した日本軍の行為については，すでに事件発覚当初からアメリカ国内で問題視されており，前年12月にベルギーで発生し世論に強烈な衝撃を与えた米兵捕虜銃殺事件（「マルメディ事件」）とあわせ(5)，終戦直前期における同国の戦争犯罪処罰計画策定に多大な影響を与えた。議会（下院）では，日本とナチの軍国主義者を世界の安全に対する脅威とみなす認識が共有され，彼らに対する道義的憤激が，結果として政府に，戦争犯罪人処罰を不可避の緊急課題として意識させることになるのである［日暮 2002, 141-145頁］。

　山下裁判が広く世界の注目を集めたのは，それが日本人に対する戦後初の戦争裁判であったということだけでなく，これら戦争中になされた個々の戦闘行為の正・不正に関わる問題――「ユス・イン・ベロ (jus in bello)」［ウォルツァー 2008, 81-105頁］――が重視されたからでもあった。国際法を無視した日本の「邪悪な」戦闘手法に注目が集まったわけである。したがって，判決において，山下隷下日本軍による種々の残虐行為や重大犯罪に，史上はじめて組織性・計画性が認められたことは，必然的にアメリカが主導した戦争それ自体に対する正・不正の判断――「ユス・アド・ベルム (jus ad bellum)」［ウォルツァー 2008, 81-105頁］――の問題をも印象づける効果をもたらしたと理解される。しばしば「戦争への正義」と「戦争における正義」は区別されるが，アメリカは日本の不正な戦闘手法を終戦後直ちに喧伝する場（裁判）を用意することで，国民はもちろん世界の世論に対して，同国の道徳的正義を正当化し，国際軍事

裁判における主導性のみならず，戦後世界における平和の牽引国としての地位を確立する手はずを整えたのだった。

既述のように，国家はしばしば特定のモラリティを「普遍的な法則」にまで高めようとする。それが，どこの国の人々にも共通する基準に合致していることを，他国に信じさせようとするばかりでなく，自らも信ずるために行動するのである。山下裁判で提示されたアメリカの果たすべき「道徳的責務」は，「正しい戦争」（正戦）の概念と結びつき，結果としてスティムソンの思想を政治的・社会的に正当化する受け皿になっていった，と理解されよう。

6　おわりに

スティムソンにとって戦争とは「大草原における火事のようなもの」で，地球上のどの地域であれ，いったん始まると世界全体を覆い尽くしてしまうものに他ならなかった［スティムソン 1933, 104-105頁］。相互依存的傾向が強まった20世紀という時代においては，「平和の分割は不可能である（peace is indivisible）」［Stimson 1947, p.184］というのが，彼の基本的な思想だったのである。

したがって，国家間に紛争が起こった場合には，平和的・司法的な手法によってそれを解決できるかどうかが重要となるが，スティムソンにしてみれば，世界はいまだ武力を好む多数の国家によって構成され，アメリカを含む文明世界に潜在的脅威を与え続けているように思われた［スティムソン 1933, 104-105頁］。たとえ第二次世界大戦という未曾有の混乱を経たとしても，既存の国際法による秩序維持の試みが，国際政治の影響を完全に排除し，平和を容易に実現できるとは考えられなかったのである［Stimson 1947, p.189］。

このような彼の思考は，たとえば国際平和組織との関係を前提に軍事制度改革を模索したウィルソンの思想（ウィルソン的普遍主義）とは，根本的に性格を異にするものである［中野 1994, 30-31頁］。ウィルソンは，「正義と民主主義の樹立」を目指して，組織化が進む世界の情勢にアメリカの軍事態勢のあり方を適応させようとしたが，スティムソンは大戦の再度の勃発に鑑みてその限界を

理解し，あえて戦争を主導した諸大国の役割に注目したのだった［Department of State 1945, pp. 78-79; Stimson 1948, p. 568］。

ところで，科学や技術の進歩に伴い，その残虐性を高めた近代の戦争においては，大国の唱える「正戦」が必ずしも正しく戦われるとは限らない［Orend 2000, p. 135］。一方，主権者たる国民は，いかなる状況においても国家に戦争での勝利を求めるものであり，そこで用いられる戦闘手法の善し悪しよりも，自分や自国兵の損害が最小限になることを優先させるものでもある。つまり，近代戦の常として，「戦争への正義」と「戦争における正義」を両立させることはしばしば困難を伴うのであり，国家と国民各々が求める「正義」には，互いにその正当性に矛盾点を包含する場合が少なくないのである。

こうしてみると，戦後国際秩序のあり方を定義づける決定的条件の1つは，戦争を主導した個々の大国が唱える「正義」によって，世界の諸国民が自己の戦争を正当化できるか否かということになるだろう。アメリカが，原爆投下後わずか2カ月にして山下裁判を開廷し，日本軍の残虐行為をめぐる組織的・計画的犯罪性を立証することで，自らの道徳性と戦争大義を世界に強調したことも，これらの点から理解が可能である。要するに，スティムソンのいう大国主導の戦後秩序は，個人の「道徳的責務」をより意識・正当化させる国家のモラリティによってのみ実現しうるのであり，とくにその指導的役割をアメリカの「正義」に期待するものだったのである。

(1) そもそもバーネイズ案（1944年9月15日）では，国際法廷における共同謀議の適用は，戦争法に違反して殺人・テロリズム・平和的住民の大量殺害を犯した場合──「通例の戦争犯罪」──と規定されていた［Bernays 1944, p. 36］。これに対し，スティムソンは，1944年10月27日の段階で，共同謀議を「全体主義」（「犯罪的な侵略行為」）ならびに国内マイノリティグループ迫害にも適用する旨──「平和に対する罪」，「人道に対する罪」──，国務長官ハル宛の書簡で明言している［Smith 1982, p. 40］。
(2) アメリカの対日戦争裁判に関する基本政策であるSWNCC57/3が，降伏文書署名国に通知されたのは，1945年10月18日のことである［SWN-1-Reel no. 7 SWNCC / SANACC Case Files, 1944-1949, SWNCC57〈SWNCC57-3〉, Microfilm of National Diet Library, Tokyo; Department of State 1945, pp. 926-936］。
(3) 山下自身，上官や上級組織の戦争責任を認める証言を行っている［Military Commission 1945, pp. 3518-3671, 3865-3904］。

(4) たとえば『ニューヨーク・タイムズ』紙は，第1回公判において，赤十字ビルで53名が虐殺された状況について証言する女性達の姿を，実名かつ写真入りで大きく報道している［*The New York Times*, 30 October 1945, p. 3］．
(5) ナチ親衛隊（SS）によるアメリカ人捕虜（約70名）銃殺事件．アメリカ世論の憤激を感じとった政策決定者は，同事件を偶発的残虐行為ではなく「組織的共同謀議」の一部と即断した［Ambrose 1997, pp. 354-355; Smith 1981, pp. 114-117］．

【参考文献】

足立純夫（1979）『現代戦争法規論』啓正社
ウォルツァー, M.（萩原能久監訳）（2008）『正しい戦争と不正な戦争』風行社
大沼保昭（1975）『戦争責任論序説――「平和に対する罪」の形成過程におけるイデオロギー性と拘束性』東京大学出版会
児島襄（1991）『天皇と戦争責任』文藝春秋
佐藤秀信（2008）「山下奉文裁判にみるアメリカの政策意図――統合参謀本部指令62612号と11.12指令」軍事史学会編『軍事史学』44巻3号
清水正義（2002）「「共同謀議罪」はなぜ必要とされたか」日本の戦争責任資料センター『戦争責任研究』35号
清水正義（2004）「ヘンリー・モーゲンソーとアメリカのドイツ戦争犯罪人処罰政策」白鷗大学法学部『白鷗法学』24号
スティムソン, H. L.（1933）「不戦条約と極東におけるアメリカの立場」フォーリン・アフェアーズ・ジャパン編・監訳（2001）『フォーリン・アフェアーズ傑作選――アメリカとアジアの出会い――1922-1999（上）』朝日新聞社
中野博文（1994）「20世紀初頭の陸軍改革と合衆国の政党政治――1917年選抜徴兵法制定をめぐって」歴史学研究会編『歴史学研究』通号657号
林博史（1998）『裁かれた戦争犯罪――イギリスの対日戦犯裁判』岩波書店
日暮吉延（2002）『東京裁判の国際関係――国際政治における権力と規範』木鐸社
法務大臣官房司法法制調査部（1963）『戦争犯罪裁判関係法令集』1巻
モーゲンソー, H. J.（現代平和研究会訳）（1986）『国際政治――権力と平和』福村出版
ラギー, J. G.（小野塚佳光，前田幸男訳）（2009）『平和を勝ち取る――アメリカはどのように戦後秩序を築いたか』岩波書店
Ambrose, S. E. (1997), *Citizen Soldiers*, New York, Simon & Schuster Paperbacks
Bantekas, I. (1999), "The Contemporary Law of Superior Responsibility," *American Journal of International Law*, vol. 93
Bernays, M. C. (1944), *Trial of European War Criminals*, 15 September 1944 (This document is contained in Smith, B. F. (1982), *The American Road to Nuremberg: The Documentary Record, 1944-1945*, Stanford, Calif., Hoover Institution Press)
―― (1946), "The Legal Basis of The Nuremberg Trials," *Survey Graphic, The Reader's Digest*, February 1946
Department of State (1945), *Foreign Relations of the United States*, United States Government Printing Office

第4章　スティムソンのモラリティとアメリカの戦後国際秩序構想

Holsti, K. J. (1991), *Peace and War : Armed Conflicts and International Order 1648-1989*, Cambridge, Cambridge University Press

JCS, Incoming Message, To MACARTHUR MANILA AND TOKYO From WASHINGTON (JOINT CHIEFS OF STAFF), NR WX62612, 12 September 1945 (MMA-13, Reel No. 191, Box No. 144-159, Blue Binder Series), Microfilm of National Diet Library, Tokyo

Military Commission Convened by the Commanding General United States Army Forces, Western Pacific : Tomoyuki Yamashita, (IPS-39, 119-3 : Tomoyuki Yamashita, Reel 29-33, Microfilm of National Diet Library, Tokyo)

Smith, B. F. (1981), *The Road to Nuremberg*, New York, Basic Books

—— (1982), *The American Road to Nuremberg : The Documentary Record 1944-1945*, Stanford, Calif., Hoover Institution Press

Stimson, H. L. (1947), "The Nuremberg Trial : Landmark in Law," *Foreign Affairs*, vol. 25

—— (1948), *On Active Service in Peace and War*, New York, Harper

II

ヘゲモン／帝国としての
アメリカ合衆国の形成と展開

5

1940年代における米国の太平洋戦略と「グローバル秩序」
——「南太平洋委員会」の創設をめぐって

池上大祐

1 はじめに

　1980年代後半以降,「アジア太平洋(Asia-Pacific)」という地域概念が注目を浴びるようになった。冷戦が終結したことによるグローバリゼーションの進展,「開かれた地域主義」への関心の高まり,アジア太平洋地域の経済成長率の上昇などが,「アジア太平洋」を論ずる背景となってきた。

　そしてこの間,「アジア太平洋」を冠する研究が数多く発表されており,政治,経済,外交,安全保障など研究領域は多岐に渡っているものの,研究対象地域については,日本,中国,豪,米国など,環太平洋地域に位置する国家間関係を論ずるか,アジア太平洋経済協力会議(APEC)やアセアン地域フォーラム(ARF)などを事例とした地域協力のあり方を考察したものが主流となっている［Tow 2001,杉田 2007など］。こうした「アジア太平洋」論は,従来の二国間関係——日米関係,米中関係,米比関係など——中心の現代史および外交史に,より複合的な視点を提供するという点では有益ではあるが,「太平洋」という地域概念の扱い方が論者によってまちまちである。

　その一方,フィジー,ヴァヌアツ,西サモアなど,太平洋の「中心」に位置するさまざまな島嶼諸国にも関心を払った研究としては,太平洋諸島の「自立」への過程を網羅的に整理したロジャー・トンプソン(1994)が挙げられる。その他,1971年に成立した「南太平洋フォーラム(SPF)」を事例にして,南太平洋における地域協力のあり方を分析する研究も発表されている［浦野1978］。そのなかで必ず触れられるのが,1947年2月に創設された「南太平洋委員会(SPC)」である。この委員会は,太平洋に従属地域を保有する宗主国

図表5-1　南太平洋委員会の領域

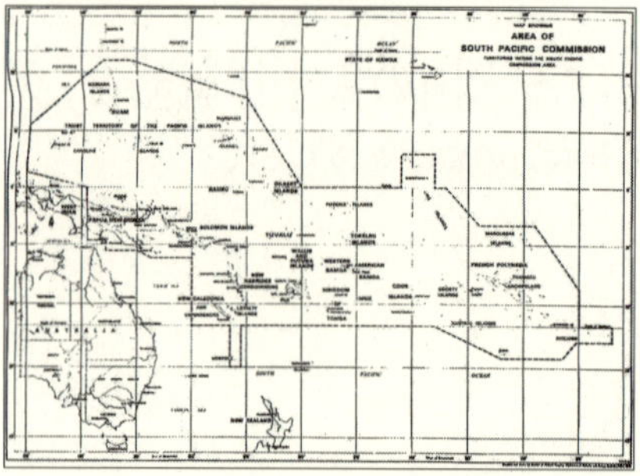

出典：South Pacific Commission (1975), *Regional Co-operation in the South Pacific : History, Aims, and Activities,* New Caledonia より。

(英，仏，オーストラリア，ニュージーランド，蘭，米)で構成され，太平洋従属人民の「経済的社会的」発展を促すための「諮問および協議 (advisory and consultative)」を行う機関との位置づけを与えられた地域組織である [South Pacific Commission 1975]。この南太平洋委員会はあくまで経済的社会的な問題を扱うことを主眼とし，政治的あるいは安全保障上の問題についての議論はタブーとされたことから，1960年代以降の「脱植民地化」のうねりのなか，そのことに不満をもつ太平洋諸島諸国が中心となって南太平洋フォーラムを創設し，その政治的要求および欧米各国の太平洋核実験停止を訴えるための場としたという経緯がある [小柏 1987]。

　20世紀後半を「脱植民地化」の時代 [北川 2009] と称するとすれば，上記の経緯を再考し，改めて太平洋地域における従属地域再編のプロセスに照らして評価し直す必要があろう。そこで，南太平洋委員会が創設された1940年代の太平洋をめぐる状況に注目すると，それは地域的文脈で扱われるべきものではなく，戦後秩序をどのように再編するのかというより大きな文脈に位置づけられるべきものであったことがわかる。そしてそれを中心的に担ってきたのが，「反植民地主義」を掲げ戦後強力な国際機構の創設を目指した米国であった。大戦中において米政府は，国際連盟委任統治制度に代わる新しい国際機関による従属地域統治システムとして「国際信託統治 (International Trusteeship)」構

想を展開し，従属地域人民の福祉を改善しつつ将来の「自治」を促すという目的を掲げた。

ただ，この国際信託統治構想は，大戦期から米統合参謀本部によって検討されてきた太平洋における戦略航空基地獲得のプロセス［Leffler 1991, 我部 1996］とも関連し，とくに日本委任統治領であったミクロネシアについては，米国はハワイ―フィリピンを結ぶ戦略拠点として重要視し，その領土不拡大原則を意識しつつ，「戦略的国際信託統治」という概念による排他的支配権の獲得に乗り出すという太平洋戦略を展開した［Friedman 2001］。この太平洋戦略は，東南アジア，アフリカ，大西洋，カリブ海における航空基地ともリンクするものであり，グローバルな基地体制の一翼を担うことから，まさしく1940年代の米国の戦後秩序構想は「グローバル秩序」を希求するものとして想定されうる。

ただ，これらの研究も「太平洋」という地域を米国がどのように把握していたのかについてはまだ整理しておらず，それが故に，南太平洋委員会についても，地域的な経済開発に関心をもつオーストラリア・ニュージーランド両国によって創設されたとの評価にとどまり［西岡 1995］，米国の太平洋戦略および従属地域再編構想との関連性についてはほとんど触れられていない。

そこで本章では，米国の太平洋戦略において従属地域の再編構想がどのように展開されたのかを，南太平洋委員会創設にいたる議論を軸に分析することとする。この分析を通じて，米国が模索した戦後秩序構想，すなわち「グローバル秩序」構想の一端を明らかにしていく。

2　フランクリン・ルーズヴェルトの戦後世界秩序構想と従属地域問題

第二次世界大戦初期，ドイツ空軍は，ポーランド侵攻を皮切りに，フランス，オランダ，ノルウェー，デンマークなどを空爆・占領した。米国政府内では，ドイツ空軍が大西洋を越えて，中南米，カリブ海のヨーロッパ植民地を拠点に米国本土を爆撃する可能性が指摘され始めていた。また1941年12月には，米国

は，日本軍の真珠湾攻撃によって太平洋からも攻撃にさらされることになり，まさしく第二次世界大戦は，2つの大洋によって守られた「無償の安全保障（Free Security）」を有するアメリカという伝統的国防観を改める必要性を米国政府に認識させることとなった［森田 1982，高田 2001］。

その間ルーズヴェルトは，こうした事態をまねいた原因を国際連盟の機能不全にもとめ，より強力な安全保障機構を戦後創設することを主眼として，1941年8月にウィンストン・チャーチル英首相との連名で「大西洋憲章」を発表した。戦後秩序構想の起点となる大西洋憲章には，領土不拡大原則（1条）や貿易および天然資源の機会均等（4条），安全保障機構の創設（8条）も盛り込まれていたが，「民族自決」に関する条項（3条）をめぐっては，チャーチルは枢軸国に征服された地域にのみ適用され，インドなどの英領植民地地域については適用外となると主張した。それに対しルーズヴェルトは，あくまでこの原則を普遍的に適用することを強く主張した［油井 1989，96-101頁］。

そこで彼が提唱した概念が「国際信託統治」であった。たとえば，1942年5月20日の太平洋戦争会議で，英国駐米大使のハリファックス卿は，ルーズヴェルトの発言を次のように紹介している。「［ルーズヴェルトは］戦後太平洋の仏領の島々をすべてフランスに返すことがいい計画であるとは思っていないと語った。インドシナについても同様であった。……彼はインドシナを国際信託統治下におくことをにおわせた」［ソーン 1995，316-317頁］。また，5～6月にかけて，第二戦線の設定に関する協議のために訪米していたソ連外相ヴァチェスラフ・モロトフとの会談においてもルーズヴェルトは，日本委任統治領であったミクロネシア[(2)]の軍事要塞化を防げなかったこと，そしてそれが日本軍国主義による太平洋進出を進めたことの反省から，戦後のミクロネシアを，3～5ヵ国からなる国際委員会のもとに置くことを提起した［June 1, 1942, *Foreign Relations of United State*（以下 *FRUS* と略す）1942 Ⅲ, pp. 580-581］。

このように1942年までのルーズヴェルトは，米国の「無償の安全保障」の喪失という危機感を背景に，国際連盟に代わる新たな国際機構の創設を想定しつつ，連合国の植民地であるインドシナや日本の委任統治領であるミクロネシアなどのあらゆる従属地域を「国際信託統治」という概念で一括して包含しよう

とした。しかし，それは施政権を握っていたフランスや日本から切り離すための手段にとどまり，「国際信託統治」化したあとの構想は不明瞭であった。

3　米国務省における国際信託統治構想と「地域委員会」

(1)　普遍的適用と「監督」機能

　一方，米国務省内部でも，1942年の夏から戦後国際機構創設の検討が本格化し，その文脈で「国際信託統治」の具体的な制度設計にも着手することになった。それを中心的に担ったのが，サムナー・ウェルズ国務次官を議長とする「政治小委員会」であった。国務省アジア専門家スタンリー・ホーンベックは，国際信託統治をすべての従属地域に適用させるべきだと主張し，太平洋において具体的に国際信託統治の対象とされる地域として，インドシナ，香港，マラヤ，ビルマ，オランダ領東インド，ティモールを挙げ，ミクロネシアも日本から切り離すべきであるとの見解を示し，ウェルズもこの普遍的な原則に同意した［P Minutes 21, August 8, 1942, *Post World War II Foreign Policy Planning. U. S. States Department Records of Harley A. Notter, 1939–1945*（microfiche）（以下 *R. N.* と略す），pp. 2～6, 11］。この議論は，政治小委員会の下部組織である「国際機構特別小委員会」が1942年に起草した「国際信託統治に関する立案文書」で具体化され，連合国の植民地，現在の委任統治領，枢軸国からの分離地域を含む全従属地域が国際信託統治の適用領域として明記された［P-I. O Documents 29, August 28, 1942, *R. N.*, p. 4］。

　ただ，いかに国際信託統治の適用範囲を普遍的に広げようとも，国際連盟委任統治領のように統治国の権限が強いままでは効果がないことは立案者も自覚していた。そこで提起されたのが，「地域監督理事会（Regional Supervise Council）」の設置である。1942年8月21日の国際機構特別委員会の会合で，ウェルズは，従属地域に対する「監督」の権限を地域監督理事会が有し，戦後誕生する国際機関に対して責任を果たすことで，連盟システムの脆弱さを克服できる」と主張した［P-I. O Minutes 5, August 21, 1942, *R. N.*, pp. 1–2］。この議論は，

先に触れた「国際信託統治に関する立案文書」にも反映され，戦後国際機構の「執行当局（のちの安全保障理事会—筆者注）」が，地域監督理事会の編成と管理権を調整し，従属地域に対する査察権ももつとされた。

さらに，1942年10月23日付の国際信託統治の草案では，地域区分が明確化されはじめた。地域監督理事会の構成国は，「従属人民に対して施政権を行使する責任を負う諸国家，その地域において戦略的利益を有している諸国家，そしてその地域内における自治国家からの代表」からなるものとされた。そして具体的な地域区分としては，アフリカと太平洋がそれぞれ複数の地域に分割されていた。太平洋は南北の2つに区分され，「北太平洋地域」の対象領域は，朝鮮，澎湖諸島，台湾を想定し，中国，ソ連，米国を構成国とした。次に「南太平洋地域」の対象領域は，仏領インドシナ，ビルマ，マラヤなどを想定し，オーストラリア，ニュージーランド，中国，英国，オランダ，フィリピン，米国を構成国とした。

「太平洋地域」の対象とされている領域がアジア大陸沿岸に集中している背景としては，1942年1月から6月にかけて日本軍がフィリピン，マレー半島，ビルマに進出し勢力を拡大させていたことが挙げられよう。その後米国軍は，6月のミッドウェー海戦で日本海軍を大敗させ，7月以降オーストラリア委任統治領のニューギニア島やニューブリテン島，仏領ニューカレドニア，英領ソロモン諸島内のガダルカナル島に上陸を開始させていたが，国務省の諮問委員会は，これらの領域についてはまだ戦後構想の文脈のなかで把握しておらず，国際信託統治草案でも「ほかの極東地域」という項目のなかに記されているだけで，地域監督理事会の対象領域になることは想定されていなかった［P-I.O Documents 29-f, October 23, 1942, *R. N.*, pp. 1-5］。

(2) 「連合国の植民地」の適用除外と「協議」機能

他方で，同じ米国務省内において，コーデル・ハル米国務長官を中心とした諮問グループである「非公式協議グループ」でも従属地域の問題が議論され，1942年11月13日に「大西洋憲章と国家独立」と題される文書が起草された。その文書は，従属地域に関して連合国が「被信託（trustee）」の責務を引き受け

る対象を「前回の戦争の結果として他の国家との政治的結びつきから解放された人民，あるいは同様に今次の戦争の結果解放されるかもしれない人民，しかし，まだ完全な独立の準備がなされていない人民」とした［November 13, 1942, R. N., pp. 5-6］。これは，「国際機構の管理下に置かれるのは委任統治領と枢軸国から分離される地域のみとし」，連合国は，「一定の原則を遵守し，植民地行政に関する情報を公開すること」を条件に，その植民地を国際信託統治の適用除外にできることを意味していた［November 17, 1942, R. N., p. 2］。

　この議論をもとにして，1943年3月9日には「連合国による国家独立の宣言」と題された文書がまとめられ，「国際信託統治機関」の創設に関する規定を盛り込んだうえで，「連合国の植民地」を適用除外とする現実的な方針が採用された［March 9, 1943, FRUS, 1943 Vol. I, pp. 747-749］。また，地域委員会の設置案も同文書に盛り込まれたが，「連合国の植民地」が国際信託統治の適用から除外されたことから，地域委員会は国際信託統治に適用されることが想定されている「現在の委任統治領」と「敵国からの分離地域」に対してのみ権限を有し，その権限もあくまで「協議と協調」をめざすものにとどまった。ここでは，あきらかに1942年に構想された「地域監督理事会」の権限が後退したことが分かる。

　その背景には，1943年2月4日に英国が作成した「植民地施政の共同宣言草案」の存在があった。同文書は，「植民地人民が，彼ら自身の行政の責任を果たせるようになるまで，植民地人民の社会的経済的そして政治的制度を導き，発展させることが，「両親（parents）」あるいは「被信託者（trustee）」としての国家の義務であるとした。さらに同文書は，地域委員会の設置の必要性は認めたものの，前節で触れたような米国国務省側が想定していた「監督」権限ではなく，「協議と協力のための機関」という位置付けを与えていたのである［宮里 1981, 89頁］。つまり，英国の従属地域に関する戦後構想は，将来の自立を一応想定しつつも，あくまで宗主国として植民地統治を継続させ，従属地域に関する地域委員会の機能を「協議や協力」のレベルにとどめておくことで，国家間の連携を装いながらも，宗主国の権限が維持できるようにすることを想定していたのである。

4 安全保障戦略のなかの「地域委員会」構想

(1) 太平洋戦線の展開と国際信託統治構想の変容

　1943年夏，米国務省内部では諮問委員会の再編が行われ，従属地域に関する諸問題は，新しく設置された「植民地問題委員会」が担当することとなった。この委員会は，これまで展開されてきた国際信託統治に関する草案の起草のほかに，「従属地域に関する原則宣言」草案の起草にも着手した。というのも，「連合国の植民地」を適用除外とした国際信託統治構想では従属人民に植民地解放の理念を示し難く，従属地域の施政のあり方を問わない普遍的な原則を改めて打ちたてる必要に迫られたからであった。そこで本原則宣言については，先に触れたハルの「連合国による国家独立の宣言」文書を母体に起草されたものの，ここでは「独立」の用語は慎重に避けられ「自治（self-government）」が強調されるようになった。[3]

　その背景として当時の戦況を概観すると，1943年夏から米軍は太平洋の諸島（7月にニューギニア，11月にブーゲンヴィル島・ギルバート諸島内のタラワ環礁，1944年1月にマーシャル諸島のクワジャリン環礁など）の占領を開始し，またオーストラリア軍もニューギニアやソロモン諸島の日本軍を破るなど，太平洋戦線における連合国の優勢が顕著になってきた。そのことは，大戦中に米軍が獲得した数々の太平洋諸島の基地を戦後どのように扱うかということを喫緊の課題とした。こうした状況から，植民地問題委員会は，国際信託統治構想についても「従属地域に関する原則宣言」草案を踏まえ，従属人民の「自治」を強調すると同時に，従属人民の福祉よりも世界の安全保障の維持を優先する発言を行い始めていた。たとえば，10月29日の会合では「従属地域の不安定さが米国の安全保障に脅威となる場合には，合衆国はいかなる信託統治制度にも参加すべきである」ことが主張され，具体的地域としては，ダカール，カサブランカ，マラケシュ，ハワイ，グアム，ミクロネシア，フィジーなどに戦略的関心が寄せられた。またソロモン諸島の安全保障は，オーストラリアとニュージーラン

第5章　1940年代における米国の太平洋戦略と「グローバル秩序」

ドとの協力のもとで確保される可能性があると提案されていた。［CP Minutes 10, October 29, 1943, *R. N.*, pp. 7-8］。さらに12月14日の会合では，「世界の安全保障基地が，従属地域に創設されるか，あるいは安全保障機構の軍隊がその領域を通過する」可能性も提起された［CP Minutes 22, December 14, 1943, *R. N.*, pp. 1-2］。

さらに植民地問題委員会は，従属地域に関する地域委員会の設置に関する議論も行っていた。1943年12月28日付文書では，「地域委員会の提案は，性質上，執行的な役割よりもむしろ，協議（consultative）ならびに諮問（advisory）の役割を担うべきであって，複数領域の諸政府の政治的権限に勝るような政治的権限をもつべきではない」と明記され［CP Document 82, December 28, 1943, *R. N.*, pp. 1-11］，1944年1月18日の会合でも，主権を侵害することになれば，植民地国家を不快にさせる可能性があることから，地域委員会の機能を「諮問」に限定することが主張された。また「植民地領域における摩擦や抵抗が世界全体の安全保障を危険にさらす」ため，「安全保障問題は，地域的問題よりも高次のレベルの政策として運営されなければならない」ことが強調されていた［CP Minutes 31, January 18, 1944, *R. N.*, pp. 1-3］。

このように地域委員会の機能について，統治国に対する責任にとどめておく「諮問・協議」を強調する動きは，国際機構の枠組みから従属地域を遠ざけ，統治国の利害を反映させやすくする性格をもつことを意味する。そのなかでとくに米国が考慮し始めたのが，安全保障の問題を地域委員会構想の展開のなかでどう位置づけるのか，ということであった。

(2) 「中央・南太平洋地域委員会」草案

米国の太平洋における地域委員会構想の展開に拍車をかけることになったのが，1944年1月21日にオーストラリアとニュージーランドとの間で締結されたアンザック協定であった。その内容は，外交政策における緊密な協力，二国の同意なしに太平洋諸島の地位変更を認めない，ニューギニアからクック諸島までを「防衛圏（defense zone）」とする，「南洋地域委員会（South Sea Commission）」を創設するというもので，米国が危惧していた地域安全保障機構の性

格を有するものとなっていた［CTP Document 94, January 25, *R. N.*, pp.1-7］。

このような動きは米国務省に，オーストラリア，ニュージーランドが中央・南太平洋で支配的な役割を担おうとしていることを認識させ，その対抗策として植民地問題委員会から名称を変えた「従属地域問題委員会（Committee on Problems of Dependence Areas）」(4) は，本格的に太平洋従属地域に関する地域委員会構想に着手した。それが最初に草案として結実したのが，1944年4月10日付「中央・南太平洋地域委員会」文書［CDA125a, 1944, 4, 10, *R. N.*, pp.1-8］である。構成国は中央および南太平洋に従属地域をもつ米，オーストラリア，ニュージーランド，英，仏の5ヵ国とし，対象領域については，「フィリピンの東，オーストラリアとニュージーランドの北東，ハワイ環礁の南に位置する太平洋の諸島」と明記されていた（図表5-1を参照）。

このように網羅された太平洋島嶼地域に関して米国は「領土保有，行政責任，安全保障，商業用航空，電信」に利益を見出し，英国との協調によってこれらの諸島の一部を施政すること，および米国を国際機構の代表として日本委任統治領の統治を行いながら，その諸島内の海空軍基地を維持することを表明した。また，米国にとっては，このような利益を確保するためには，太平洋地域の諸島が「敵国によって支配されない」ことが必要であり，その手段として「国際機構，地域委員会，二国間取極め，あるいはそのコンビネーションの手段を通じて，太平洋に植民地を保有しているいくつかの国家と協調する必要がある」ことが提起された。まさしく米国にとっての中部・南太平洋地域委員会構想は，「摩擦を最小限におさえつつ，上記の必要なことを達成する手段」の1つとして位置づけられたのである。

だからこそ，同文書で明記された「原住民の社会的経済的福利の発展に関する協議および諮問機関」という文言は重要となる。「協議・諮問機関」という位置づけは，「戦後国際機構とは独立して成立する」という意味を有し，国際機構による権限によって太平洋地域内に従属地域を保有する宗主国の統治権が弱められることを防ぐことを意図したものであった。そして「社会的経済的福利の発展」という表現は，安全保障問題を地域的枠組みではなく「国際的コミュニティ」のもとで扱うこと，言い換えれば，地域委員会では安全保障の問題

第5章　1940年代における米国の太平洋戦略と「グローバル秩序」

を扱わないことを示したものであった。また，安全保障の問題をあくまで「国際的コミュニティ」で扱うとする米国の姿勢は，その安全保障体制が米国とは無関係に地域ブロック化することを阻止する目的で地域委員会に参加するという米国の意思とも関連するものであった。このことから，国際信託統治構想から適用除外された「連合国の植民地」——英，仏，英連邦諸国が保有する太平洋諸島——をも含めた枠組みとして地域委員会を設置することで，アメリカは太平洋における影響力を残そうとしたことが読み取れよう。

5　「南太平洋委員会」の成立へ

　この「中部・南太平洋地域諮問委員会」文書で提起された目的や機能は，同時期に起草されていた他の地域委員会（東南アジアやアフリカなど）に関する草案とも共通点をもつことから，1944年4月から1945年12月にかけて米国務省従属地域部内の作業委員会が起草した一連の草案は「従属地域に関する地域諮問委員会の創設」文書として一括された。そのなかに南太平洋地域に対する米国の構想も適宜盛り込まれることとなったが，この一連の草案においても，地域委員会の機能は，安全保障問題に関する議論および国際機構（国際連合）の枠組みから切り離されるものとされ，地域委員会の創設については，それぞれの構成国間の自発的な協定締結によるとされた［CDA Documents 149a-r, April 29, 1944-December 27, 1945, *R. N.*］。そして1945年12月27日付の草案では，中央・南太平洋，西アフリカ，東南アジアの3つの地委員会の創設を提起するなかで，「合衆国は，自国にとって明らかに利益や富を見出せる場所であるという理由から，中央・南太平洋における地域委員会にのみ，その創設に主導的に参加すべきである」し，「国際的状況が良好なときはいつでも，合衆国はオーストラリアとニュージーランドに対して，中央・南太平洋に関する地域委員会の問題を議論する用意がある」ことをその両国に知らせるべきであると提起していた［CDA Document 149-r, December 27, 1945, *R. N.*, pp.1-6］。
　その一方で南太平洋を対象とした1946年初頭の議論は，英連邦太平洋諸島内

の基地管理をめぐっても展開されていた。1946年3月にワシントンでその問題を議論するために開かれた，米，英，ニュージーランド3ヵ国の専門家による合同委員会において米国高官は，カントン，クリスマス，フナフティにおける排他的基地権，ボラボラ，エスピッツ・サントゥ，ガダルカナル，マヌス，タラワ，ウポル，ヴィティ・レヴにおける，それぞれ施政権をもつ国家との合同基地権を要求した。他方，米国領における権利を英自治領軍に付与することには否定的で，平時における合同基地に関する経費は英国と自治領が支払うことを求めていた［Orders 2003, pp. 161-173］。さらに英自治領諸国が求める南太平洋の地域防衛協定の締結とそれに対する米国の参加に関して，米国は「米国や国際連合にとって不利益になるような他の地域防衛協定を作り出すという悪しき先例をもたらす」という理由から，反対の姿勢をとり続けた。米国は具体的な基地権獲得を始めとする安全保障上の取決めについては，あくまで二国間での協定にこだわったのである［FRUS, 1946 Vol. 5, pp. 1-49］。

このような議論を背景としつつ，1946年5月にオーストラリアは南西太平洋に関する地域委員会計画を発表し，その創設会議をキャンベラで開催するにあたって米国の参加を打診した。それを受けて米国国務省も地域委員会創設に向けた方針を固めることとなった。それを担ったのが国務長官を補佐する役割を担う「国務長官スタッフ委員会」である。1946年5月10日に同委員会は，従属地域委員会によって起草された「従属地域に関する地域諮問委員会の創設」草案の検討を開始し［SC Document 188, May 10, 1946, *Secretary's Staff Committee File*（以下，*SSCF*と略す）］，6月28日には「南太平洋に関する地域諮問委員会への合衆国の参加」と題する文書を作成した。その文書では，地域委員会の機能を「協議および諮問機関」とすることや，政治的軍事的問題に対する権限を地域委員会にもたせないことが，オーストラリア案と米国案の共通点として明記された［SC Document 188-1, June 28, 1946, *SSCF*, pp. 1-5］。これらの文書は，7月3日の国務長官スタッフ委員会の会合で正式に承認され，オーストラリアからの打診を受け入れることを表明した。ただ，オーストラリア側はキャンベラでの創設会議を8月後半に予定していたが，1946年秋から第1回国連総会第2部が開催されることから，米国は国連総会後の開催をオーストラリアに要求

第5章　1940年代における米国の太平洋戦略と「グローバル秩序」

していた[SC 197th meeting, July 3, *SSCF,* pp. 1-20]。

　そして1946年12月13日にはこれまでの議論を踏まえた形で「南太平洋委員会の創設」と題された文書が作成された。そのなかで，地域委員会創設に関するキャンベラ会議が1947年1月28日から開催されるとされた。さらに同文書では，キャンベラ会議に出席する米国代表の心構えとして，「太平洋地域における合衆国の政治的かつ安全保障あるいは防衛の利益は，他国よりも高い」こと，「その（南太平洋）委員会は政治的問題あるいは防衛問題を扱う権限はないが，その地域の政治的安定に間接的に貢献する」こと，そして「太平洋諸島において現在論争中の主権の問題を扱うことを避ける」ことを認識すべきと明記されていた[SC Document 188-2, December 13, 1946, *SSCF,* pp. 1-9]。

　その後，同文書は12月20日の国務長官スタッフ委員会で議論され，会合の議長役をつとめるディーン・アチソン国務次官から，南太平洋地域内で米国が関わる領域としてどこがあるのか，米国政府はこの委員会に貢献しうるのか，といった疑問が提示された。それに対する特別政治局局長アルジャー・ヒスの返答は，南太平洋には米国主権下の東サモアや他の島嶼が存在すること，南太平洋のなかには主権に関する論争が生じている地域もあるが米国代表は主権に関する論争は避けること，太平洋従属地域に占める米国領の住民の割合が1パーセントでも，参加国6ヵ国の間で費用は均等に分配することで品位（dignity）を保つ，というものであった。また別の出席者からの「南太平洋委員会は政治的関わりをもたないのかどうか」という質問に対しては，ヒスは「関わりはもつが，非自治住民が野心的な提案をもつ危険性を排除しつつ，我々が望む方針に沿って政治的局面を導く機会を提供する」と返答した[SC meeting 206th, *SSCF,* pp. 4-8]。

　こうして1947年の1月末からキャンベラ会議が開催される運びとなり，1947年2月6日に，「南太平洋委員会創設協定」が締結されるに至った。その協定文には，「その委員会の範囲内の非自治地域の経済的社会的発展および，その住民の福祉と進歩に影響する問題において，参加政府に対する協議および諮問組織となる」と明記された[CDA Document 436, February 6, 1947, *R. N.,* p.1]。このキャンベラ会議の結果は，2月28日の従属地域問題委員会の会合で報告さ

れた。キャンベラ会議に出席していた従属地域部所属のジェームズ・グリーンによれば，南太平洋委員会に人権問題を扱う権利を与える提案が会議でなされたが，人権という用語は政治問題をも含みかねないことから，最終的に住民の「経済的社会的諸権利」という表現におちついた［CDA Minutes 147, February 28, 1947, p. 2］。

6 おわりに

　以上検討してきたように，1940年代の米国は，戦後国際機構の創設という文脈から従属地域の再編に関する議論を展開し，国際信託統治構想を打ち立てた。1942年当初は，全従属地域を国際信託統治の適用範囲とし，国際機関に対する責任を負う「地域監督理事会」もそれにあわせて提起された。しかし1943年になると英国側が，従属地域に対する本国の統治権限を弱めるような構想に抵抗を示し，地域委員会はあくまで「協議と協調」を目指すべきものと主張したこと，そして第二次世界大戦の戦況が連合国優勢になるにともない，米軍が日本から太平洋における戦略拠点を奪取するようになったことがあいまって，地域委員会をめぐる議論は安全保障戦略の文脈で議論されるようになった。それが1944年の「中部・南太平洋地域諮問委員会」草案に結実し，従属地域住民の「経済的社会的発展」をめざし，政治的，安全保障上の問題は「国際コミュニティ」が管轄すべきであるという提案につながった。そしてその提案は，引き続き米国の国務省内で起草された地域委員会構想の文書に反映され，1947年のキャンベラ会議での「南太平洋委員会」創設に帰結する。

　まさしく米国の南太平洋に関する地域委員会構想は，単純に「普遍主義」「単独主義」「地域主義」のどれかを掲げたものではなく，それらの概念を重層的に絡ませながら，グローバルな戦略基地ネットワーク構築を支えるものとして機能させようとしたものであった。このことは，国際信託統治という「普遍主義」を掲げつつ，ミクロネシアを「戦略的信託統治」とすることで排他的な管理権を確保し，国際信託統治構想から適用除外された「連合国の植民地」を

第5章　1940年代における米国の太平洋戦略と「グローバル秩序」

含む太平洋上の従属地域に対しては、「地域委員会」という枠組みを利用して米国がコミットできる道を探ってきたといえよう。したがって、従属地域の再編よりも米国を中心とした大国の戦略が優先されたことは、当時米国のジャーナリズムで論じられていた「安全保障帝国主義（Security Imperialism）」［Lattimore, November 7, 1945, pp. 315-316］の性格を示す一例にもなろう。だからこそ、南太平洋委員会の創設は、「アジア太平洋」における地域協力の原点としてではなく、米国の「グローバル秩序」戦略の文脈に位置づけてこそ、その歴史的意味が明らかとなるのである。

(1)　1940年代当時における「従属地域（dependence area）」について、歴史地理学者のスミスは、①ヴェルサイユ条約によって没収された旧ドイツ植民地のアフリカ委任統治領、②朝鮮を含む日本の植民地と太平洋委任統治領、③イタリア植民地（リビア、エリトリア、ソマリーランド）、④敗北した連合国の植民地（仏領インドシナ、蘭領東インド）、⑤英国の植民地、⑥リベリアのような法的には独立していても経済的にはコントロールされている国家の6つに分類しているが［Smith 2004］、本章では、連合国の植民地、（旧）委任統治領、枢軸国の植民地の3種類に設定する。
(2)　ミクロネシアは、連盟規約22条において、もっとも自治を達成する可能性が低い「C式」委任統治領に指定され、受任国の法体系に基づいた統治——事実上の植民地支配——が可能とされた。
(3)　12月17日の会合では、「独立」の意味を内包しかねない「自治」を強調しすぎると、自治達成能力が備わっていない従属人民を錯覚させるということで、「自治」の強調そのものに対する批判もでた。しかし草案起草者は、「『自治』は主権の独立を意味するように意図していない」と返答していた［CP Minutes 23, December 17, 1943, R. N., pp. 1-2］。
(4)　米国務省植民地問題委員会は、1月末に「植民地および信託統治問題委員会」、3月に「従属地域問題委員会」へと改称された。なお、1944年12月には国務省特別政治局内に「従属地域部」として正式な行政組織に格上げされ、従属地域問題委員会の中心を担うようになった。
(5)　地域委員会の対象領域に関しては、蘭領ニューギニアを含める一方（それに伴いオランダも構成国の一員とされた）、グアムを含めるのは海軍省の同意を条件とすることや、ミクロネシアを対象除外とするなどの修正がなされた。

【参考文献】

浦野起央（1988）「南太平洋の国際関係——『パシフィック・ウェイ』の追求と南太平洋フォーラムの活動」『法学紀要（日本大）』30号

北川勝彦編著（2009）『脱植民地化とイギリス帝国』ミネルヴァ書房

ソーン、C.（市川洋一郎訳）（1995）『米英にとっての太平洋戦争（上）』草思社

小柏葉子(1987)「仏核実験抗議と南太平洋フォーラムの成立」『国際関係学研究(津田塾)』14巻(増刊号)

杉田米行編著(2007)『アジア太平洋地域における平和構築――その歴史と現状分析』大学教育出版

高田馨里(2001)「「無償の安全保障」の喪失と新しい空の秩序の追求――第二次大戦期の米国外交政策に関する一考察」『駿台史学』113号

西岡義治(1995)「植民地勢力中心から開かれた地域機関へ――苦悩する南太平洋委員会」『太平洋学会学会誌』65号

宮里政玄(1981)『アメリカの対外政策決定過程』三一書房

森田英之(1982)『対日占領政策の形成――アメリカ国務省 1940-44』葦書房

油井大三郎(1989)『未完の占領改革――米国知識人と捨てられた日本民主化構想』東京大学出版会

Department of States, *Foreign Relations of the United States, 1941-1947, multiple Volumes*

Friedman, H. M. (2001), *Creating an American Lake : United States Imperialism and Strategic Security in the Pacific Basin, 1945-1947*, Connecticat, Greenwood press.

Kimball, W. (1991), *The Juggler : Franklin Roosevelt as Wartime Statesman*, Princeton, Princeton University Press

Lattimore, E. (1945), "Pacific Ocean or American Lake ?," *Far Eastern Survey*, no. 7

Leffler, M. P. (1992), *A Preponderance of Power : National Security, the Truman Administration, and the Cold War*, California, Stanford University Press

Louis, W. R. (1977), *Imperialism at Bay : The United States and the Decolonization of theBritish Empire*, Oxford, The Clarendon Press

Orders, P. (2003), *Britain, Australia, New Zealand and the Challenge of the United States, 1939-46 : A Study in International History*, Palgrave MaCmillan

Post World War II Foreign Policy Planning.U. S. States Department Records of Harley A. Notter, 1939-1945 (microfiche)

Records of the Secretary of State's Staff Committee, 1944-1947 (microfilm)

Smith, N. (2004), *American Empire : Roosevelt's Geographer and Prelude to Globalization*, California, University of California Press

South Pacific Commission (1975), *Regional Co-operation in the South Pacific : History, Aims, and Activities*, New Caledonia, South Pacific Commission

Thompson, R. C. (1994), *The Pacific Basin since 1945 : A History of the Foreign Relations of the Asian, Australian and American Rim States and pacific Islands*, New York, Longman

Tow, W. T. (2001), *Asia-Pacific Strategic Relations : Seeking Convergent Security*, Cambridge, Cambridge University Press

6 「招かれた『帝国』」の冷戦プロパガンダ
―― トルーマン政権期米国の「『イタリアへの手紙』キャンペーン」

川上 耕平

1 はじめに

　冷戦が，アメリカとソ連という2つの大国の対立にとどまらず，世界中の国々を巻き込んで，米ソとも自国の理念を反映させた秩序を形成しようとしていたことはいうまでもない。両国は自身の理念がグローバルな規範たり得ることを確信していたのであり，その意味で冷戦は，アメリカとソ連がそれぞれに自分流の「グローバル秩序」を形成しようとした争いでもあった。とりわけアメリカが目指したのは，反共主義のもとに「自由」と「民主主義」を実現する国を増やし，西側陣営に囲い込むことであったが，この米ソによる「国盗り」ゲームは，軍事力などの「ハード・パワー」のみに頼るだけでは維持できず，強制力をともなわずに同盟国から自発的な支持を調達する「ソフト・パワー」も併せて用いることが不可欠であった。

　近年の冷戦史研究において「心理戦争（psychological warfare）」が注目されるようになったのも，そうした「ソフト・パワー」との関わりで国際政治をみることの重要性が認識されたからであろう。少なくとも米ソの間の冷戦が，一発たりとも核兵器を使わない，体制に対する支持獲得をめぐる競争であった以上，両国とも理念における自国の優位を効率的に訴える手段の案出に力を注いできたわけであるが，それがまさしくプロパガンダ（propaganda）であった。

　現在プロパガンダの先進国として知られているアメリカではあるが，当初同国は，ナチス・ドイツやソ連が重用したプロパガンダということばのもつ秘密主義的あるいは反民主主義的な響きに嫌悪感を抱いていた。そのため，ハリー・トルーマン政権の末期に心理戦争を本格化させるまで，アメリカはプロ

パガンダの利用に関してソ連に遅れをとっていたとする見解があるが[1]，本章では，アメリカがそれ以前から反共プロパガンダの活動に着手していた点を指摘し，その事例として，1948年にアメリカ国内で行われた「イタリアへの手紙 (Letters to Italy)」キャンペーンをとりあげる。それによって，プロパガンダの特殊アメリカ的な特徴の一端を明らかにし，最後に，それが2001年の同時多発テロ以降に再燃したプロパガンダ活動とどのような関わりをもつのか，その連続性の有無についても検討することにしたい。

2　戦後初期における米伊関係——冷戦史研究のパースペクティヴから[2]

　敗戦後のドイツや日本がアメリカとどのような関係を維持してきたのかという研究は枚挙にいとまがないものの，同じ枢軸国として参戦したイタリアについては——特に冷戦史の視点から——言及されることが少ない。そこで，「イタリアへの手紙」キャンペーンを検討するにあたって，まずは前提となる冷戦初期におけるアメリカとイタリアの関係を整理しておこう。
　第二次世界大戦で敗色が濃厚となったイタリアは，ベニト・ムソリーニのファシスト体制が崩壊すると，首相に任命されたピエトロ・バドリオが無条件降伏を受け入れたことにより，今度は連合国側に立って枢軸国と戦うことになった。だがその後も，シチリア島からイタリアに上陸した連合国およびバドリオ政権の支配する南部と，その支配が及ばぬ空隙をついて復活したムソリーニがナチスと協力して政権を誕生させた北部とに分断され，イタリアは混迷を極めた。しかし，国内のレジスタンス勢力の粘り強い活躍により，ファシストとナチスの支配から自力で解放することに成功し，とくにレジスタンス闘争の中心となった左派のイタリア共産党 (PCI) やイタリア社会党 (PSI)，あるいは中道保守のキリスト教民主党 (DC) といった諸政党は，反ファシズムの連合体として国民解放委員会を形成し，戦後もそのまま連立政権を構成するようになった。しかし右から左まで両極に及ぶ6政党から成る政権においては政策をめぐる対立が避けられず，1945年12月に，中道寄り保守のスタンスに立つDCの

第6章 「招かれた『帝国』」の冷戦プロパガンダ

アルチーデ・デ・ガスペリが首相に選出されるまでは不安定な状況が続いた [Miller 1986, Part I–III]。

このようにイタリアは，連合国にさほど依存することなく自力解放を成し遂げたため，ドイツや日本に比べ戦後は連合国（主にアメリカ）の影響を受ける余地は小さかったとも考えられるが，やはり米ソのグローバルな対立の波から逃れることはできなかった。その意味では，米ソの間の冷戦を「国際冷戦」，その米ソの影響を受けて現地勢力に反映される対立構造を「国内冷戦」と分けて，両冷戦の相互作用から米ソと現地勢力の関係を分析する枠組がイタリアにおいても有用である。この米ソと現地勢力の提携関係は「イデオロギー的な場合」と「政治的な場合」の2つに分けられ，それに基づいて「国内冷戦」は，①国内で対立する勢力が双方とも米ソとイデオロギー的に提携している場合，②双方とも政治的に提携している場合，③国内で対立する勢力の提携が，一方がイデオロギー的で他方が政治的な場合，の3つへとさらに区分される[3]。

イタリアの場合はどうであろうか。PCIの指導者パルミーロ・トリアッティは，1944年に保守派バドリオ政府に協力する姿勢を示し，暴力革命ではなく議会を通して平和的に社会主義を実現するともいえる選択を行い，ソ連とは異なる道を歩んだが（「サレルノの転換」），近年公開されている旧ソ連の資料を利用した研究によれば，ソ連によるPCIへの資金供与も含め，両者の提携関係はイデオロギー的にかなり深かったことが知られている [Pons 2001, pp. 13–25]。一方，デ・ガスペリ率いるDCは，党内に左右に分かれた3つの派閥をもち，純然たる保守政党とはいいがたかった。だが，逆に穏健な民主主義の実現に期待するアメリカとしては，イデオロギーよりも政治的な理由により，保守ではなく中道ともいえるDCが支持対象としてはふさわしかった [Del Pero 2003, pp. 541–544]。その意味では③の類型に適合すると考えられよう。

そして同盟国をつなぎとめておくためには，アメリカの要求を受け入れる政治家を現地勢力の間で育成しておくことが不可欠であった。アメリカは，「ヘゲモニー国家」として西側同盟国の管理を容易にするため，現地社会を安定的に支配し，かつアメリカの要求も受け入れる親米政治家を「コラボレーター（collaborator）」として利用した。旧枢軸国だった日本の吉田茂，西ドイツのコ

ンラート・アデナウアーがそのような存在として指摘されるが，1953年まで政権を担ったデ・ガスペリも，アメリカにとっては重要な「コラボレーター」であったといえるだろう(4)。

そのデ・ガスペリの訪米は，1947年1月に実現したが，彼にとっての主たる目的はアメリカに資金援助を求めることにあった。敗戦後のイタリアは，物資の不足と紙幣の乱発によってインフレと失業が昂進し，他の西欧諸国以上に外国からの経済援助に頼らざるえない状況であったためだが，彼が他にも狙っていたのは，東欧やドイツに比べて低かったアメリカのイタリアに対する関心を喚起し，自らの政権とアメリカとの関係を確固たるものにするということだった。訪米前年のイタリア地方選挙では社共が躍進を見せており，デ・ガスペリが国内の他の政治勢力よりも優位に立つためには，「戦後初めて訪米したイタリア首相」という権威が必要であった［*Foreign Relations of the United States*（以下，*FRUS*），*III, 1947,* pp. 835–841；高橋 1992, 228–229頁］。

デ・ガスペリが自らの権力強化のためにアメリカを利用していたという事実は重要であり，この点では，冷戦史における「招かれた『帝国』（"Empire" by Invitation）」という概念が注目される。NATOにみられるような西欧へのコミットメントを深めたアメリカのグローバルな冷戦戦略が，同国の膨張的性質の証左とされてきたが，ゲイル・ルンデシュタットは，そうしたアメリカの西欧コミットメントが，むしろソ連の脅威にアメリカ抜きでは対処できない西欧諸国のほうから望んだものであり，アメリカは「帝国」であったとしても，それは西欧から「招き入れられた」側面があったということを強調した。西欧諸国の多様性を無視して一概にこの概念をヨーロッパ冷戦の特徴とすることはできないが，イタリア国内の左派勢力を弱体化させるため，アメリカのイタリア関与を望んだデ・ガスペリの戦略は，この概念とうまく符号する［Lundestad 2003, pp. 46–48］(5)。

デ・ガスペリに利用された面があったアメリカも，やがてヨーロッパでの冷戦におけるイタリアのプライオリティの高さを認識せざるをえなくなった。第二次世界大戦によって荒廃したヨーロッパでは，西側同盟国のなかからも共産主義が台頭する可能性が高まっていたが，とくに伝統的に共産党が強かったイ

第6章 「招かれた『帝国』」の冷戦プロパガンダ

タリアとフランスの左傾化には目を見張るものがあり，なかでも与党として連立政権を構成し，なおかつ国内で高い支持を得ていたPCIの躍進には頭を悩ませていた。先の訪米を終え帰国したデ・ガスペリは，その3ヵ月後の1947年5月，連立を組んでいたPSIとPCIを政権から外し，第4次デ・ガスペリ内閣を組閣した。訪米時に連立政権からの左派排除をアメリカ政府と約束したわけではなかったが，これが援助を行うアメリカの意向を反映していたことは明らかであった［*Department of State Bulletin*, 16（15 June 1947）p.1160; *FRUS, III, 1948*, p.753］。

連立を離れた後の1947年9月，PCIの指導者たちは，ソ連がポーランドのビャウィストクで開催した共産党会議に招かれたが，そこでクレムリンは，穏健な政治姿勢の目立つPCIに対しより厳格な革命路線を推進するよう命じた。国内冷戦の構図を反映してクレムリンから資金を供与されていたPCIはこの命に従い，党首のトリアッティは，イタリア北部のパルマで約3万人の共産党員らがパレードしているのをみて，もし共産党の要求が入れられなければ，自分たちを外した政権に対してこの3万人を使って反対行動を起こすかもしれないと不穏な発言を行った［*New York Times*（以下，*NYT*），8 September, 1947; *FRUS, III, 1947*, pp.889-894; Miller 1983, pp.40-41; Miller 1986, pp.232-233］。

アルベルト・タルキアーニ駐米イタリア大使も，米国務省のロバート・ロヴェット次官に，PCIが政権に復帰できなければ彼らがイタリア北部に分断国家をつくる可能性があることを示唆した。衝撃を受けたロヴェットは，米国務省内に新設された政策企画室（PPS）にイタリア情勢への対応策を求めた。このPPSの見解が最終的に国家安全保障会議（NSC）で検討され，1947年11月，同会議で作成された最初のNSC文書であるNSC-1シリーズとなる［*FRUS, III, 1948*, pp.724-726］。

1948年2月に出された同文書の改訂版にあたるNSC-1/2は，「政治的，経済的，そして必要とあれば軍事的な力を十分に行使」することを強調しているものの，民主主義を標榜するアメリカにとって，共産化の阻止を理由にあからさまな国家介入をすることなどできるはずもない。こうした点から，「効果的なアメリカ情報プログラム，または他の実行可能ないかなる手段をも用いること

で、積極的な反共プロパガンダ」を展開することが重視されるようになる［FRUS, III, 1948, p.768］。つまりこのイタリア問題は、アメリカ政府に心理戦争を活用させる契機を生み出した点で特筆すべきモメントであった。共産主義に対抗するための有効な手段が、「物質」よりも「観念」の兵器であるということは、その後、1947年12月のNSC-4で正式に認められた［FRUS 1945-1950, Emergence of the Intelligence Establishment, 1996, pp. 640-642］。このイタリアの国内冷戦によって、心理戦争の重要性に開眼したアメリカは、その具体的な展開の場を1948年のイタリア議会選挙に見出すことになる。

3 「イタリアへの手紙」キャンペーン——移民と反共プロパガンダ

　それまで王政だったイタリアは、国王がファシズム体制の成立に重要な役割を果たした過去を鑑み、1946年6月、国民投票によって王制を廃し共和制をとる道を選んだ。このとき同時に新たに憲法を制定する制憲選挙も実施され、この新憲法下での最初の国政選挙が、戦後3年目の1948年4月に行われることになったが、制憲議会選挙では、DCと社共両党の票が伯仲する結果となった［Miller 1986, pp. 157-161, 189-190］。そのため、経済的な苦境のなか共産党の躍進が期待される1948年のイタリア国政選挙に、アメリカが強い関心を示したのは無理からぬことであった。だが問題は、民主的な振る舞いを維持しながら、いかにしてイタリアの共産化を阻止するかという点にあった。

　そしてその結果展開されたのが、イタリア系アメリカ人が祖国イタリアの親戚や友人に、共産党に投票しないよう訴える手紙を書いて大量に送付するというキャンペーンだった。この「イタリアへの手紙」キャンペーンのイニシアティヴをとったのは、アメリカのメディア界において大きな力をもっていた民間のイタリア系アメリカ人ジェネロッソ・ポープであった［Wall 2000, pp. 97-98］。彼は、反共的投票行動を呼びかける手紙をイタリアに向け書き始め、自ら経営する『進歩（Il Progresso）』誌でその行動を扱ったことにより、全米の新聞が取り上げるようになった。さらに手紙を書く手間を省いてより多くの人に投函

第6章 「招かれた『帝国』」の冷戦プロパガンダ

してもらうため，すでにメッセージが印刷された手紙の雛形まで用意された。このアイディアを展開したニューヨークの弁護士ヴィクトール・アンファソは，こうした印刷済み手紙の雛形をイタリア人居住地域の教会に配布した［Martinez, Suchman 1950, p. 112］。他に，ニュージャージー州のモンシニョール・モテレオーネという人物も手紙の雛形を用意して教区内で3500通配布し，投函者にただ宛名だけを書いてもらい，教会が回収して切手を貼り郵送に回した［*Life*, April 1948, p. 56］。

　実際に送られた手紙の内容はどのようなものだったのだろうか。最も大量に用いられたとされるアンファソの手紙の雛形にはこう書かれていた。

　　「……4月18日に投票に行くことによって，みなさんは自分の運命だけでなく，おそらく全世界の運命も決めることができるのです。……（中略）……アメリカは，はっきりとしたかたちでイタリアとの友情を示しました。つまり，食糧，石炭，医薬品を積んだ船を送り，復興に必要な資材も与えています。アメリカは何の見返りも求めません。それどころかワシントンでは，イタリアの負債を帳消しにし，今もさらに援助をすることだって計画されているのです。……（中略）……それだけじゃありません。アメリカは，トリエステをイタリアに返還し，国連に入ることも望んでいますが，まだそうなっていないのはロシアが反対しているからなのです。」[7]

　ニュージャージーで使われた手紙の雛形には，以下のように書かれていた。

　　「4月18日は，共産主義者に投票すれば，みなさんロシアの奴隷になってしまいますし，ロシアは宗教，祖国，家族を破壊しようとしているのです。……（中略）……そうではなく，秩序を守る政党，特にデ・ガスペリ党首のキリスト教民主党に投票すれば，子供たちには独立，民主主義，自由が保障されるのです……」［以上，手紙の引用は，Martinez, Suchman 1950, pp. 114-115］。[8]

　また，文字に依存した手紙だけでなく，視覚的効果がより歴然としている絵葉書もニューヨークの「イタリアの民主主義を支援する委員会」によって用意された。図表6-1の絵葉書には，「イタリアの兄弟たちよ……イタリアは自らの手で立ち上がろうとしている。それなのに状況は危うい」というタイトルがつけられ，左には民主主義の勢力が，右には外国の独裁勢力が描かれている。イタリアを擬人化したと思われる中央の人間は，民主主義者たちのいる左の扉

図表6-1 キャンペーンの絵葉書(1)

図表6-2 キャンペーンの絵葉書(2)

出典：Edda and Suchman, 1950, p.116

出典：Edda and Suchman, 1950, p.118

を開けて，右の扉が開かないよう必死で押さえている。そして下には，「今こそ，そしていつまでも自由と独立を！　みなさん，投票へ行こう――民主主義を勝利させよう」という文章が付されていた。また，図表6-2の絵葉書には「墓場が開き，死者がよみがえる」というタイトルがつけられているが，ここに描かれた骸骨はイタリア独立のために犠牲となった祖先であり，共産主義に支配されれば，せっかく自分たちが成し遂げたイタリアの独立と統一が無駄になってしまう，そのことを現代のイタリア人に思い出させるため，骸骨が墓場から蘇って行進しているのである[Martinez, Suchman 1950, p.117]。

　手紙や絵葉書のメッセージには，いくつか共通した特徴がある。まず，共産主義が勝った場合に失うものを強調している点だ。対外援助の打ち切りはもちろん，トリエステの返還や国連加盟といった外交案件も同様であるが，そうした目先のことだけではなく，カトリックの伝統が根強いイタリアでは，共産主義の台頭によって宗教という支柱が失われることが大いに憂慮されたし，同じく伝統的に重視されてきた家族生活が軽視されることも警戒された。図表6-1は，民主主義とイタリアという国そのものが失われることを訴えている。また，図表6-2のように，投票者の愛国心を喚起するパターンもあった。つまり独立を勝ち取り，統一を成し遂げたかつてのイタリアの栄光を想起させ，それが共産主義によって踏みにじられることの恐ろしさを煽ることで，共産主義への投票を阻止しようとした。

第6章 「招かれた『帝国』」の冷戦プロパガンダ

　1948年4月18日、実際にイタリアで議会選挙が行われたが、ふたを開けてみると、あれだけ躍進が予想されていたPCIなどの左派勢力は敗北を喫し、DCの勝利という結果に終わった。PCIとPSIは人民民主戦線という選挙ブロックを形成して臨んだが、1946年に社共両党が獲得した合計得票に比べ、約100万票少ない813万票にとどまり、一方のDCの得票は前回の800万票から1274万票に増え、アメリカを安堵させた［NYT, 24 April 1948; Del Pero 2001, p.1307］。では、事前の予測を覆してDCが勝利を収めた理由はどこにあったのだろうか。

　1948年はヨーロッパ復興計画（マーシャル・プラン）によるアメリカの援助が稼動し始める時期でもあったが、選挙の1ヵ月前に米国務省高官が述べた、共産党が勝てば対伊援助を打ち切るという発言は、苦しい経済状況にあったイタリア国民の投票行動を左右した［FRUS, III, 1948, pp.853-854］。[9]

　NSC-1/2で言及された心理戦争は、このときアメリカ政府によるラジオを利用したプロパガンダというかたちで具体化された。とくに国務省が同盟国に自国の正しい情報を伝えるために設置した海外向けラジオ局、ヴォイス・オブ・アメリカ（VOA）では、ボクシングの前ミドル級王者ロッキー・グラツィアーノ、歌手のビング・クロスビーやダイナ・ショアといった著名人を使い、イタリアに向けて反共メッセージを流し、共産主義が勝てば援助が受けられなくなることをほのめかした［FRUS, III, 1948, pp.822-823, 875-876］。

　また、ヴァチカンを国内にもつイタリアだけに、カトリック勢力もこの反共キャンペーンに与した。1947年秋、ヴァチカンのスポークスマンでもある枢機卿のイルデフォンソ・シャスターは、カトリックとの良好な関係を築こうとしたトリアッティに対して、共産主義を非難する声明を出し、過去の世俗権力との闘争の歴史から、48年選挙には当初積極的な関与を示さなかった当時の教皇ピウス12世も、平信徒の活動組織であるカトリック行動隊（Azzione Cattolica）に対し、ゼネストなどを行う共産主義者の活動に対抗するよう命じた［FRUS, III, 1948, pp.745-746; NYT, 23, 25 Februrary 1948］。

　加えてよく知られているのが、共産主義者の力をそぐためにアメリカの中央情報局（CIA）がDCに秘密資金を供与していたという事実である。CIAローマ支局のジェームズ・アングルトンは、DCやカトリック行動隊など反共の組

織には資金援助を惜しまなかったが，その額について正確な記録は残っていないものの，推定でも1000万～2000万ドル以上が費やされたといわれている［Barnes 1990］。

そして，選挙直前の1948年2月に起きたソ連によるチェコスロヴァキア介入（チェコ危機）が，共産主義の横暴さをイタリア国民にも知らしめたことも否定できないが，同じころイタリア国内で公開された1939年のアメリカ映画『ニノチカ（Ninotchka）』も（敵国であったアメリカの映画は戦時中公開されなかった），グレタ・ガルボ演じる冷酷なロシア人女性エージェントが，イタリア人のソ連に対するイメージを悪化させたといわれている［Cortesi 1949, pp.198-204］。

問題は，本章で取り上げた「イタリアへの手紙」キャンペーンが実際にどこまで効果があったのかということであるが，残念ながら，手紙を受け取った人と投票行動の関連を示すデータが残されていないため，効果を測定することはできない。しかし当時の新聞などから，このキャンペーンに対するイタリア国民の反応をうかがい知ることができる。

イタリア国内の左派勢力は，アメリカからの手紙を国内政治への不当な介入として当然非難した［*NYT*, 1 April, 1948］。選挙前の集会で演説をしたトリアッティは，対伊援助を条件にイタリア国民の投票行動を左右するというアメリカの卑劣なやり方をあげつらい，ソ連がイタリアに小麦を援助してくれる可能性について言及したが，アメリカを支持する野次が飛び交ったため演説は中断された［*NYT*, 10 April, 1948］。また，あるイタリア国民がアメリカに住む兄弟に送った手紙も新聞に紹介されているが，そのイタリア人は，「あなたの助言にしたがって，隣人や家族の多くが共産主義者に投票しないことにしました」と書いており，影響の一端をうかがい知ることができる［*NYT*, 25 April, 1948］。

それでは，このキャンペーンにおいて実際に手紙を書いた側の人たちにはどんな特徴があったのか。コーネル大学社会科学研究センターの研究者がその点について調査している［Martinez, Suchman 1950, pp.122-125］。調査対象となったのは，ニューヨーク州の南部に位置するエルミラという人口5万以上の工業都市であり，教区のリストに掲載された500の家族のなかから無作為抽出により100家族を選び調べている。その結果の内訳をみると，「キャンペーンをやっ

第6章 「招かれた『帝国』」の冷戦プロパガンダ

ていることについて知っていたか」という問いには，100家族のうち87家族が何らかのかたちで耳にし，そのなかの42の家族で1人あるいはそれ以上が手紙を書き，さらに22家族が自分で書いたと答えている。キャンペーンの情報をどこから得たかという問いに対しては，教会からという回答が85パーセントで最も多く，教会でキャンペーンを知った51パーセントが実際に手紙を書いており，教会以外から情報源を得た場合，手紙を書いたのは31パーセントでであった。イタリア系移民はカトリックが多いため，宗教を軽視する共産主義にはことのほか敏感にならざるをえず，キャンペーンに対する反響はそのことを反映していたといえる。[10]

このキャンペーンの特徴としてまず挙げられるのは，通常のプロパガンダとは違って，政府が後景に退き，国民が主体となっている点であろう。確かに，プロパガンダの濫用に警戒心を抱いた民主主義の国アメリカとしては，「下からの」プロパガンダという形態が望ましいことはいうまでもない。だが，これが完全に国民主導ではなかったことにも留意しなければならないだろう。主導者であったポープ自身，デ・ガスペリ訪米に際して彼と会談を行っていたし，NSC-1/2の改訂版として1948年3月に出されたNSC-1/3においては，何よりもアメリカ政府自身が，「一般市民の手紙によるキャンペーンをすぐに開始する」ことを強調していた［*FRUS, III,* 1948, p. 778］。[11] 冷戦期アメリカのプロパガンダ史を検討するにあたっては，制度に基づいた活動が本格化する以前の，トルーマン政権時代も射程に入れなければ，プロパガンダの多様性を捉えることはできないといえよう。

4　むすびにかえて——9・11後のアメリカにおけるプロパガンダと比較して

以上はすでに歴史となった過去の話であり，プロパガンダなどはもはや冷戦の遺物にすぎない，ということに果たしてなるのだろうか。否，冷戦が終わったことによって低下したと思われていた対外プロパガンダの価値が，対象を変えてよみがえったことは周知のとおりだ。2001年9月11日に起きた同時多発テ

ロは，中東を中心としたイスラム教国の間で，アメリカに対するイメージが極度に悪化していることを示す出来事であった。そしてアメリカは，次に中東の国々に対して望ましい自国イメージを売り込むことに奔走する。

同時多発テロ発生後，アメリカはイスラム圏で高まる反米感情を好転させるため，「価値観の共有（Shared Values）」というキャンペーンを展開した。その内容は，普通に生活する一般の在米ムスリムたちが，アメリカに住んでいながらも宗教的寛容を保障され，幸せに暮らしていることを自ら語る，そんな短編CMを世界のイスラム教国（とくに反米感情の強いエジプト，レバノン，ヨルダン，インドネシアなど）に流す，という至極単純なものであった。だが500万ドルの放映権料を払って流すはずだったこのCMは，直前になって，他国の宣伝目的の映像を放映させないという理由でエジプト，レバノン，ヨルダンに拒否され，キャンペーンは効果をあげぬままわずか1ヵ月で打ち切られた。

このキャンペーンの特徴は，推進役としてアメリカ政府（国務省）が後援していた点にあった。その推進機関の「在米ムスリムを理解する委員会（CAMU）」は，民間の非営利組織であり，政治性の薄い組織であることを掲げ中立性を強調していたが，委員長のマリク・ハサン自身が「ブッシュを支持するムスリム」という団体の創設メンバーで，共和党の活動家であったことからもわかるように，内実は，対テロ戦争を推進してきた共和党ブッシュ政権とのつながりが深い，著しく党派的なプロジェクトでもあった。おまけに，「価値観の共有」キャンペーンで用いられたビデオ映像のエンディングには，「CAMUとアメリカ国民の提供」というキャプションが入っていたが，皮肉なことにこのキャンペーンを知っているアメリカ人は少なかった。その意味で，政府よりも国民の主体性を強調する「下からの」プロパガンダという外観をまとった「イタリアへの手紙」キャンペーンに比べると，このキャンペーンは完全に「上からの」プロパガンダと化しており，そこにはアメリカ国民の姿はほとんどみられなかった［スノー 2003, 118-128頁; Plaissance 2005, pp. 250-268］。

本章で検討した「イタリアへの手紙」キャンペーンは，本来，国家プロジェクトであるプロパガンダの担い手が，（たとえそうした外観をまとったにすぎない面があるにせよ）国民であったという点で特異性をもつが，そもそも「プロパ

ガンダ」ということばに潜むコミュニケーションの一方向性，強制性を考えると，それが望ましい自己イメージを相手に与える手段といえるのであろうか。主権国家だけではなく，組織，個人といったさまざまなアクターが多様なかたちで交錯するあり方が「グローバル秩序」だとするならば，その趨勢が強まるであろう21世紀において，自国の真の姿を伝えるエージェントになりうるのはもはや政府だけに限られない。つまり，国境を越えて旅することが当たり前となったわれわれによる個人レベルでの相互理解が，自分たちの帰属するコミュニティの姿を構築していくのである。再び国家によるプロパガンダの時代を迎え，ますます巧妙な宣伝が横行する現在，この基本的事実を忘れてはならないであろう。

⑴ 心理戦争を遂行する本格的な機関として，トルーマン政権末期の1951年4月に心理戦略局（PSB）が設置され，それが軌道に乗ったドワイト・アイゼンハワー政権時代に冷戦初期プロパガンダの研究は集中しているが，PSBのような制度面のみに着目するだけでは，アメリカの多様なプロパガンダ活動を射程におさめることはできない。「プロパガンダ」や「心理戦争」といった用語の定義やアメリカにおけるそうした活動の特質については，[Cull 2008] を参照。
⑵ 本節は，冷戦史研究のキー概念を米伊関係の中に位置づけることに主眼が置かれているため，DCとPCIの対立を検討するうえで欠かせないイタリア国内の要因についてはほとんど言及していない。そうした点については [髙橋 1992] などを参照。
⑶ 一見複雑にみえるが，占領期の日本を例にとれば容易に理解できる。すなわち，ソ連がイデオロギー的に同質な日本共産党と提携したのに対し，アメリカ（つまりGHQ）は，民主主義の安定という政治的理由から，当初は保守政党ではなくイデオロギー的に異質な社会党などの中道勢力を支持した。これは③の類型に該当する。なおここでは，最初にこの視角を用いた坂本義和の議論に修正を加えた [五十嵐 1988] に依拠している。
⑷ 吉田とデ・ガスペリを比較した研究として [サミュエルズ 2007，第8章] を挙げておく。なお「コラボレーター」概念は，植民地統治の成功の要因が「支配する側」よりも「支配される側」にあることを見出したロナルド・ロビンソンのイギリス帝国研究から生まれたものであるが，これを冷戦史研究に適用しアメリカの対アジア政策の分析に拡張したものとして，[菅 2006] がある。また，アメリカ同盟諸国の階層性を指摘するウォルター・ミードの議論や，「帝国」と「ヘゲモニー国家」の違いについては，本書序論を参照。
⑸ チャールズ・メイアーはこうしたアメリカの西欧コミットメントを「合意によるヘゲモニー（Consensual hegemony）」とよんだが，マリオ・デル・ペロもメイアーの概念を用いて，選挙で選ばれたイタリアの支配エリートがアメリカを招き入れた点を重視している [Maier 1994, pp. 155-156; Del Pero 2003, p. 534]。

第Ⅱ部　ヘゲモン／帝国としてのアメリカ合衆国の形成と展開

(6)　戦後アメリカにおける心理戦争の起源となった文書 NSC-4 は，その重要性にもかかわらず，長らく利用しやすいかたちで公刊されなかったが，50年近くを経て刊行された諜報機関に関する文書を採録した FRUS の巻にようやく掲載された。
(7)　イタリア半島東部の付け根にあるトリエステは，第二次世界大戦末期に，北部が連合国に，南部が隣国のユーゴスラヴィアにそれぞれ占領され，対伊講和条約では，イタリアには返されず自由地域となることが決まっていた。そのトリエステのイタリアへの返還を1948年選挙に際して利用することについて，NSC-1/3 は言及している（なお，北部のトリエステ市は1954年イタリアに返還された）［*FRUS, III*, 1948, pp. 778–779］。
(8)　本節で言及する手紙や絵葉書の文章はイタリア語で書かれたものであるが，ここでは同論文に掲載された英訳を引用している。
(9)　比較政治学者によるイタリアのマーシャル・プラン受け入れに関する詳細な研究として，［伊藤 2003］がある。
(10)　戦前のイタリア系アメリカ人のなかには，偉大なるローマ帝国の復活を掲げた祖国の政治家ムソリーニに対し敬意を抱く者が多かったが，第二次世界大戦に参戦したイタリアがアメリカの敵国となったことにより，イタリア系移民は一時期アメリカ社会から疎外されるようになった。その意味で，この手紙キャンペーンに参加し，アメリカ政府に反共の忠誠を誓うということは，従来の二級市民的な扱いから脱し，アメリカ国民として統合されることを意味した［Luconi 2000, p. 285］。
(11)　FRUS に収められた NSC-1/3 は，秘密工作について言及した2つのパラグラフが削除されている［Miller 1983, p. 47］。

【参考文献】（一次資料や新聞・雑誌記事については，本文中の引用を参照）

五十嵐武士（1988）「アメリカの占領政策と国際関係」日本現代史研究会編『戦後体制の形成』大月書店

伊藤武（2003）『再建・発展・軍事化──マーシャル・プランめぐる政策調整とイタリア第一共和政の形成（1947年〜1952年）』東京大学社会科学研究所

菅英輝（2006）「アメリカのヘゲモニーとアジアの秩序形成，1945年〜1965年」渡辺昭一編『帝国の終焉とアメリカ──アジア国際秩序の再編』山川出版社

サミュエルズ，R. J.（鶴田知佳子，村田久美子訳）（2007）『マキァヴェッリの子どもたち──日伊の政治指導者は何を成し遂げ，何を残したか』東洋経済新報社

スノー，N.（福間良明訳）（2004）『情報戦争──9・11以降のアメリカにおけるプロパガンダ』岩波書店

高橋進（1992）「イタリアにおける戦後体制の形成と冷戦」石井修編著『1940年代ヨーロッパの政治と冷戦』ミネルヴァ書房

Barnes, T. (1990) "Democratic Deception : American Covert Operations in Post-War Europe," in Charters, D. A. et al. eds., *Deception Operations : Studies in the East-West Context,* London, Brassey's

Cortesi, A. (1949), "Report from Italy," in Markel, L. ed., *Public Opinion and Foreign Policy,* Freeport, N. Y., Harper

Cull, N. J. (2008), *The Cold War and the United States Information Agency : American*

Propaganda and Public Diplomacy, 1945-1989, Cambridge, Cambridge University Press

Del Pero, M. (2001), "The United States and 'Psychological Warfare' in Italy, 1948-1955," *Journal of American History*, vol. 87

——— (2003), "Containing Containment: Rethinking Italy's Experience During the Cold War," *Journal of Modern Italian Studies*, vol. 8, no. 4

Luconi, S. (2000), "Anticommunism, Americanization, and Ethnic Identity: Italian Americans and the 1948 Parliamentary Elections in Italy," *The Historian*, vol. 62, no. 2

Lundestad, G. (2003), The *United States and Western Europe since 1945 : From "Empire" by Invitation to Transatlantic Drift*, Oxford, Oxford University Press

Maier, C. (1994), "Alliance and Autonomy," in Leffler, M. et al. eds., *Origins of the Cold War : An International History*, London, Routledge

Martinez, E., Suchman, E. A. (1950), "Letters from America and the 1948 Election in Italy," *Public Opinion Quarterly*, vol. 14, no. 1

Miller, J. E. (1983), "Taking Off the Gloves: The United States and the Italian Elections of 1948," *Diplomatic History*, vol. 7, no. 1

——— (1986), *The United States and Italy, 1940-1950 : The Politics and Diplomacy of Stabilization*, Chapel Hill, University of North Carolina Press

Plaisance, P. (2005), "The Propaganda War on Terrorism: An Analysis of the United States' 'Shared Values' Public-Diplomacy Campaign After September 11, 2001," *Journal of Mass Media Ethics*, vol. 20, no. 4

Pons, S. (2001), "Stalin, Togliatti, and the Origins of the Cold War in Europe," *Journal of Cold War Studies*, vol. 3, no. 2

Wall, W. L. (2000), "America's 'Best Propagandists': Italian Americans and the 1948 'Letters to Italy' Campaign," in Appy, C. G. ed., *Cold War Construction : The Political Culture of United States Imperialism, 1945-1963*, Amherst, University of Massachusetts Press

7 ヘゲモニー国家の帝国への志向とその挫折
──1961年の米国・ベトナム共和国関係を事例に

筧　雅貴

1　はじめに

　地球規模での秩序を捉える視点として，帝国に注目が集まってすでに久しい。だがその定義は論者によってさまざまであり，またそれはヘゲモニーという（これまた多義的である）語と互換的に使用される場合もある。そこでここでは，帝国とヘゲモニーを概念的に整理したマイケル・ドイルの議論に注目する［菅 2008］。それによると，中心の政治組織が周辺の政治組織の対内・対外政策を統制する場合は帝国，対外政策のみ統制する場合はヘゲモニーと定義される［Doyle 1986, pp. 12, 40, 44］。

　この概念区分に批判がないわけではない。たとえば，ドイルは2つの政治組織の関係から帝国を定義しているが，それは人々が一般的に想定している帝国像，「中核と様々な周辺よりなる政治体の総体」［小野沢 2005, 95頁］とは明らかに異なる。だがそうであるとしても，ドイルの定義を利用することで，2つの政治組織間の関係の垂直的側面が明示的になるだけでなく，たとえばヘゲモニー国家による支配から帝国による支配へという支配関係の変化をも捉えることができる。帝国概念を最も包括的かつ体系的に整理した山本吉宣は，国家の位相の変化ということで，普通の大国→ヘゲモニー国家，普通の大国→帝国，ヘゲモニー国家→帝国，そしてこれらの逆のベクトルを想定し，帝国への契機を支配を受ける側の国内政治情勢の動向に見出している［山本 2006, 156, 168-170頁］。だが山本の主たる関心は，米国を帝国とみなし，米国を頂点にした冷戦後の階層的国際システムを帝国システムとして論じるところにあり，ヘゲモニー国家による支配から帝国による支配へという変化を実証的に論じているわ

けではない。したがって本章では、具体的な二国間関係を取り上げ、ヘゲモニー国家が他国との関係において、何を契機に帝国を志向したのか、その実現のためにいかなる手法を検討し、また用いたのか、その際にどのような困難に直面したのかを考察する。

そこで注目するのが、1961年の米国・ベトナム共和国（南ベトナム）関係である。というのも1961年に誕生したケネディ政権こそ、南ベトナムによる国内主権の行使を統制しようと一貫して試みたからである（1958年以降、徐々にその傾向は現れていたが）[Macdonald 1992, p. 187]。ゆえに本章は、ヘゲモニー国家が他国の対外政策だけでなく、国内政策も統制する帝国的支配を目指した契機、その目的で検討・実施された手法、その際に直面した障害を考察するために、ケネディ政権誕生の直前からその最初の一年の南ベトナムとの関係に注目するのである。

従来、米国・南ベトナム関係は、それが中心的に論じられようと [たとえば、Catton 2002; Jacobs 2006]、（膨大な研究上の蓄積のある）米国のベトナムへの軍事介入過程を詳細に論じる中で取り扱われようと [たとえば、松岡 1999]、そのほとんどがベトナムでの戦いが「米国の戦争」と化していく文脈で研究されてきた。本章がドイルの議論を用いるのは、この両国関係を「米国の戦争」化とは異なる文脈に位置づけて分析するためである。これまでにもドイルの定義した帝国とヘゲモニーの概念を使った研究はあり、渡辺昭一は第二次世界大戦後のアジア秩序の再編にある帝国的支配からヘゲモニー支配への移行の側面に光を当て [渡辺 2006, 8頁]、菅英輝は米国がアジア各国との関係でヘゲモニーを確立できたのかどうか、できた場合、どのような特徴や問題があるのかを、アメリカに協力する指導者の存在の有無や彼らの姿勢との関係に着目して明らかにしてきた [菅 2006, 2007]。そうした先行研究を受けて、米国のヘゲモニー支配の下で進められてきた戦後アジアの国際秩序形成という文脈で、米国・南ベトナム関係を論じるのが本章である。

2 帝国志向のベクトル

(1) ヘゲモニー国家としての米国

　南ベトナムとの関係で，ヘゲモニー国家である米国が帝国的支配を目指したことを論じようとするなら，まず米国がヘゲモニー国家であったことを示す必要がある。つまり，南ベトナムによる対外主権の行使が米国の管理下にある一方で，その国内主権の行使は米国の統制下にないことを明らかにしなければならない。

　当時の南ベトナムは，1963年にみられたジェム体制と共産主義勢力の接触の噂，また第三者を介した南北ベトナム間のやり取りのように［Maneli 1971, pp. 112-152; 松岡 2008, 8-16頁］，米国の冷戦政策に挑戦するようなことをしておらず，その対外政策は米国の定めた枠組みのなかで完結していた。

　また米国は戦後国際秩序原則として，開かれた国際経済，リベラル・ガヴァナンス，人権，自決などのリベラルな原則を採用した［Latham 1997, pp. 21-33］。しかしこの秩序への参加資格は，これらの原則を忠実に採用しているかどうかではなく，実際には部分的にしか満たしていない右派独裁体制の国家も参加していた。なぜならリベラルな原則の完全な採用を強く求めることで，結果的にそれらの国家が共産化すれば，共産主義と戦う米国にとって元も子もないからである。そのためリベラルな原則が遵守されているかどうかよりも，米国主導の秩序に当該諸国を留めることが優先されたのである［Latham 1997, pp. 154-155］。

　南ベトナムはその典型である。ジョン・ケネディの補佐官を勤めたアーサー・シュレジンガーJr.は，ゴ・ジン・ジェムが安定した国内統治に必要とされる改革を実施しなかったことを，アイゼンハワー政権が見逃してきたと回顧する［Schlesinger, Jr. 1965, p. 538］。だが1954年10月23日にドワイト・アイゼンハワーからベトナム国（ベトナム共和国の前身）首相ジェムに伝えられたことは，米国からの援助の約束とともに，ジェムがこれに必要な改革で応じること

第7章　ヘゲモニー国家の帝国への志向とその挫折

への「期待」であって，要求ではなかった［DOS 1954, p.735］。したがって，基本的にアイゼンハワー政権は，改革の実施を迫るという形で，ジェムの国内政策を統制していたわけでも，またそうしようと必死になっていたわけでもなかった。この意味で，ジェムの国内主権の行使は米国による管理を免れていた。

(2) 帝国的支配の契機

　ヘゲモニー国家が帝国を志向し，統制を国内政策にまで広げ，帝国的支配を課そうとした契機は何か。もちろん多様な要因が複雑に絡み合っているだろうが，ロナルド・ロビンソンや菅が指摘するように［Robinson 1972; 菅 2006, 2007］，支配の形態や性格を明らかにするには，支配を被る側に注目する必要がある。そこで本章も被支配の側に焦点を当て，ヘゲモニー国家が帝国的支配に訴える契機を探る。

　アイゼンハワー政権と右派独裁体制の関係を論じたデーヴィッド・シュミッツは，1956年のジョン・ダレス国務長官の発言を引用して，次のように述べる。「［彼らの］『国内政策の手法をいつも好むわけではない』。だが彼らが安定を提供する限り……（中略）……『彼らの国内問題に介入する』根拠はない」［Schmitz 1999, pp.215-216］。本章に即せば，右派独裁体制が採用する国内統治手法がどうであれ，国内の安定が維持される限り，米国が介入する必要はない。逆にいえば，右派独裁体制が国内の安定を確保できなければ，それを回復するための介入が始まる。したがって注目すべきは，ジェムの統治手法が国内に安定をもたらしているかどうかである。「ジェモクラシー（Diemocracy）」と揶揄されるそれは，デモクラシーとは全く逆の独裁体制であった。共産主義者であろうとなかろうと，体制に批判的な人々を徹底的に取り締まることで，ジェムは体制の支配を固めた。最終的に，こうしたやり方が体制への敵意をますます高めることになる［Jacobs 2006, pp.89-90］。だがそれでもしばらくは，国内の安定は維持されていた。たとえば，米国務省は1959年5月，「概して人々の間では，広範囲にわたる反抗的姿勢を示すものはない」と報告している。ただし，体制への「草の根の支持」もなかった［Kolko 1994, p.96］。

　事態は1960年には一変した。第1に，12月の南ベトナム解放民族戦線設立が

121

象徴するように、反ジェム闘争が政治的にも軍事的にも強化された。第2に、ジェム体制への不満が非共産主義者の間でも広がり、顕在化していた。4月には18名の著名な反共主義者がジェムへの失望を表明し、政治、経済、軍事などの分野で改革を求め、11月には軍の一部がクーデタを決行し、体制が崩壊の瀬戸際まで追い込まれる事態が発生した。アイゼンハワー政権は1960年8月23日付特別国家情報評価（Special National Intelligence Estimate）のなかで、事態の悪化が「食い止められないなら、間違いなくいずれジェム体制の崩壊を引き起こすだろう」と予測した。エルブリッジ・ダーブロウ駐ベトナム共和国大使は南ベトナムの安定がひどく脅かされているとみなし、10月14日にジェムに手渡した覚書のなかで、「通常なら我々にはどうでもいい」国内問題で、「あなたを助けるための適切な措置が何であるのかについての判断」を率直に伝えることを申し出た［DOS 1986, pp. 537, 599］。

　これは単なる助言を行うということではない。4月の改革要求も11月のクーデタも、ジェムに辞職ではなく、統治手法の変更を求めていた［Jacobs 2006, p. 117］。またアイゼンハワー政権下で準備され、ケネディ政権が承認した、南ベトナム内での共産主義者の反乱を打ち負かすための反乱鎮圧計画（Counterinsurgency Plan, 以下、CIP）では、さしあたり「ジェム政府こそがベトコンの脅威を打ち負かす最善の希望である」ことが確認された。ただしそれには、ジェムに十分な軍事力が与えられるとともに、「必要な矯正措置が取られるなら」という留保が付けられていた。つまり、反共体制がベトナム南部を引き続き防衛するのにジェム以外の指導者はいないが、そのジェムの統治手法が国内の安定を著しく揺さぶっているなら、それを改めさせる必要がある。5月10日付ウォルト・ロストウ大統領次席特別補佐官からケネディ宛覚書にあるように、このことはベトナム南部を共産主義者に奪われないようにするために、ジェムに「すべきであるがしたがらないことをさせる」［DOS 1988, pp. 7, 131］、すなわちジェムがそれまで自由に行ってきた国内政策を管理することを意味した。ここにヘゲモニー国家が帝国的支配に乗り出す契機を確認できる。

3　帝国的支配の手法と付随する問題

(1) 二大政党制構想

　CIPによれば，共産主義者の反乱を助長している要因の1つは，ジェム体制と国民の間に意思疎通がないことであった［DOS 1988, pp. 2, 6］。したがって，国内の安定の回復には，体制と国民が一体となって共産主義と戦うよう人々の体制からの離反を終わらせる必要があった。この一環としてジェムに提案されたのが，反体制派の反共主義者の入閣である。

　実はワシントンでは，同様の目的から別の試みが検討された。1月上旬にベトナム共和国を視察したエドワード・ランズデール准将は，1月17日付トーマス・ゲイツ国防長官宛覚書で，もし反体制派の「エネルギーが素早く建設的な政治的任務に向けられないなら，それらは破壊的な政治的努力へと発展するだろう」と警告し，「反体制派とのより一層の建設的努力」を勧告した。そのためサイゴンにいる米国人には，「多くの反体制派を1つの組織にまとめて野党を作り，この新しい一団が……（中略）……誠実な野党の役割を担うよう強烈に影響力を行使する任務が与えられるべき」であった。またランズデールは，1月30日付ジェム宛書簡で，反体制派が共産主義から国家を救う計画に応じるなら，「たとえそれが1つの強力な野党の誕生を意味するとしても，彼らの足を引っ張らないと彼らに保証するのはどうか」と提案した［DOD 1971, Book 11, pp. 4-5, 9-10; DOS 1988, pp. 22-23］。これは反体制派の反共主義者の入閣とは異なり，彼らを1つの政治勢力として，議会内でその立場を保証する点に特徴がある。そのため彼らの活動が地下に潜伏するのを阻止し，彼らを反体制活動から反共闘争に向けるのを助けるだけでなく，事実上野党のない議会に反体制派が存在することになれば，有名無実化していた議会が活性化され，ジェムの恣意的な権力行使に歯止めがかかる可能性を秘めていた。

　だが，それはケネディ政権内での検討で終わっている。待ったをかけたのは，1月31日付米国務省宛電報で，「反体制派が建設的な批判を行うためのはけ

口」の必要性に言及したダーブロウである。その理由の1つが，ジェムとの関係に及ぼす悪影響である。ダーブロウは，一方で「ばらばらの非共産主義者の反体制派を1つにまとまった誠実な野党にしようとするわれわれの側のいかなる努力も……（中略）……米国がジェムを取り替えたがっているという誤った考えをもたらし，ジェムを失脚させる現実的努力へと容易に発展するかもしれない」ことを，他方でこの努力はジェムに「体制への致命的なダメージ」とみなされ，結果として「われわれが行うかもしれないどんな公式の励みとなる声明も効果をなくす」ことを恐れていた［DOS 1988, p. 27］。そこでランズデールは，米国が二大政党制に向け努力するのに，ジェム支持をはっきりと示すよう要求した。「米国が共産主義者と同じように，悪意をもって攻撃している」と感じ，「自衛のために引きこもって」いるジェムを安心させるためである［DOD 1971, 11, p. 4］。ランズデールは米国がジェム支持を明示し，ジェムの不安を解消させたうえで，反体制派を1つにまとめるよう訴えた。

しかしダーブロウは，CIPの実施に向けてジェムと交渉する段階でジェム支持を公言することには反対であると表明した。これまで米国は，国民からの支持を獲得するには統治の改善が必要とジェムに主張してきたが，成果は乏しかった。こうしたなかでジェム支持を公にはっきりと述べることは，「われわれはジェムが何をしようとも彼を支持する以外に選択肢をもたないことを，ジェムにさらに確信させるかもしれない」。そうなれば，ジェムは「しなければならない必要な行動をさらに先延ばしにするだろう」［DOS 1988, p. 26］。ダーブロウからすると，ジェム以外の駒をもたない米国の手の内を暴露し，ジェムに「すべきであるがしたがらないことをさせる」のに助けとならないジェム支持の公言，またそれとセットの二大政党制構想は受け入れられなかった。代わりにダーブロウは，ジェムに行動を迫るために，交換条件ベースの援助を主張した。

(2) 交換条件ベースの援助

ダーブロウは1月4日付米国務省宛特電で，必要とあらば，ジェムにCIPの受け入れを「強制する」ための行動を検討するよう求めた。ディーン・ラス

ク国務長官は2月3日付サイゴン宛電報で，CIPの成功には両国の協力が不可欠であるので，ジェムの協力が不十分と判断されるなら，「米国からの資金提供の延期を含んでもよい勧告」を送るよう命じた［DOD 1971, 10, p.1359；DOD 1971, 11, p.16］。ジェムの協力がCIPへの同意を意味するのか，それともCIPの各項目の実施なのかは明らかではない。だが，米国の援助をジェムの協力次第にするよう申し出ることが大使に認められたわけである。

　もっとも，ダーブロウが即そうしたわけではない。ジェムは「ゆっくり」とではあるが，「われわれが求めてきた方向」に進んでいると2月8日付国務省宛電報は伝えた。2月6日，ジェムは政府権力の分散などの改革を発表した［DOS 1988, pp.29, 30］。2月末から3月下旬にかけての米国務省宛電報は，CIPのいくつかの項目での進展を伝えた。その1つである3月16日付電報は，ジェムが「初めて」CIPに感謝を表明し，「できる限りの実施を約束」したと付け加えた［DOS 1988, p.51］。

　だが，ダーブロウは3月8日付米国務省宛電報で，米国が強く求めなければ，ジェムは「必要な行動を先送りし続ける」と案じた。そこでサイゴン大使館は，3月16日付電報では両国がCIPの細部を議論するまで，また3月11日付米国務省宛電報では提案事項が実施されるまで，「われわれの側で完全なゴーサインを与えることができるとは思わない」と報告した［DOS 1988, pp.42, 51；VNSF 1987, Reel 1：Frame 44］。つまりダーブロウは，まずジェムに具体的で速やかな行動を求める姿勢を堅持していた。

　たとえばダーブロウは2月6日発表の改革の実施を求めていたが，ジェムはなかなか応じなかった。4月12日付米国務省宛電報によると，ダーブロウが「ますます多くのベトナムの人々が，改革措置が取られるのかどうか疑い始めている」と伝え，「緊急の必要性を強調」しても，「改革が発表される日ははっきりとしない」ままであった［DOS 1988, p.70］。そしてダーブロウは同日付の別の電報で，ジェムがCIPを実施しないなら，すでに決定済みのベトナム共和国軍15万を17万に強化するための軍事援助を提供できないという趣旨の命令を送るよう要請した［VNSF 1987, 1：113］。

　しかし，ケネディ政権はこれに応じなかった。このことは，米国がジェムに

行動を求めることを放棄したということではない。ダーブロウは4月15日付米国務省宛電報で，ジェムから行動を引き出すために，ジェムが気にしている2万の兵力増員分への装備調達をジェムには伝えないで進めることを提案した。5月3日付米国務省宛電報によれば，ダーブロウは，2月6日発表の改革の実施が，この問題で「私が『ゴーサイン』を出すのに必要」であり，「最低限の行動が，まずベトナム政府によってなされなければならない」と主張している［*VNSF* 1987, 1:114-119, 275］。問題は，なぜ米国はジェムの行動次第では援助停止も辞さないという強い姿勢に出られなかったかである。ロストウが4月12日付ケネディ宛覚書で，安定した国内統治の実践のためにジェムに「すぐに行動するよう説得する方策」を，検討課題の1つとして提案していたにもかかわらずである［DOS 1988, p. 68］。

その原因は，第1に，援助差し止めが共産主義者との戦争を妨げるという心配である。何よりも軍事問題解決の優先を主張したのが軍である。たとえば，5月6日付ライオネル・マクガー軍事援助顧問団長からハリー・フェルト太平洋軍司令官宛電報によれば，ライマン・レムニッツァー統合参謀本部議長は，事態は軍事的手法で解決できるので，改革を訴える間に軍の強化が遅れることに不満を抱いていた［DOS 1988, p. 90］。大統領以下も，これに無関心ではなかった。CIPの完全実施までジェムが共産主義者の攻勢にもちこたえられるのかというケネディの心配を受け，ラスクはベトナム政府による「CIP承認を待つことなく」直ちに実施すべき行動の1つとして，ベトナムへの軍事援助計画に高い優先順位を付与することを3月1日付サイゴン宛電報で求めた。ダーブロウはそのような行動の必要性を3月8日付電報で認め，ジェムには知らせずに2万の兵力強化分の装備調達を進めることを4月15日付電報で提案した［DOS 1988, pp. 40, 41, 42 ; *VNSF* 1987, 1:114-119］。

第2に，大使交代のタイミングである。ロストウは4月15日付ケネディ宛覚書で，ダーブロウの勧告をジェムへの「最後通牒」で「浅はか」と断じ，「われわれは当然ジェムと交渉しなければいけない……（中略）……だが現在，それをする時期でも，また環境でもない」と述べ，新大使フレデリック・ノルティングのもとでの交渉を示唆した。つまり6月に駐タイ大使となるケネス・ヤ

ングが，4月29日付マクジョージ・バンディ大統領特別補佐官宛覚書で示したように，「新大使のもとで，ベトナムでの新しい章」の模索が始まっていた [DOS 1988, p.72; *VNSF* 1987, 1:190]。

以上の理由のため，援助をジェムの行動次第にするという試みは採用されなかった。また兵力増員分への支援開始をジェムから隠し，米国の態度をあいまいにすることでジェムの行動を引き出す手法によっても，ダーブロウは期待した成果を得られなかった [*VNSF* 1987, 1:278]。だがケネディ政権が，これで万策尽きたわけではない。国家安全保障行動覚書（National Security Action Memorandum）第52号の土台となる5月3日付米国務省案は，「積極的な動機」と「控えめな圧力」を組み合わせることで，「既存の統治構造，もしくはその目標に重大な変更をもたらす」ことができると表明した [DOS 1988, p.97]。このことはジェムに行動を促すうえで，控えめであっても圧力のみではうまくいかない，行動を動機づける誘因が必要であるということを示唆している。

(3) 対米信頼の獲得

米国務省はジェムの国内統治を改善するのに，米国が採用する方針を2つ提案した。1つは「ジェムとその政府の米国への信頼性を高める」こと，もう1つは「ベトナムで，人々のジェムへの支持を強化する」ことである。なかでも，「ベトナムに対するわれわれの新しいアプローチの第一歩」とされたのが，ジェムの対米信頼の強化である。この成功は「ノルティングがジェムと波長を合わせる能力」にかかっており，新大使がジェムから対米信頼を獲得することが重視された [DOS 1988, pp.96-97, 99]。ヤングがいうには，ジェムにとって「過酷で同意できないことをするための動機と信頼」こそ [*VNSF* 1987, 1:192]，ジェムが行動するカギであった。

だが対米信頼の増大をテコにしてジェムに行動を促すのに，ジェムと波長を合わさなければならないなら，米国がジェムに向けた国内統治手法の改善要求は鈍らざるをえない。これまで権力を独占してきた指導者は，それを緩和することで多くを失うのではないかと恐れ [Macdonald 1992, p.48]，そうした要求に応じたがらない。そのためジェムの考え方に従うのであるなら，一方でジェ

第Ⅱ部　ヘゲモン／帝国としてのアメリカ合衆国の形成と展開

ムが望まないことを迫るのは不可能であるし，他方でジェムの行うことを受け入れざるをえない。

　ジェム政府の再編問題は，その一例である［松岡 1999, 239-241頁］。5月28日付米国務省宛電報は，ジェムが2月に約束していた政府再編の実施を伝え，翌日に内閣改造が行われた。ノルティングはこれを「批判的にみる」よりは，「正しい方向への幸先の良い歩みとして受け入れる準備」をするよう提案した。しかし6月2日付米国務省宛電報によれば，南ベトナムのある外交官は，この改造はジェムには国内統治方法を変える気がないことの証拠であるとして，辞職の考えをサイゴン大使館に伝えた。しかも複数の有力な外交官が，同様の決意をしていた［VNSF 1987, 1：430-431, 474-477］。ベトナム軍の兵力についても同様である。ノルティングは5月23日付米国務省宛電報で，ジェムが求めるならと断ったうえで，それを20万まで強化するのが賢明と主張した。ジェムの求めに前向きに応じることで，他の問題でジェムから協力を得られるとノルティングは信じていた［VNSF 1987, 1：400-401］。だが，このアメが機能する保証はない。5月4日のベトナム特別作業班第2回会合の覚書草案によれば，CIAから参加したデズモンド・フィッツジェラルドは，15万から17万への兵力強化もジェムの譲歩を引き出すアメであると述べた［DOS 1988, p.120］。しかしこの経費の負担をめぐって，ジェムから譲歩を引き出すのは至難であった。

　ノルティングは，米国がジェムの国内統治を改善できるかどうかは，「ジェムがわれわれに抱く信頼に比例して」いる，だから「ジェムを支持するにあたって，道徳的根拠を気にするべきではない」と7月14日付米国務省宛電報で訴えた［DOS 1988, p.218］。では，ノルティングのやり方によってもたらされた結果はというと，米国務省の10月11日付文書によれば，ジェムは「国民の間で，その政治的立場をほとんど改善していなかったし，国家の結束を十分に進めていなかった」。9月には共産主義者は攻勢を強め，国内情勢は混迷を深めていた［DOS 1988, p.338; DOD 1971, 2, IV. B. 1, p.72］。こうした状況下，ケネディの要請を受け，10月後半に使節団を率いて南ベトナムを視察した大統領の軍事顧問マクスウェル・テイラーは，「ジェム大統領と協議して決められた形式と人数で，南ベトナムの政府機構に配置する」ための米国人行政官派遣を勧告する

に至る［DOS 1988, p. 480］。

(4) 米国人行政官派遣の提案

　行政官を派遣する側が，彼らを介して「現地社会の重大な決定に対し統制を課すことが，現地の自治や日常的に保たれた国内の政治的，社会的な安定の中に制度化される」というのが，帝国的支配の手法としての行政官派遣である［Williams 1964, p. 39］。米国務省から使節団に参加したスターリング・コットレルは10月27日付テイラー宛覚書で，ジェムは自らの統治スタイルを根本的に変えようとする提案に応じないだろうから，「ベトナム政府をトップ・ダウン式に改革する」のではなく，「われわれの努力をボトム・アップ式に強力に進めていく」ことを提案した。これは体制を国民にとって身近にするために，国内統治手法を改善するようジェムを説得し，その実施をジェムに任せるのではなく，米国人が南ベトナムの人々との「提携をあらゆる水準で進め」て，ジェムを指導者として維持したまま，その「行政手法に事実上の変更を引き起こす」試みであった［DOS 1988, pp. 489, 505, 507］。

　テイラーの提案は11月22日にケネディに承認され，「両国政府によって合意された形式と人数で，南ベトナムの政府機構のために行政官と顧問を提供する」こととなった。そして交渉を経て成立した12月4日付の両国の合意によると，「ベトナム政府は米国人顧問を軍組織をはじめ，特定のベトナム政府行政機関に受け入れる」が，「ただしベトナム政府の要請を必要」とし，「相互の合意によって，またこの合意をケース・バイ・ケースで実践することが必要」とされた［DOS 1988, pp. 657, 715］。ジェムは米国人行政官派遣に同意したが，それはベトナム共和国からの派遣要請や派遣の個別的実践という条件付きだったのである。

　これらの条件を提示したのは，ジェムである。両国間で合意が成立する直前の12月3日付米国務省宛電報によれば，ジェムは「選択と要請に基づいて，特定の米国人が我が政府を強化するのを手助けできる」と伝えた。このときノルティングは，ジェムからの反発（後述）ではない初めての提案を持ち帰って検討することなく，これこそ「まさにわれわれの考えていたこと」と述べ，その

場でジェムとの合意に道筋をつけた。実のところ，ケネディ政権内では米国人行政官派遣についてほとんど議論されていない。テイラーは，「ジェム大統領と協議して決められた形式と人数」での実施を勧告したが，米国はこれらの点でどのような立場でジェムと協議するのかをはっきりさせないまま，ケネディは「両国政府によって合意された形式と人数」で実施することを決定したのである。そしてジェムとの交渉の間も，米国人行政官派遣の実施には「両国の合意」が必要という以外，米国は何ら具体的なことに言及していなかったのである。だがワシントンは，このノルティングの行動を問題視せず，米国務省は12月5日付サイゴン宛電報で，大統領からの高い評価をノルティングに伝えた［DOS 1988, pp. 676, 709–710, 716］。ジェムからの逆提案が，米国人行政官派遣を容易にするというよりは困難にするものであったにもかかわらずである。なぜなら派遣までに満たすべき条件が増えたことに加えて，派遣にあたりそれを要請するのはジェムであり，またその実施も一律ではなく個別に行うと規定され，ジェムが派遣の実施でイニシアチブを握ることになったからである。では，なぜ米国はジェムの言い分で，つまり帝国的支配の手法としての米国人行政官派遣に助けになるとはいえない形で合意に応じたのか。

　背景にあるのは，ジェムが強烈にベトナム共和国の主権を主張したことである。11月18日付米国務省宛電報によれば，ジェムは「ベトナムは保護国になるのを望まない」と述べ，米国の提案に反発した。22日付米国務省宛電報は，ジェムが「米国はわずかばかりの追加の援助と引き換えに，ベトナム政府に主権の領域において重大な譲歩を要求している」と不満を表明したと伝えた。12月1日付米国務省宛電報によると，ジェムは自らの「政府への米国の影響力が，もし公然と知れ渡るなら都合が悪い」と不安を感じていた。もしそうなれば，12月3日付電報にあるように，「ナショナリストはそれに憤慨し，共産主義者はそれを利用する」からである［DOS 1988, pp. 643, 650, 706, 709］。ジェムのような反共ナショナリストは，米国に協力しなければ共産主義者呼ばわりされ，協力すれば米国の操り人形とみなされる立場にあった。したがってジェムは，米国との提携が米国への従属でないことを示すために，ケネディの提案に容易には応じられず，米国に抵抗することで自らの独立を示す必要があったのであ

る［Don 1978, p.10; コルビー 1978, 123頁］。そのためワシントンでも，12月12日付米国務省発パリ宛電報にあるように，南ベトナムを「『乗っ取った』とか，『ビック・パートナー』という関係を強調するいかなる外観も避けなければならない」という配慮が働くことになった。さもなければ，米国は「かつての主人フランスの役割を担って」いるとか，南ベトナムは「米国の操り人形体制」であるという共産主義者の批判に根拠を与えてしまうからである［DOS 1988, pp.728-729］そうしないためにも，「ベトナムの主権を遵守し，それに敬意を払うことは，戦争遂行への効果的なアメリカの影響力を著しく妨害するものであっても望ましかった［Mecklin 1965, pp.20-21］」のである。

つまり，両国はベトナム共和国の主権国家としての立場，とくにその「外観」を守る必要を感じていた。その意味で，第1にジェムが米国の提案に反発し続け，その後に自らの条件で逆提案する，米国がそれを受け入れ，両国の合意が成立するという交渉過程，第2にジェムが米国人行政官派遣の実施で決定権を握るという両国の合意内容は，ベトナム共和国の主権者が自らであるという外観を守るためであった。しかし，このような形でしか両国の合意が成立しなかったために，米国人行政官派遣は不可能ではないにしても困難になるとともに，帝国的支配の手法としても事実上の失敗であった。

4 おわりに

以上の分析から，次の点を指摘し，本章のまとめとしたい。

第1に，米国が南ベトナムへの帝国的支配を目指す契機は，ジェムの統治への不満の高まりから国内の安定がひどく脅かされるようになり，しかもジェムに代わる指導者不在という環境でそれが起こったことに求められる。ジェムに代わる指導者がいない以上，人々を体制から離反させている現指導者の恣意的な国内政策を制限し，それを国内統治の安定に適うよう講じさせる必要があったのである。

第2に，この契機を捉えるべくさまざまな手法が検討・実践された。ジェム

支持の公言とセットの二大政党制構想，米国の支援をジェムの行動次第にするというある種の圧力，ジェムから行動を引き出す誘因としての対米信頼の獲得という3つは表裏の関係にあった。つまり，国内の安定の回復に不可欠な行動を実施するようジェムに求める際に，まず米国がジェム支持を明確に打ち出してジェムが安心して行動できるようにするのか，それとも圧力を使ってでも，まずジェムに行動を迫るのかということである。だがどちらの手法であれ，国内統治の安定に必要な行動をジェムから引き出せなかった。南ベトナムを共産主義者から死守するのに，ジェム以外の指導者を見出せない米国にとって，ジェムとの協力を難しくする圧力は望ましくなかったし，またジェムの行動以前にジェム支持を明示することは，米国のジェム頼みをジェムにますます確信させるだけで，ジェムの行動を保証するものではなかった。

　そこで，依然として危機的な国内情勢を改善するために提案されたのが，米国人行政官派遣である。米国の目論見は，南ベトナムに派遣した米国人行政官がベトナム人と協同して，ジェムの統治に事実上の変更を加えることであった。交渉の結果，米国の提案した米国人行政官派遣は両国間で合意された。だがジェムがベトナム共和国の主権を力説し，米国としてもベトナム共和国の主権国家としての外観を守ることに配慮が働いたため，ジェム主導で合意形成が進み，内容のうえでもジェムが派遣実施の主導権を握ることになった。そのため，米国の影響力を南ベトナムに媒介することを期待された米国人行政官の派遣は，帝国的支配の手法としては実質的に失敗に終わった。

　第3に，一連の挫折によって，南ベトナムとの関係で帝国への志向が消えたというわけでもない。なぜなら，それがジェムに代わる指導者不在のなかでの国内危機と密接に結びついていたからである。その後も同様の事態が起これば，ケネディ政権が帝国的支配の試みに再び乗り出す可能性は残されていた。

　最後に，米国は他国に対してヘゲモニー支配を確立するのに，米国に協力的な指導者の育成とその安定的維持に頼ってきたが，それは彼らのナショナリズムや大国への警戒心から決して容易ではなかった［菅 2006, 219頁］。米国がヘゲモニー支配からさらに踏み込んで，他国内にまで統制を広げ，帝国的支配を課そうとする場合，それは「本質的に米国の創造物」［New York Times 1971, p.25]である南ベトナムとの関係においてでさえ,協力者からの重大な挑戦に直面し,決して簡単なことではなかったことが,本章から明らかになった。確かに,米国は経済力や軍事力の点で圧倒的に優位な立場にあった。だがジェムのような主権や独立に敏感な協力者との関係で,その優位を彼らの国内政策の統制に転換する仕掛けがなければ,帝国的支配を実現することは困難であったのである。

【参考文献】
①一次史料
　Dept. of State (DOS) (1954), *Department of State Bulletin,* No. 803, Washington D. C., United States Government Printing Office (USGPO)
　　――― (1986), *Foreign Relations of the United States, 1958-1960,* Vol. 1. Vietnam, Washington D. C., USGPO
　　――― (1988), *Foreign Relations of the United States, 1961-1963,* Vol. 1. Vietnam, Washington D. C., USGPO
　Dept. of Defense (DOD) (1971), *United States-Vietnam Relations, 1945-1967,* Book 2, Washington D. C., USGPO
　　――― (1971), *United States-Vietnam Relations, 1945-1967,* Book 10, Washington D. C., USGPO
　　――― (1971), *United States-Vietnam Relations, 1945-1967,* Book 11, Washington D. C., USGPO
　Vietnam : National Security Files, 1961-1963 (*VNSF*) (1987), Reel 1 [Microfilm], Frederick, University Publications of America
②二次文献
　コルビー,W. E.(大前正臣他訳)(1978)『栄光の男たち――コルビー元CIA長官回顧録』政治広報センター
　菅英輝(2006)「アメリカのヘゲモニーとアジアの秩序形成,一九四五～一九六五年」渡辺昭一編『帝国の終焉とアメリカ――アジア国際秩序の再編』山川出版社
　　――― (2007)「アメリカのヘゲモニーとアジア秩序の再編」『北九州市立大学外国語学部紀要』120号
　　――― (2008)「解説『アメリカ帝国とは何か』」ガードナー,L., ヤング,M.編(松田武他訳)『アメリカ帝国とは何か――21世紀世界秩序の行方』ミネルヴァ書房
　松岡完(1999)『1961 ケネディの戦争――冷戦・ベトナム・東南アジア』朝日新聞社
　　――― (2008)「ジョン・F・ケネディとベトナム戦争――1963年の『失われた機会』神話をめぐって」『論叢現代文化・公共政策』7巻
　小野沢透(2005)「現代アメリカと『帝国』論」『史林』88巻1号
　田中孝彦(2003)「幻想としての『帝国』――アメリカによる優位の再編」『論座』4月号

渡辺昭一(2006)「帝国の終焉とアメリカ――アジア国際秩序の再編」渡辺編前掲書
山本吉宣(2006)『「帝国」の国際政治学――冷戦後の国際システムとアメリカ』東信堂
Catton, P. E. (2002), *Diem's Final Failure : Prelude to America's War in Vietnam*, Lawrence, University Press of Kansas
Don, T. V. (1978), *Our Endless War : Inside Vietnam*, San Rafael, Presidio Press
Doyle, M. W. (1986), *Empires*, Ithaca, Cornell University Press
Jacobs, S. (2006), *Cold War Mandarin : Ngo Dinh Diem and the Origins of America's War in Vietnam, 1950-1963*, Lanham, Rowman & Littlefield Publishers
Kolko, G. (1994), *Anatomy of a War : Vietnam, the United States, and the Modern Historical Experience*, New York, New Press
Latham, R. (1997), *The Liberal Moment : Modernity, Security, and the Making of Postwar International Order*, New York, Columbia University Press
Macdonald, D. J. (1992), *Adventures in Chaos : American Intervention for Reform in the Third World*, Cambridge, Harvard University Press
Maneli, M. (1971), *War of the Vanquished*, New York, Harper & Row
Mecklin, J. (1965), *Mission in Torment : An Intimate Account of U. S. Role in Vietnam*, New York, Doubleday
New York Times (1971), *The Pentagon Papers*, New York, Bantam Books
Robinson, R. (1972), "Non-European Foundations of European Imperialism : Sketch for a Theory of Collaboration," in Owen, R., Sutcliffe, B. eds., *Studies in the Theory of Imperialism*, London, Longman
Schlesinger, A. M. Jr., (1965), *A Thousand Days : John F. Kennedy in the White House*, Boston, Houghton Mifflin Company
Schmitz, D. F. (1999), *Thank God They're on Our Side : The United States and Right-wing Dictatorships, 1921-1965*, Chapel Hill, University of North Carolina Press
Williams, W. A. (1964), *The Great Evasion : An Essay on the Contemporary Relevance of Karl Marx and on the Wisdom of Admitting the Heretic into the Dialogue about America's Future*, Chicago, Quadrangle Books

8 アメリカ「帝国」形成史からみる移民問題
―― ヒスパニックをめぐる問題の諸相

北　美幸

1　はじめに

　グローバリゼーションは世界的な人の流れを創り出し，ハートとネグリがいう〈帝国〉の「特権的な位置」を占めるアメリカ合衆国（以下，アメリカと記す）には，全世界からほぼすべての国籍をもつ人々が押し寄せている。他方で，ヨーロッパ諸国への移民が過去の帝国（主義）支配と深く結び付き，旧植民地からの人の流れがその大きな割合を占めてきたように，アメリカへの移民も，建国以来のアメリカ「帝国」形成史の文脈に位置づけることが不可欠である。
　19世紀のアメリカは，主として大陸内での領土拡大と国土の開発に専念し，明確な世界政策をもたなかったといわれる。しかし，「大陸内の領土」と片付けられがちである南西部の土地は，大部分メキシコとの戦争によって獲得したものであり，それらの土地への奴隷制の導入をめぐる争いは，アメリカ史上最大の戦争である南北戦争の原因となった。さらに，南北戦争は，大陸横断鉄道の開通，フロンティアの消滅といったその後の出来事に連なっている。そうすると，アメリカの「帝国」化の契機は，19世紀末の第1回汎アメリカ会議の開催や米西戦争（アメリカ＝スペイン戦争）とされるが，その下地となる動きは，国際情勢に対して受動的であったといわれる19世紀の早い時期から，中南米諸国との関係に現れ出ていたといえる。
　このように，「帝国」としてのアメリカを考察するにあたっては，メキシコを中心とした中南米諸国や，その地とアメリカを往来する人びとに注目することが不可欠である。そこで本章は，アメリカ社会で近年ますますその存在感を高め，人々の関心を集める政治争点の1つともなっているヒスパニック移民現

象に光をあて，「帝国」アメリカの移民問題につき再考を試みる。

2 ソトマイヨールの連邦最高裁判事指名とその波紋

2009年5月26日，バラク・オバマ大統領は，6月末で引退するデービッド・スーター連邦最高裁判事の後任に，ソニア・ソトマイヨールニューヨーク連邦高裁判事を指名すると発表した。ソトマイヨールは，女性でヒスパニック（中南米スペイン語圏の出身者やその子孫）であるが，アメリカが独立して以来任命された連邦最高裁判事110人のうち，女性は現職1人を含めて2人，非白人もやはり現職を含めてアフリカ系（黒人）が2人だけである。それだけに，ヒスパニック女性の指名に対するアメリカ社会の反響は大きく，オバマ大統領の選出に匹敵する出来事，という見方すらある。[1]

ソトマイヨールについて興味深いのは，彼女がオバマと似た複雑な生立ちの持ち主の苦労人であることだ。両親はプエルトリコ出身で，第二次世界大戦中にニューヨークに移住した。父親は工場労働者で英語を話せず，彼女が9歳のときに事故で亡くなった。ブロンクスの低所得地域の公営住宅で育ち，猛勉強の末1976年にプリンストン大学を優等で卒業した。その後，進学したイェール大学ロー・スクールでは『イェール・ロー・ジャーナル』の編集を任され，連邦検事や弁護士も経験した。絵に描いたような一世代の立身物語であるが，いかに彼女が優秀か，そして苦労を重ねたかがわかる［渡辺 2009］。

ところで，アメリカの法体系のなかで，連邦最高裁の判例は重みをもち，その時々の政権が進める政策に対して違憲の判断を示すことも多い。人種や妊娠中絶，銃規制，同性婚といったアメリカの価値観の根本に関わる社会問題の数々について判断を下し，時には大統領の立場を揺るがすことすらある。とくに近年，連邦最高裁はリベラル派と保守派が主張をぶつけ合う場と化しているゆえ，連邦議会上院での判事の指名承認審議も荒れがちになっている。9人の判事のうち，リベラル派，保守派，中道派がそれぞれ何人を占めるか，バランスが取れているかは非常に重要なのである。

第8章 アメリカ「帝国」形成史からみる移民問題

　ソトマイヨールは政治的にはリベラル派に属するが，今回，候補者攻撃の姿勢を取る共和党保守派が最も問題としたのは，彼女の「人種差別的発言」であった。ソトマイヨールがヒスパニックとしての自らの出自に過度に誇りを感じ，それが反白人的な「逆人種差別（リバース・レイシズム）」になっている，というのである。具体的には，2002年のカリフォルニア大学バークレー校での「司法判断における人種と性差の影響」という講演の際，ソトマイヨールが「経験豊かで賢いラテン系女性は，たいていの場合，そうした人生を送ってこなかった白人男性よりも優れた判断を下せると願っている」と発言したというのである［渡辺 2009］。

　アメリカでは，1960年代後半以降，内閣その他の人選において，人種や性別に配慮することは当然のこととなっており，ソトマイヨールの指名についても同じことが当てはまる。アファーマティブ・アクション（積極的差別解消策）の導入によるマイノリティや女性の優遇が，白人男性に対する「逆差別」になっているとの批判は，今までにも聞かれていた。しかし，今回のソトマイヨールに対する批判は，今までの批判とは性質を異にするように思われる。

　アファーマティブ・アクションとは，法律上の平等が達成されただけでは取り除くことのできない根強い差別を除去するには，それまで差別されてきた人々に対して門戸を開放するのみならず積極的になかに招き入れることが必要であるとの考えから，それらの人々の雇用や昇進，高等教育機関への入学の機会を増やすために特別の配慮を行おうとするものである。広義には，マイノリティを対象とした奨学金や職業訓練，補習や広報活動も含められるが，多くの場合には，企業や大学におけるマイノリティの人数や全体に占める割合の目標数値（goal）と，それを達成するための時程表（time table）を作成し実行する雇用あるいは入学政策上のプログラムを指す。最初に雇用分野におけるアファーマティブ・アクションを要求したのはリンドン・ジョンソン大統領による1965年の行政命令11246号であり，それは今日においてもアファーマティブ・アクションの概念の中核として重要な役割を果たしている[2]。

　従来差別されてきた特定のグループの人々の雇用や昇進，入学者数の増大について数値目標をつけてそれを達成しようとすれば，彼らには他の人々よりも

優先的に機会を与えることになる。それゆえ，アファーマティブ・アクションは，公民権運動の成果である1964年公民権法が目的とした無差別平等の原則に反する差別政策だという批判を生むことになった。早くは1970年代に，ノルウェー系の男性志願者がカリフォルニア大学デーヴィス校メディカル・スクールへの入学を争った訴訟が起こされ，最近でも，ミシガン大学の学部課程およびロー・スクールへの入学をめぐる訴訟が起こされるなど，「白人（男性）に対する人種差別」を連邦最高裁まで争う訴訟は，今までいくつも起こされてきた。

　その意味では，ソトマイヨールの指名が優秀な白人男性の指名を妨げているという批判は予想し得たのだが，今回の批判はそうではなかった。すなわち，上述の２つの大学のケースにしても，あるいは，マイノリティの従業員数を確保するためにレイオフされた白人男性が雇用の回復を求めた訴訟にしても，批判の対象となったのは仕組みあるいは制度であり，それらが非民主的で白人男性への逆差別だというものであった。しかし，ソトマイヨールに対する批判は，ヒスパニック女性を「優遇」して登用したオバマ政権の人選に対してではなく，白人男性に対する差別発言を行ったという，彼女個人の発言に向けられたのだ。

　マイノリティである個人がマジョリティである白人男性を差別するとは，そしてまた，そのことが新聞その他で報じられる騒ぎになっているというのは，それだけ，アメリカ国内の人種／エスニック・グループ間関係が混乱していることの証ととれる。たとえば，オバマ大統領に対する批判を防いでいるものは，ある意味，彼が黒人であるという事実にあるように，マイノリティである人物に対する批判は，いろいろな意味で「差別」と受け取られやすい。にもかかわらず，ソトマイヨールに対する批判がこのような形でなされたことは，現在，「白人」がヒスパニックに対して抱いている危機感を象徴的に示しているといえよう。

3　増加するヒスパニック系人口

　ヒスパニックとは，語源的にはイスパニア（スペイン）系という意味の英語

第8章　アメリカ「帝国」形成史からみる移民問題

であるが，現実にはスペイン系というよりもむしろ，メキシコ以南のスペイン語を公用語とする中南米地域（ブラジルはポルトガル語圏であるため除外）の出身者およびその子孫で，アメリカ国内に居住する者を指す。したがって，肌の色を指しての区分ではない。[3]

　ヒスパニック系人口の増加は，現在のアメリカにおける最大の移民・エスニック問題といえる。今までに2人いた「非白人」の連邦最高裁判事はいずれもアフリカ系であったが，ソトマイヨールの属するヒスパニックは，2000年の国勢調査で全米人口の12.5パーセント（3530万人強）を占め，とうとうアフリカ系人口を凌駕してアメリカ最大のマイノリティ集団になった。

　ヒスパニックの人口動態の特徴として，増加率が高いことが挙げられる。1990年の国勢調査では，2235万人であったので，10年間の人口増加率は約58パーセントである。また，一世帯あたりの平均の子どもの数は2.5人で「白人」の1.8人より多い。また，平均年齢は25.8歳であり，「白人」の38.6歳に比べるとずいぶん若い。また，この国勢調査には不法滞在者は含まれていない。不法ゆえに正確な人数を把握するのは難しいが，2001年の調査では，800万人の不法労働者数が見積もられている。

　ヒスパニックの存在を視覚的に大きくしている要因として，彼らの居住地に偏りがあることも挙げられる。ヒスパニックは全国的に人口が増加しつつあるものの，カリフォルニア，アリゾナ，ニューメキシコ，テキサス各州の人口の25パーセント以上を占めている。ヒスパニック系最大の都市はロサンゼルスであり，2000年時点で同市人口の約46.5パーセントをしめる最大グループとなっている。そのほかにも，ヒスパニック人口の増加を主な要因として，2056年には「白人」が全米人口の半数を下回るという人口学的な予想が立てられていたのだが，この数字も，最近2042年へと修正された。

　ヒスパニック系移民の大流入によって引き起こされた問題は，政治・経済・文化などさまざまな分野に及ぶ。しかし，最も頻繁に指摘されるのは，彼らがスペイン語使用と独自の慣習に固執し，アメリカ社会に同化しようとしないというものである。公民権運動以降，アファーマティブ・アクション，二言語教育法などのマイノリティへの優遇措置が，政策としてあるいは法的に確立され

てきたが，1980年代以降，これらの多文化主義政策はヒスパニック系移民の流入により変容を余儀なくされている。

1968年，初等中等教育法が改定され，二言語教育法が制定された。同法により，英語能力が不十分な児童に対して教育の機会均等を実現するため，英語を習得させる方法の1つとして，母語による英語教育が行われるようになった。しかし，その後1980年代になると，二言語教育に反対を唱える声が高まった。英語を母語としない児童のハンディキャップを解決するよりもむしろ英語を公用語としようということであるが，この運動はヒスパニック人口の多い州から始まっている。1986年，カリフォルニア州で州民投票により可決されて以来，フロリダ州（1988年），コロラド州（1988年）などで可決されてきた。1990年時点で，州レベルで英語を公用語としたのは17州にのぼる［明石，飯野 1997, 321頁］。

さらに1990年代に入ると，マイノリティに対する締め付けはいっそう厳しくなった。この背景には，不法移民のさらなる増大があった。1994年，カリフォルニア州では，不法移民に対する非緊急医療，社会福祉，公教育を禁止する「提案187号」が，州民投票により賛成59パーセントで可決された。公立学校に在籍する不法移民の児童の教育費もさることながら，医療費や社会福祉費，さらには，不法移民たちがグリーン・カードや運転免許証をいとも簡単に偽造することから，彼らの逮捕・収監にかかった費用により，同州が経済的に苦境に陥っているというのである［明石，飯野 1997, 323-327頁］。

『文明の衝突』を著し21世紀の国際情勢を予測したサミュエル・ハンチントンは，2004年，『分断されるアメリカ』を刊行し，ヒスパニック系移民の流入によりアメリカが2つの文化圏に分断されるという危機感を表明している。彼によると，17～18世紀にアメリカに入植した人びとによって築かれた「アングロ・プロテスタントの文化」は，3世紀にわたってアメリカのアイデンティティの中心をなしてきた。ところが，20世紀末になると，この文化の顕著性は，中南米やアジアから新しい移民が押し寄せたことによって挑戦を受けた。ハンチントンは，これらの挑戦に応じて，アメリカのアイデンティティは，「二分化されたアメリカ」，すなわち，スペイン語と英語という2つの言語と，アン

グロ・プロテスタントとヒスパニックという2つの文化をもつものへと変容していくだろうと予測している［ハンチントン 2004, 12-13頁］。

このように，21世紀に入り，アメリカにおけるヒスパニック系移民の存在はますます大きくなっている。大衆文化にみられる事例を挙げてみると，2004年には，映画『メキシコ人のいない日（A Day Without a Mexican）』[4]が公開された。カリフォルニア州の貴重な労働力であるメキシコ人を，「白人」は社会の厄介者として扱っていたが，怒ったメキシコ人がある日いっせいに消えてしまうという場面設定である。レストランは皿洗いがいないので汚れ放題，野菜や果物を収穫する人がいなくなって食べ物がなくなるなど，「アメリカ人のやりたがらない仕事」をしてきたメキシコ人がいなくなるとどうなるのか，ブラックユーモア込みのコメディとして表現した作品である。アメリカの産業社会はまったく機能せずに停滞し続け，最後はメディアを介してメキシコ人に謝罪し，戻ってきてほしいと涙ながらに懇願するに至る。アメリカにおけるメキシコ系移民労働者の存在はいまや不可欠であることがわかる。

4　アメリカ合衆国における移民法の変遷——1924年法と1965年法

ところで，「厄介者」がいなくなることでマジョリティの側が困惑・混乱し，改めて彼らが社会にもたらしていたものの大きさに気付くという点では，1924年の映画『ユダヤ人のいない町（Die Stadt ohne Juden=The City Without Jews）』[5]が想起される。この映画はオーストリアで製作されたものではあるが，当時のアメリカにおいても，出稼ぎで帰国率の高かったイタリア系を除くと，実はユダヤ人がいわゆる「新移民」の最大集団なのであった。

カトリックやユダヤ教徒を多く含む「新移民」は，1880年代頃からその数が増え始めるが，当時は「同化不能」との烙印を押されていた。すでに入国した移民は差別・排斥され，これから入国する移民は禁止するか，数を制限しようとの動きが高まった。今日のヒスパニック系移民は，人数が多い点や「同化不能」と見られている点において，かつての東・南欧からの「新移民」と同じよ

第Ⅱ部　ヘゲモン／帝国としてのアメリカ合衆国の形成と展開

うに「白人」たちに脅威を与えており，1世紀前の歴史を繰り返しているようにもみえる。ただ，今日の移民が「新移民」と同じ道をたどるのかどうか，とくに彼らが同化するのかどうかという点については，大いに疑問が投げかけられ，むしろ否定的な予測がなされている［ハンチントン 2004, 264, 310-311頁］。

　かつて歴史家のオスカー・ハンドリンは，「かつて私はアメリカの移民の歴史を書こうと思った。そして，移民こそがアメリカ史そのものであることに気付いた」と語った［Handlin 2002, p.3］。確かにアメリカは，移民の出身国・地域の多様性において，他のあらゆる国家と比較しても際立っている。アメリカの国家形成の核心的要因は，特定の土地と結びついた民族の神話でもなければ，近代的な「印刷資本主義」でもなく，人の移動であった。先住民を除けば，15世紀末以来，今日に至るまでアメリカ大陸に居住し，アメリカ国民を形成するに至ったすべての人間は，移住者あるいはその子孫であった。あるいは，先住民（アメリカン・インディアン）でさえ，約1万年前にベーリング海峡を渡ってアメリカ大陸に移住してきた人々と記述されることがある。そのような意味で，移動・移住は，アメリカ史を理解するための中心的な観点であるといっても良い［古矢 2002, 89-90頁］。

　建国以来1996年までに施行された移民や帰化に関する立法は，140以上にのぼる。とはいえ，歴史家ローレンス・フックスによると，これらの法律のうち，本当に重要なものは11ほどに過ぎない。さらに，そのなかでも，移民の統制原理の根幹を大規模に改めたといいうる立法は，1924年法および1965年法の2つだけであろう。「1924年法体制」はアメリカ史上最初の全面的な移民制限策の原則を定め，1965年法はこの原則と体制を根本から覆した。21世紀となった今日の移民問題は，なおこの「1965年法体制」のなかにある［古矢 2002, 98頁；Fuchs 1983, pp.58, 86, n.1］。

　1924年移民法は，1890年国勢調査における外国生まれの人口を算定基準として，母国籍を同じくする集団にそれぞれのその2パーセントを移民枠として按分するという方式を採用した。このいわゆる「原国籍割当制度（national origins quota system)」は，アメリカの急激な工業の進展とともに1890年以降急速にその数を増した東・南欧やアジアからの「新移民」の流入制限を目的として

おり，その意味で，アングロ・サクソン系を中心とする先住国民——同じネイティヴ・アメリカンでも，先住民（アメリカン・インディアン）ではない——の人種・民族的な偏見を色濃く反映していた[6]。それは，アメリカ社会に文化的・経済的な混乱をもち込んだ「新移民」が大量流入する以前の社会状態を「原状」と想定し，それを可能な限り回復することを狙いとする制度であった［古矢 2002, 99頁］。

この「原国籍原理」こそが，1965年法が制定されるまでの約40年間，移民および帰化に関する中軸的規範とされた。このことは，この原理の前提となったアングロ・サクソン中心主義もまた1960年代に至るまで根本的な批判にさらされることはなかったということを意味する。ただし，第二次世界大戦の終結および公民権運動の興隆とともに，出生地という個人の選択の余地のない偶然を選抜基準とする「原国籍原理」に対する非難は高まった。とくに自身アイルランド移民の曾孫であり，アメリカ史における移民の貢献をつねづね高く評価していたジョン・ケネディ大統領は，この制度の廃止に向けて国論を揺り動かしたのであった。

1965年移民法は，「原国籍割当制度」を完全に塗り替えるものであった。まず，同法は，1年間の受け入れ移民数の上限を，東半球17万人，西半球12万人と定めた。ただし，離散家族の再結合を促進するため，アメリカ市民の「直接親族」，すなわち未成年の子供，配偶者および両親はこの枠外で無制限に移民を許されることとなった。また，東半球については各国別に年間2万人を上限とし，それぞれの枠内での優先順位として，家族の結合，次いで志願者の職能・技能が考慮される。同法の特色としてさらに，西半球諸国については国ごとの上限は設けなかったことがある。以上によって，「原国籍割当制度」による不合理や不公平は，大きく解消・改善の方向へと動いたのであった［古矢 2002, 105-106頁］。

1965年法のもたらした最も注目すべき変化は，アジア太平洋地域および中南米からの移民の大幅な増大である。東半球諸国に対する各国2万人の移民枠は，パキスタンから日本に及ぶアジア諸国にもあてられ，1882年の排華移民法に始まる数々のアジア系移民の入国に対する法的差別はこのとき終わりを告げたの

であるが，同法は，同時に改めて大量のアジア系移民を招来することとなった。また，西半球12万人の移民枠は，アメリカ史上はじめてこの地域からの移民に加えられた量的制限であった。

5 中南米とアメリカの関係史

以上のように，東・南欧からの好ましからぬ「新移民」を制限・禁止しようと「原国籍主義」による年間移民許可数の国別割当が1924年に設けられ，それが1965年法により取り払われたところ，今度は「新・新移民」と呼ばれるアジア系およびヒスパニック系の移民が増加したのである。こうした経緯から，ヒスパニック系移民は1965年法制定以降に増大し，その存在が顕著化したように語られがちである。しかし，地理的に近接する中南米諸国とアメリカの関係はそれ以前から深いはずである。ここでは，ヒスパニック系人口の約3分の2を占める最大集団であるメキシコを中心に，いま一度両者の関係を振り返ってみたい。

アメリカの歴史上，外国人の攻撃によって領土内でアメリカ人が犠牲になった事件は3つあるとされ，三大悲劇あるいは三大屈辱の歴史として扱われてきた。それぞれ，1836年のアラモ砦におけるメキシコ軍による攻撃，1898年のメイン号爆破事件，そして，1941年の真珠湾攻撃である。2001年9月11日の同時多発テロの際には，直近の事件である真珠湾攻撃が引き合いに出され，「パールハーバー以来の屈辱」と報じられたが，残りの2つの事件にいま一度注目してみると，2つとも中南米とアメリカの摩擦から起こっている［大泉，牛島2005，3頁］。このように，ヒスパニック系移民の出身地である中南米諸国とアメリカとの関係は深く，また長いことがわかる。

これらの戦争によってアメリカ人に犠牲者が出たために，悲劇であり屈辱の事件なのであるが，反面，アメリカ人は，これらを報復戦争を展開する正当な理由としてきた。アラモ砦事件は，テキサスの分離独立をめぐってアメリカとメキシコが争ったものであり，同じ1836年のサンハンシントの戦いおよび1846

第8章 アメリカ「帝国」形成史からみる移民問題

年からの米墨戦争（アメリカ＝メキシコ戦争）の遠因になった。また，メイン号爆破事件は，キューバに住むアメリカ市民保護の名目でハバナ港に停泊していたメイン号が爆発し，乗っていたアメリカ人約300人が死亡した事件であるが，アメリカ政府はこの爆発をスペインが仕掛けた機雷によるものと決め付け，すぐに米西戦争を起こしたのであった。それぞれに対して国内外で世論の批判もあったが，最終的にアメリカは戦争に勝利し，概ね当初の目的を達成すると同時にその威信を世界に示した［大泉，牛島 2005, 3-4頁］。その意味では，中南米諸国との関係により，アメリカの「帝国」化は進められてきたといえる。

アラモ砦事件後の状況に話を戻すと，アメリカは，いったん独立したテキサス共和国を1845年に併合した後，米墨戦争によってカリフォルニアやニューメキシコなどのメキシコ北部辺境地域を併合した。これらの地域はメキシコに領有権があり，メキシコ人や先住民も居住していたが，人口が希薄でメキシコ政府の統治力が弱かったために，アメリカ人の領土拡張の標的とされたのである。これらの土地に，「アングロ」と呼ばれるヨーロッパ系のアメリカ人たちが居住するようになると，反メキシコ感情が高まり，メキシコ系住民が標的となった。ときにアングロはメキシコ系の家屋，財宝，家畜，土地を奪い，町を征服した。

こうしたことから，19世紀後半のアメリカ南西部およびメキシコは，デスペラード（desperado），すなわち無法者やならず者の居場所で，殺人事件などが多発する無秩序な危険地帯というイメージでみられており，事実，そのような状況にあった。無論，テキサスやカリフォルニアを獲得する前から，アメリカ人たちは，暴君が無能な農民を支配する野蛮な後進国としてメキシコを思い描いており，それゆえに『マニフェスト・デスティニー（明白な運命）』としてメキシコおよび他国に侵出したのであるから，アメリカ人のメキシコおよびメキシコ人に対する優越感はかなり早い時期からあったといえる［大泉，牛島 2005, 40, 66頁］。

ただ，逆に，メキシコ人あるいはメキシコ系アメリカ人は，アメリカの領土に対する過去の所有権を主張できるともいえる。テキサス，ニューメキシコ，アリゾナ，カリフォルニア，ネバダ，ユタという広大な土地は，もともとメキ

145

シコの領土の一部であり，移住・移民によらず「アメリカ人」となったメキシコ人たちがいるからである。ハンチントンによると，彼らは，これらの土地を人口学的，社会的，文化的に「再征服(レコンキスタ)」する特別な権利があるとすら感じているという［ハンチントン 2004, 343頁］。

　移動・移住に関していうと，メキシコを離れアメリカへ入国した者は19世紀にもいた。たとえば，ゴールドラッシュの時期にカリフォルニアを目差した者——金の採掘や精製方法を熟知していたのはメキシコ人たちであった——，1860年代の鉱山ブームや鉄道建設の頃にアリゾナ州へ向かった者などである。20世紀に入ると，本格的なメキシコ人の人口移動が始まる。メキシコ革命により土地を奪われたメキシコ人が北上し，アメリカの領土内に入ってきたのである。1910年から1930年の間に，メキシコ人のおよそ1割が祖国を捨て，その大半がアメリカにやってきたといわれる。推定70万人が難民となり，メキシコからアメリカに向けて，何千キロもの道のりを歩いた。途中には砂漠乾燥地帯が広がっており，国境にはリオ・グランデ川が流れていた。まさに越境は命がけであり，とくに老人，女性，子どもにとっては過酷な移動であった［大泉，牛島 2005, 68-69頁］。

　アメリカの側も，南西部での鉄道建設やニューメキシコの鉱山，テキサスやカリフォルニアでの果物・野菜栽培などに安い労働力を必要としていた。とくに，1924年移民法が制定された後には，メキシコ人が安価な労働力として重視されることになった。同法のもとで，ヨーロッパからの移民は「原国籍割当制度」により大幅に数を制限され，カリフォルニアの農園で働くことの多かった日本人移民は完全に禁止されたが，中南米諸国からの移民には割当が課されなかったからである。1929年の時点で，鉄道工事の労働者の70パーセントから90パーセントがメキシコ系であったといわれている［大泉，牛島 2005, 69頁］。

　その後，世界恐慌によりアメリカ国内で失業が広がると，メキシコ系は「追放」すなわち強制送還され，在米メキシコ人の人口は，1930年の60万人から1940年の40万人以下へと減少した。ところが，アメリカが第二次世界大戦に参戦すると，労働力不足を補充するため，再びメキシコ系は歓迎された。1942年に政府は，「ブラセロ計画」として，メキシコその他の中南米諸国からの季節

労働者を迎え入れるプログラムを開始した。ブラセロとは，スペイン語で助ける手，つまり雇用人を意味する。結局，1947年に終了するはずの計画は延長を重ね，合計450万人のブラセロがアメリカに入国したのである［明石，飯野 1997, 216頁］。

　ブラセロ計画は1964年に終了する。そして，翌年に1965年移民法が制定される。この関連でみるならば，いわゆるメキシコ人不法移民問題は，ブラセロ計画の終了および同法における西半球12万人の移民枠の設定にともなって浮上してきたともいえる。すなわち，法律自体に人の流れを止める力はなく，その一方，アメリカ経済は法とは無関係に低賃金労働力を求め続けるのである。それゆえ，1965年法は，それにより移民の数が増えたというよりは，移民の数に制限を課したことにより，古くからいた移民が「不法」になったというのがむしろ正確である。現在，ヒスパニック系たちが，不法移民を「違法・非合法（illegal）移民」ではなく，「正式書類なし（undocumented）移民」と呼ぶよう求めているのも，その意味で頷ける部分がある。

　なお，その後1976年には，西半球諸国からの移民に対しても1年に1国あたり2万人という移民数の上限を適用する法が制定された。それゆえ，ますますメキシコからの「不法」移民は増大した。1980年までに，年間の不法入国者は100万人に達した。また，1986年の移民改正および管理法によって，滞在5年以上の不法労働者に合法的移民の資格が与えられるようになった。このことは，政府による大幅な譲歩の姿勢とも受け取れるが，実際はそうではなかった。多くの移民は5年以上前からアメリカに居住していたという証拠の書類を作成できなかったうえ，不法労働者の摘発および国境警備の強化がむしろその核心だったのである。その後1994年には北米自由貿易協定が発効したが，不法入国者が大幅に減少することはなかった［大泉，牛島 2005, 88-89頁］。

　陸続きであること——米・メキシコの3200キロにも及ぶ国境は鉄条網で区切られただけかリオ・グランデ川を境とするだけである——，アメリカ南西部の土地は19世紀にはメキシコの領土であったこと，19世紀の西部開拓時代には鉄道建設の労働者や鉱山労働者として，そして20世紀に入ってからは農園の季節労働者や建設の都市労働者として常にメキシコ人の存在があったこと，そして

現在でも，不法移民と知りながら工場主や農園主たちもメキシコ人を雇用していること。こういったことから，アメリカ史，とくにアメリカが「帝国」として世界と関わるようになった歴史における中南米諸国の存在の大きさと貢献は，疑う余地がない。

6　むすびにかえて──グローバリゼーションのなかのアメリカと移民問題

　翻って，アメリカ国内における移民のとらえ方に目を向けてみたい。今から1世紀前，移民問題は主としてアメリカ政治社会の異質人口の吸収能力，同化・統合能力の問題として，つまり「国内問題」として論議されるのが通例であった。移民に関する研究にしても，出移民は故国を棄てたものとして考察の対象とされず，移民が到着（入国）した時点から開始されるものとされた。1960年代にいわゆる「新移民史学」が登場し，移民の経験の「継続性」に関心が向けられるようになったものの，基本的に移民の研究は，アメリカに入国した移民が排斥に直面しながら地位の向上と社会への参入を模索した過程に考察の主眼を置いていた［古矢 2002, 93頁；野村 2002］。

　また，アメリカへの移民送出国であったヨーロッパの歴史学は，国外に出ていく出移民についてはほとんど無視していた。当時の歴史学は国民主義的な歴史学であり，「国民国家」が主語として書かれていた。それゆえ「国民」からの脱落分子である出移民は，国家にとって無意味な存在であり，研究対象には値しないと考えられたのである［野村 2002, 121頁］。

　しかし，アメリカを含む冷戦後の世界は，「国民国家」の枠組みを根本から揺り動かすグローバリゼーションの動きに直面した。当時しきりと喧伝された「歴史の終焉」論によると，自由，民主主義，資本主義は，「国民国家」の枠を超える人類普遍の目標，新しい国際秩序全体を方向づけていく価値として最終的な認知を得たとされた。いまやアメリカは孤立を脱し，新たな「帝国」として，国際政治・経済に巨大な影響力をふるうようになった。その結果，「移民問題」の脈絡は，国際政治・経済の大きな流れのなかに混入し，およそ一国主

義的な解決は不可能なまでに「地球大的な」性格をおびているといえる［古矢 2002, 93-94頁；古矢 2004, 3-5頁］。

　グローバリゼーションは，貿易（モノの移動）や国際間金融取引（カネの移動）とともに，国際間労働力移動（ヒトの移動）の拡大を世界にもたらしたとされる。ただ，そのようななかにあって，アメリカは，大量の移民を受け入れる一方，国家による移民規制と国民による移民排斥の動きを強めている。「国民国家」という枠組みの動揺に伴いナショナリズムが問い直され転換期を迎えているなか，アメリカは，ナショナリズムどころか排外的愛国主義（ネイティヴィズム）に陥っているのだ。確かに，労働市場での競合や文化的な軋轢から移民を排斥する動きは，マグレブやインドシナからの労働者を迎えるフランスなど西欧諸国でも強まっている［定形 2007, 112-115頁］。ただ，公民権運動後に「多様性にもとづく統合」［中條 2008］が定着したかにみえた「移民国家」アメリカの底に，実はナショナリスティックな「国民」的信条と心情が貫徹していたということだ［古矢 2004, 5頁］。

　一方，以下のような事実を，アメリカが国民のレベルでグローバリゼーションに対応しようとしている事例ととらえることは可能であろうか。本年発行された統計によると，話されている国の数では英語に劣るものの，母語話者の人口の点ではスペイン語3億2900万人，英語3億2800万人で，スペイン語はとうとう中国語に次ぐ世界第二の言語となった(7)。この事実を踏まえれば，スペイン語の重要性は，アメリカにおいてというよりも世界において高くなっている。英語以外の言語学習に関心の低かったアメリカの大学においても，近年，外国語学習が盛んになってきており，最も履修者が多いのがスペイン語である［Sollors 2009, pp.5-6］。直接の動機は自国におけるヒスパニック系人口の増加とはいえ，いまや「白人」たちがスペイン語を学ぶ状況は，ようやくアメリカが世界を見始めたことを示しているといえるかもしれない。

　グローバリゼーションのなかでも，移民問題はアメリカ社会の基本に関わる問題である点は，今日でも変わっていない。本章では，ソトマイヨールの連邦最高裁判事指名に対する波紋から議論を始めたわけだが，19世紀から続く，深く長い関係にある中南米諸国からの移民であるヒスパニック移民に拒否反応を

示している現在の状況に鑑みると，アメリカは，今後も「移民国家」としての自らのあり方と世界との関わり方を自問し続けることになるだろう。ケニア人の父をもち，イスラム圏のインドネシアや日系人の多く住むハワイで少年時代を過ごした「グローバルな」大統領の誕生をもっても，グローバルな問題として移民問題をとらえるのは容易ではないだろう。

(1) 『朝日新聞』2009年6月3日。もっとも，「ヒスパニック」とは肌の色を指すものではなく，白人も黒人も含む。
(2) Exective Order 11246, September 24, 1965, 30 F. R. 12319.
(3) 本章での括弧つき「白人」は非ヒスパニックの白人，すなわちヨーロッパ系白人をさす。なお，第3節で紹介したヒスパニックの人口に関する統計は以下の資料による［U.S. Department of Commerce 2001；大泉・牛島 2005；ハンチントン 2004, 第9章；明石・飯野 1997, 208-212頁；『朝日新聞』2008年8月17日］。
(4) 監督セルヒオ・アラウ（Sergio Arau）。
(5) フーゴ・ベッタウアー（Hugo Bettauer）原作による同名の小説を，ハンス・ブレスラウアー（Hans Karl Breslauer）が映画化したものである。
(6) ただし，第11条(d)項(2)号により日本からの移民は「合衆国市民となる資格を有しない外国人」とされ，移民の割当の対象外として完全に入国を禁止された。それゆえ，1924年法は排日移民法とも呼ばれる。
(7) Ethnologue: Language of the World（http://www.ethnologue.com/web.asp，最終アクセス日2009年8月31日）。

【参考文献】
明石紀雄，飯野正子（1997）『エスニック・アメリカ――多民族国家における統合の現実』有斐閣
大泉光一，牛島万編著（2005）『アメリカのヒスパニック＝ラティーノ社会を知るための55章』明石書店
定形衛（2007）「エスニシティと国際関係」高田和夫編『新時代の国際関係論――グローバル化のなかの「場」と「主体」』法律文化社
中條献（2008）「『バラク・オバマと大統領選挙』を歴史から見る」『世界』9月号
野村達朗（2002）「アメリカ移民史学の新展開――プル・プッシュ理論からグローバルな移住史へ」『移民研究年報』8号
ハンチントン，S.（鈴木主税訳）（2004）『分断されるアメリカ――ナショナル・アイデンティティの危機』集英社
古矢旬（2002）『アメリカニズム――「普遍国家」のナショナリズム』東京大学出版会
―――（2004）「アメリカ史における『ナショナリズム』問題」『アメリカ史研究』27号
渡辺将人（2009）「オバマ大統領のソトマイヨール最高裁判事指名をめぐる考察」『アメリカ

NOW』35号(http://www.tkfd.or.jp/research/sub1.php?id=237より取得可:最終アクセス日2009年8月31日)

Fuchs, L. H. (1983), "Immigration Reform in 1911 and 1981 : The Role of Select Commissions," *Journal of American Ethnic History*, no. 3

Handlin, O. (2002 [1951]), *The Uprooted : The Epic Story of the Great Migration That Made the American People, second edition*, Philadelphia, University of Pennsylvania Press

Sollors, W. (2009), "Multilingualism in the United States : A Less Well-Known Source of Vitality in American Culture as an Issue of Social Justice and of Historical Memory," Paper presented at the Nagoya American Studies Summer Seminar, July 25, 2009, at Nanzan University

U. S. Department of Commerce, Bureau of the Census. (2001), *Statistical Abstract of the United States 2000*, Washington D. C., Government Printing Office

Ⅲ

歴史的帝国から
新しい地域主義（regionalism）へ

9 帝国の子ども，国民の子ども
── 婚外子からみた帝政オーストリアにおける帝国—国民秩序

江口布由子

1 はじめに

　ハプスブルク帝国は，19世紀というナショナリズムの世紀における帝国的秩序と国民的秩序の相克を考えるうえで貴重な材料とされてきた。国民史の論理において，帝国は必然的な国民の発展に道を譲らねばならない存在であり，19世紀末以後の大衆統合という新たな政治課題には応えることができず，解体に至ったと捉えられてきた。こうした国民史の語りの対極，すなわち「諸民族共存」のユートピアとして帝国を描く「ハプスブルク神話」も長らく命脈を保ち続けた。冷戦終結後，EU統合が進むなかでハプスブルク帝国の統合能力を再評価する動きも強まった。

　しかし，近年の研究では1867年の二重制への転換以後の時期について，ハプスブルク帝国と諸国民社会の関係を対立か共存かと問うこと自体の限界が指摘されている。そもそも帝国は国民を一様に扱ってはいなかった。アウスグライヒによって，ハンガリー王国とそれを除く部分（正式名称は「帝国議会に代表を送る諸王国・諸領邦」。以下，オーストリアと呼称し本章の主たる考察対象とする）は，各々独自の憲法と議会と政府をもつことになった。そしてハンガリー王国では原則的に市民権を「単一不可分の統一したハンガリー国民」の権利と規定した。これに対し，オーストリア側では市民権に付随する政治的諸権利の獲得と国民の帰属は別のものとして扱われた。つまり，1867年に制定された十二月憲法では，オーストリア側においてネイション（国民）は政治的諸権利を主張しうる集団として認められていなかったのである。

　このオーストリア側に関して，近年，ピーター・ジャドソン，ジェレミー・

第Ⅲ部　歴史的帝国から新しい地域主義 (regionalism) へ

キング，タラ・ザーラなどのボヘミア史研究を中心に，国民史とハプスブルク神話の二分法的な把握を超え，帝国的秩序と国民的秩序の相補的な関係を明らかにする作業が進んでいる [Judson 2006; King 2002; Zahra 2008;「エトノス」の相も含めた理論枠組として小沢 1994]。詳細については本文中で改めて触れるが，要約すると，これらの研究は社会構築主義的／近代主義的なナショナリズムの理解を前提に，以下の3点を指摘したといえよう。

すなわち，第1に，1880年代以後，ナショナリズム運動は大衆政治に対応する形で「大衆の国民化」を推し進めようとしたが，住民の「国民なるものへの無関心 (national indifference)」に直面し，急進化したこと。第2に，帝国はそもそも超国民的 (supra-national) 態度を取っていたが，1890年代の急進化するナショナリズム運動に直面し，国民を法権利主体と捉える多国民的 (multi-national) 編成を志向したこと。第3に，帝国の多国民的編成は，大衆の統合という政治的課題に応じた，王朝と貴族層を中心とする旧エリートと，市民層を中心とする新エリートのあいだの相互依存的な妥協の結果——とりわけ，この特徴は両者ともに権力行使の拠点として「歴史的単位」に依拠せざるを得なかったことに現れる——であったことである。

この議論からもわかるように，「多国民的」な帝国と法権利主体としての国民は，「大衆の統合」という政治課題に対応するために同時かつ相互補完的に出現したといえる。そして1890年代以後，大衆の統合あるいは同意調達には「国民意識」や帝国への「愛国心」の喚起だけでなく，それに応じた物質的再分配も必要とされた。それゆえに，帝国もナショナリストも新たな政策領域である社会政策をめぐって統合力が問われることになった。本章では，上述の研究成果に基づきながら，19世紀末の社会政策の核となる児童福祉，とりわけ婚外子に対する福祉を試金石として，オーストリアにおける帝国と国民の統合の様相を明らかにしていきたい。

この対象設定の理由は，婚外子が法的・社会的に「ノーマル」な家族関係，とりわけ帝国秩序の根幹でもある父子関係から排除されているがゆえに集団的な養育がもっとも必要な存在と社会的に認識されていたことにある。婚外子は下層民の性的なモラルの低下の結果であり，また「不完全」な養育環境に置か

れ「まとも」に育つことができず,ひいては子ども全般の「非行化」の原因となると解されていた [Reicher/Keller 1909]。このような理解のもと,婚外子の公的保護は社会秩序の防衛に必須の課題とみなされていた。本章では,こうした保護のための「負担」を帝国への「愛国心」と「国民意識」がいかなる関係を結びつつ支えたのか,あるいは支えなかったのか,そしてその保護の内容とはいかなるものであったのかを明らかにしていくことになるだろう。

2 帝国の子ども

　一般に18世紀後半から19世紀にかけて,ヨーロッパ全域では婚外出生率が急増した。その要因に関しては奉公人制度の変容や性と生殖をめぐる心性の変化など複合的なものであったとされるが [Ehmer 2004, p.113-118],いずれにせよ,オーストリアでは18世紀後半,すなわち啓蒙絶対君主であるヨーゼフ2世の治政期において政治指導者たちが婚外子の増加を問題視したことは確かである。こうした意識を背景に国家は,伝統的な差別待遇や大衆貧困のために劣悪な養育環境におかれた婚外子とその母親の救済策として,1784年のウィーンを皮切りに各領邦の主要都市10ヵ所に捨て子院を開設した。

　だが,捨て子院開設は単なる社会状況への受動的な対応ではなかった。啓蒙絶対主義の最大の政治目標は,帝国の一体性を確実なものとし,国家としての生産性を最大限まで増強することにあった。この目標に沿い,人口の把握と増強を追求する統治,すなわち「医療ポリツァイ」が発展し,乳幼児福祉は国家の主要課題として浮上した。こうした乳幼児福祉の中核が捨て子院だったのである。つまり,皇帝ヨーゼフ2世の名に因んで「ヨーゼフ・システム」と呼ばれた国立捨て子院は,臣民の人口再生産を統制下に置こうとする帝国の統治への意志を具現化した施設だったのだ。

　とはいえ,院内の一歳未満の死亡率は19世紀初頭で95パーセント近くに上り,19世紀半ばになっても70～80パーセントだったことからみても人口増強という目標はほとんど達成されていなかったといえる。しかし,三月前期から新絶対

主義期を通しても、捨て子院は救貧とは切り離された独自の国家施設として維持され、また財政負担も基本的に国家が担った。この点において帝国は婚外子というカテゴリーに入った子どもを自らの子どもとして育てようとしたといえる。この意味で、婚外子は家父長的論理に基づいて帝国との擬似的父子関係を結ぶ「帝国の子ども」の象徴的存在だったのである［Pawlowsky 2000, p.44-45, 73］。

3 自由主義的自治体と擬似的父子関係の断絶

　二重体制への移行に前後する1860～70年代、オーストリアは「自由主義政治の時代」を迎えると同時に捨て子院も抜本的変化を迫られた。

　1868年にはドイツ系自由派を中心とする政権が誕生し、国政レベルで次々と改革が実施されたが、この自由主義の政治ヴィジョンにおいて、国家は1つの均質な政治空間でなければならなかった。そして、その空間には、「自立と自助」の単位としての自治体が不可欠の要素であった。

　こうした自由主義的なヴィジョンに基づく自治体制度は、1862年の暫定全国自治体法（1869年に新全国自治体法に引き継がれる）によって大枠が定められた。同法施行後、自治体はオーストリア中央政府に連なる下部機関ではなく、一定領域において独自の利害と管轄をもつ自治的団体として規定されることになった。そして、自治体は、自らの財産処分の自由を基盤に、市場制度や道路整備、学校敷設、救貧制度を設置し運営する主体、つまり「地域ポリツァイ（Ortspolizei）」の主体として位置づけられた。その際、一部の例外を除いて、財政能力や人口構成に関わらず、全自治体は基本的には同質的な団体として扱われることになった。子どもの養育に関しては、自治体法施行によって、公／私の二項対立的区分に基づき、子どもの扶養はあくまで家族（親）の責任と権利の範囲とされたが、その不足が生じた場合には自助単位である自治体が補うことになった［Klabouch 1968, pp.63-70］。

　ここで問題となったのが捨て子院であった。自助・自立の論理からすると、

家族の養えない子ども——その代表格は婚外子であった——の扶養義務は自治体救貧が負うべきであり，国立捨て子院のような国家介入は許容されえなかった。この論理に沿って，自由派の勢力が拡大した1860年代には，公論において捨て子院批判が急速に高まっていった。批判の矛先は，国家干渉と「無責任」な母親に向けられた。自由派の言い分によれば，過度の国家干渉は，捨て子を保護するどころか，母親の養育に対する責任感の低下を招き，さらに「プロレタリア，社会主義者，アナーキスト，ニヒリスト等々，秩序の敵対者すべての増加」を助長するというのである［Pawlowsky 2000, pp. 252-256］。

こうした自由派の批判に加え，危機的状況にある国家財政の改善という動機も加わり，1860年末から70年代にかけて捨て子院再編の動きが活発化した。しかし，ウィーン捨て子院だけでも受入れが年間8000人以上に上るという状況は動かしがたく，捨て子院の全面的解体は現実的ではなかった。結果，捨て子院の管轄権限を国家から領邦へ移し，綱領から「母親の保護」を削除して子どものみを保護する施設へ転換するという方向性で改革が進められた［Pawlowsky 2000, pp. 257-268］。確かに，この再編は自由派にとって妥協の産物に過ぎなかったであろう。しかし，この転換は，「捨て子」という枠に入った婚外子と国家—皇帝の擬似的父子関係の明確な断絶を意味していた。つまり，この再編は帝国の政治ヴィジョンの一角を突き崩すことになったのである。

4 国民共同体という擬似家族とその限界

(1) 法権利主体としての国民共同体

しかしながら，「自立と自助」は，当の自治体にしてみればきわめて困難な課題であった。教育・福祉サーヴィスへの支出は，財政基盤の弱い農村自治体に重い負担として圧し掛かった。1880年代には，自治体の救貧制度は限界に達し機能不全が明らかになる［Klauboch 1968, pp. 69-71］。こうした自治体の不足を補う形で活動を展開したのが，私的団体であった。そしてこのネットワークのなかで，新たな「自立・自助」の単位，すなわち「国民共同体」が明らかと

なっていくのであるが、この過程を理解するためには、自由主義政治との関連のなかで1870年代以降のナショナリズム運動を概観する必要がある。

　1870年代に政権を主導したドイツ系リベラルはまぎれもなくドイツ・ナショナリストであった。しかし、「ドイツ国民」の指標たる「ドイツ語」「ドイツ文化」は、「ドイツ人」の占有物としてみなされてはいなかったことに注意しなければならない。ドイツ系リベラルは、ドイツ語を媒介に「ドイツ的」教養を身につけることを、多言語・多文化状況にあるオーストリアにおいて政治的諸権利を行使する能動的市民すなわち男性有産市民に不可欠の要素とみなしていた。無論、それは「ドイツ国民」に同化することと同義であったが、その「国民」規定は、参入する際に言語や宗派の「本来的な帰属」を問わないという点で「開放的」だったのである。

　しかし、1879年、政権離脱に追い込まれたドイツ系リベラルは、チェコ系やスロヴェニア系などの競合するナショナリズム運動や、労働者運動やキリスト教社会運動といった大衆政治運動に直面し、「財産と教養」を所有しない者たちからの同意調達の必要性に迫られた。この課題を克服するために、ドイツ系リベラルは「ドイツ国民」と「財産と教養」の関係を逆転させた。彼らは「財産と教養」を「ドイツ人」という国民共同体が獲得し所有する財産、つまり「国民資産」であると主張し始めたのである。ドイツ系リベラルは、この「国民資産」概念によって超地域的かつ超階級的な「ドイツ国民」に呼びかけるレトリックを編み出し、国民共同体の利害を代表するドイツ・ナショナリストへと変貌した。1880年代を通じてこの新たなレトリックは、諸ナショナリズム運動に波及し、1890年代に入ると国民資産防衛をめぐる諸ナショナリズム運動間の抗争は過熱の一途を辿った。その抗争はオーストリアの議会政治を麻痺させ、立法は皇帝の非常大権に依存するようになっていった［Okey 2001］。

　しかし、このような「国民問題（Nationalitätenfrage）」が即座に帝国解体へと繋がったわけではない。「国民資産」概念の登場は、「国民」を自由主義的な所有権者としての個人と同様の法権利主体として位置づけることによって、諸「国民」の関係が「分離の上で同等」な水平的関係へと読み替えられたことを意味していた。近年の研究が明らかにしているように、この新たな「国民」に

応じて，帝国もまた変容するのである。1867年の憲法制定以来，帝国は国民という集団をどのように扱うのか曖昧にし続けてきた。確かに，憲法第19条はすべての国民性（Nationalität）と言語の平等を謳い，国民の「国民性」と「言語」を守る権利を保障していたが，守られる主体は国民という集団ではなく，あくまで個人とされていた。しかし，1900年ごろから帝国の態度は明確に変化した。行政裁判などを通して（とくに学校行政について）帝国は国民共同体に対し集団としての政治機能を認め始めた。1905年にはいわゆる「モラヴィア・アウスグライヒ」によって，ついに国民共同体は独自の行政組織と政治的意思決定機関をもつ自治の主体として公認された。モラヴィアの「実験」はブコヴィナやガリツィアにも適用され，1910年代に入るとボヘミアへの適用も現実的になっていた。20世紀初頭，「超国民的」であった帝国は国民共同体を法権利主体として公認する「多国民的」編成へと変容しつつあったのである［King 2002, pp. 114-152］。

(2) 擬似家族としての国民共同体

ナショナリストのヴィジョンにおいて，国民共同体は「国民資産」を管理し増強する主体であった。そして「国民資産」の目録においてもっとも重要な項目である人口の保全と増強は，国民共同体の権利であり義務であった。では，いかにして保全と増強を図るのか。それは子どもの教育であった。教育は「ドイツ化」「チェコ化」等々からの最大の防御壁とみなされたのである。こうした論理に基づき，1880年代に入ると，ナショナリスト系の学校協会が次々と設立された。これを基点に，ナショナリストたちはマイノリティ保護の名のもとで私立小学校を設立し，公立小学校への昇格を狙って教育委員会へ働きかけるなどの活動を展開した。

小学校をめぐるナショナリズム運動間の競合はまさしく「子どもの捕獲」闘争というべき様相を呈していた。しかし，「子どもの捕獲」闘争において，ナショナリストにとっての「敵」は競合する他のナショナリストだけではなかった。真の「敵」，それは子どもの親だった。なぜなら，とくに闘争の最前線であるはずの「言語境界地域」や「言語孤島」など多言語混在地域において，近

隣とのコミュニケーション能力や就業機会の拡大を重視し，自身も多言語を習得し，また子どもにも多言語習得を望む親が広範に存在していたからである［大津留 1998］。親たちはナショナリストの思惑からは大きく外れ，容易に子どもの学校を「スィッチング」し，多言語習得のためにもたらされた資源を最大限に活用しようとした。こうした住民の無関心に対しナショナリストは苛立ちをあらわにした。ナショナリスト系出版物では多言語習得者は「両生類」や「両性具有者」と揶揄され，多言語での教育がいかに子どもの知的成長を阻害するかが力説された。また，ナショナリストが強い影響力を持つ自治体当局を通して入学者数や学校設立への異議申し立ても頻繁に行われた。こうした実践と相前後して言説上においても，ナショナリストは人種主義的反ユダヤ主義と結合しながら，「国民」を，言語以上に「客観的」かつ「生物学的」な指標により定義しようとする動きが加速した。ナショナリストが国民共同体を純化しようとすればするほど，その思想と活動は親のニーズと乖離し，ナショナリストはさらに不満を募らせることになった［Judson 2006, pp. 19-65; Zahra 2008, pp. 13-48］。

「子どもの捕獲」闘争が激化するなか，1890年代末には孤児（その大部分は婚外子と想定されていた）の保護もまたナショナリストの視野に入った。1898年，ボヘミアのドイツ系協会の上部団体である「ボヘミア・ドイツ同盟」が言語混住地域において10人前後の子どもを「家族型施設」に収容する孤児コロニーを建設したのを皮切りに，ボヘミアとモラヴィアを中心に次々と同様の施設が建設された。1907年には，ボヘミア諸邦で児童福祉事業を統括する中央組織が設立された。ザーラが指摘するように，ナショナリストは，児童福祉実践を通して国民共同体を孤児にとって親の代替となりうる集団，つまり家族的集団であることを示し，また機能させようとしていた。孤児を対象とする福祉事業はまさしく国民共同体の集団的権利と義務を体現する事業だったのである［Zahra 2008, pp. 67-78］。

(3) 国民共同体の限界

だが，こうしたナショナリストの活動は必ずしも孤児自身に寄り添ったもの

第9章　帝国の子ども，国民の子ども

とはいえなかった。障害となる「親（親権者）」がいない孤児は，ナショナリストの集団主義的人口管理において格好の操作対象だった。こうしたナショナリストの姿勢は孤児コロニー建設に明白に現れた。孤児コロニーの多くは「ドイツ化」あるいは「チェコ化」の危機にあるという地域に重点的に設置された。その背景には，公立小学校の定員割れ地域（帝国小学校法は一定の通学圏内に5年平均で40人以上の就学児がいることを特定言語の公立小学校の設立要件としていた）に孤児コロニーを設置し就学児数を水増しすることで，国民資産である公立小学校を守るというナショナリスト系協会の狙いがあった。つまり，国民資産の維持増強が最優先であり，孤児はその目標達成のための駒に過ぎなかったのである。

　こうした集団主義的意図があったにせよ，あるいはあったからこそ，国民共同体は児童福祉の主体となったといえよう。このヴィジョンに即してとりわけドイツ・ナショナリストは，「本来はドイツ人」であるはずの子どもをチェコ語の支配的な農村に送る捨て子院を国民資産を侵害する施設として強く批判した。そして「ドイツ人の子」を「ドイツ人」のもとに留めておくために，里親公募の広報活動を展開した［Zahra 2008, p.70f.］。しかし，この事業はナショナリストの思惑通りには進展しなかった。プラハ捨て子院の院長であったヤン・ドヴォジャーク（J. Dovořák）の言をみてみよう。

　「……プラハ捨て子院にいるドイツ出自の捨て子が頻繁にチェコ系施設の養育者に預けられているというあちこちで聞かれる非難めいた異議はこの意味で正当性がない。この観点でもっとも判断能力があり信ずるに足る専門家アロイス・エプスタイン博士（A. Epstein）（プラハ大学ドイツ語部門教授，小児科医：筆者）は……次のようにいう。『ドイツ人の母親が子どもをドイツ人の母親に預けたいと望むことは稀ではない。このまったく道理にかなう望みはこれまでほとんど叶えられたことがない。理由は単純である。ドイツ人地区が捨て子養育に参加しないからであり，ドイツ人の里親が里子の数に比してごくごくわずかしかいないからだ』」［Gutachten 1907, p.37］。

　なぜ「ドイツ人」は捨て子の里親となることを拒否するのか。この疑問に対して，ドヴォジャークはドイツ系地区では里親候補に名乗りを上げようとした

人がいたとしても、自治体が「プロレタリア化」と学費負担を恐れて受け入れ許可を出さないからだ、と指摘した。そして、そうした「危険」があったとしても、捨て子院から支給されるわずかな養育費を欲する「もっとも低い、もっとも貧しい階層」、つまり「チェコ人」の農民が捨て子養育を引き受けているという現状を批判したのであった［Gutachten 1907, p. 38］。

20世紀初頭、オーストリアにおいて確かに国民共同体は自立・自助の主体として法的な裏づけを得つつあった。だが、捨て子に代表される婚外子の養育に関していえば、国民の共同性あるいは扶養の共同負担のしくみはナショナリストが期待していたほど機能していなかったのである。

5　父なる皇帝——帝国の子ども、再び

(1)　「慈悲深き皇帝」

1890年代以降、大衆政治への適合を迫られたのはリベラル勢力だけではなかった。皇帝を中心とする王朝政治もまた、生き残りをかけ、その統合の理念と手法を変容させなければならなかった。隣接するドイツ帝国やロシア帝国は公定ナショナリズム、すなわち王朝の国民化でもってこの課題に応じた。しかし複数のナショナリズム運動が競合するオーストリア＝ハンガリー帝国、とりわけオーストリア側においては、ハプスブルク王朝はこの方策を採ることは不可能に近かった。こうした事態に対応した結果、先述のように、帝国はその一体性を保つために「超国民的」から「多国民的」編成を志向した。この「多国民的」構成において、皇帝は非常大権という強大な権力を裏づけに相互に競合的な諸国民共同体のあいだに立つ調停者としての役割を果たすようになっていた。

しかし、調停者としての役割はそれだけで王朝政治の正当性を保障するものではなかった。皇帝は並列する国民共同体に君臨する唯一無二の存在であり、帝国の一体性を体現する象徴であることを「臣民」に示さなければならなかった。

こうした「顕示」の格好の舞台は、皇室を中心に据えたさまざまな祝祭であ

第9章　帝国の子ども，国民の子ども

った。すでに国民社会の形成と伴に「市民社会」が急速に台頭する1860年代から，宮廷や中央政府は一連の皇室行事から秘儀的要素をそぎ落とし，広く人々に開放し，また人々を動員する世俗的な「愛国行事」へと作り替えていった。前年のバデーニ危機で露わになった国民的分裂を覆い隠すように盛大に挙行された1898年のフランツ・ヨーゼフ帝在位50周年記念祭は，その完成形と位置づけられよう。ダニエル・ウノウスキーによれば，年間を通して実施されたさまざまな行事によって，2つの皇帝像が提示されたという。すなわち，「個人的特性を欠いた，日常のリアリティを超越する崇高な支配者」という像と，「キリスト教的な敬虔さと善良さ，そして現にそこに生きる義務と忍耐の体現者」という像の2つである［Unowsky 2005, p.112］。

　本章の文脈において重要なのは，後者の像とそれに基づく政治実践である。ここで在位50周年記念祭をみてみよう。記念すべき在位50周年に当たる1898年には，皇帝自らの呼びかけで大々的な慈善キャンペーンが実施された。1300近い皇帝の名を冠した慈善基金が新設され，総額1250万グルデンもの寄付が寄せられた。慈善だけでなく文化教育関連の基金や事業も含めると，「帝国の市民，自治体そしてヴォランタリー・アソシエーションは1898年の祝祭を集合的に記憶するために総額で3962万1600グルデンと9.5クローネを寄贈した」［Unowsky 2005, pp.113-119］。慈悲深き皇帝という象徴，そして帝国への「愛国心」は全国規模での強力な集金力を発揮したのである。

　だが，「慈愛深き皇帝」という象徴の意義は単なる集金だけに留まっていなかった。「国家および自治体が……彼らを信頼する住民たちを守ること……その能力を次の段階へと引き上げ，保全するという義務に意識的になってきた」という状況認識のもと，中央政府主導で全国で散在する慈善活動や自治体救貧事業に関して網羅的な調査が実施された。その結果は『オーストリアの福祉事業1848-1898』として公刊され［OeWE 1899］，これが刺激となって，各地の救貧制度改革に関わった活動家や政治家あるいは高級官吏を中心に児童福祉事業の組織化が加速し，1907年，皇帝在位60周年記念に合わせる形で児童福祉分野での初の全国組織「児童保護・青少年福祉センター」が創設された。この傘下には，第4節で述べたナショナリスト系の団体のほとんどが集っていた。皇帝

を核とする帝国への「愛国心」こそが、児童福祉の制度化の端緒を開いたのである。

(2) 婚外子，父，父なる皇帝

帝国＝皇帝を中心とする児童福祉推進運動のたかまりのなかで、婚外子もまた「帝国の子ども」として統合しようという動きが強まった。ここで鍵となったのは後見人制度である。1900年代に入るとオーストリア各地で救貧もしくは捨て子院制度改革と平行して婚外子への公的保護制度確立に向けた動きが活発になっていた。しかし、実践の積み重ねによって明らかになったのは、「記念基金」などをもってしてもなお不足する財源という問題であった。オーストリア全域から各レベルの行政と諸団体の代表者が一堂に会した1907年の「第1回オーストリア児童保護・青少年福祉会議」においても、財源に対する危惧が幾度となく言及された［Protokoll 1907］。つまるところ、国家、領邦、自治体あるいは私的団体いずれもが、婚外子への公的保護を訴えながらも、そのための富の再分配に対する強い不安もしくは抵抗を表明していたのである。

そのような状況のなか、同会議において制度の構成原理としてもっとも支持を得たのが「補完性原理」であった。社会福祉分野において家族や中間団体の活動領域を最大限に確保し国家の介入は最小限に留めるべきとする「補完性原理」とは周知のように現欧州連合（EU）の自治政策の基本方針であるが、そもそもは教皇レオ13世回勅「レールム・ノヴァールム」（1891年公布）で打ち出された概念であった。当然、オーストリアにおいて、この原理をもっとも主張したのはカトリック保守系の活動家であった。カトリック保守の主たる意図はカトリック系組織への国家の介入を拒否することにあったが、婚外子保護に関していえば「補完性原理」は家族という集団の「復興」、あるいは「親の義務」の「回復」を主張する論理として機能することになった［Protokoll 1907, pp. 277-311］。

「親の義務」はきわめて具体的なことを意味していた。すなわち、父親による養育費の支払いである。婚外子の実父に対し養育費を請求しようという動きは1890年代末、捨て子院から始まった。各地の捨て子院は、従来とは違う子ど

も中心の「進歩的」施設であることの証左として「子どもの権利部門」を設置するようになった。ここでいう「子どもの権利」とは「親の義務の遂行を求める権利」と同義であり，同部門の主たる業務は母親に父親の情報を開示させ，父親に養育費を請求することであった。[Pawlowsky 2000, pp. 263-268]。

同様の論理で，孤児福祉を巡る救貧改革においても「実の親」，とくに父親への養育費請求は当局の不可欠な業務として位置づけられるようになっていた[Mischler 1907]。父親への養育費請求において主軸となったのが司法機関の管轄する後見人制度であった。法的にみれば父親との関係が断絶されている婚外子の「父権（väterliche Gewalt)」は，裁判所が認定した後見人が部分的に担うことになっていた。だが，そもそもこの規定は子どもの財産管理を念頭においており，貧困層にみられる婚外子については名前だけの後見人登録が実情であった。しかし，父親への養育費請求という課題が浮上するとともに，後見人の社会的重要性も上昇した。なぜなら，後見権行使のみが父親の情報調査や財産差押えなどきわめて私的な領域に公権力が介入できる手段，つまり，子どもの権利を保護する法的手段だったからである。

児童福祉制度の根幹と目された後見人制度は，1900年ごろから法務省を中心に急速に改革が進められることとなった。1901年，法務省はすべての上級領邦裁判所に対し，後見人制度を通して父親の確定やその扶養義務履行を徹底するよう通達を出した[VBJM 1902, p. 96]。こうした司法当局の動きとともに，捨て子院，あるいは郡裁判所や自治体と連携する半公半民の組織「孤児評議会」などを後見人として認める集団的な「一般後見」が各地に広がり，1910年前後にはウィーンなど都市部で自治体そのものが後見人となるいわゆる「職業後見」の導入も始まった。新制度導入の広がりとともに，後見人制度は婚外子のみならず子ども一般の「権利」を公的に保護する上で切り札とみなされるようになっていった。「義務を放擲した親」のもとにいる婚内子にも適用され，家族への公権力の「介入」を可能にする法的基礎となったのである[Gutenachten 1907]。

「神聖不可侵の私的領域」に「介入」を許す後見人制度の再編は，国家と家族，国家と子どもの関係が決定的に変容したことを意味していた。以下の改革

主導者の言からもわかるように父権を後見する国家の上級後見（Obervormundschaf）こそが，この後見人制度の法的源泉と見なされた。

「……すでに見てきたように子どもの保護のもっとも内的性格は，ちょうど国家の最高後見権を直接に導き出す王国の保護（Königschutz）という本質と同様に，公的＝法的な性格なものだった。したがって現在は，今日的な子どもの保護に含まれている私権的要素を排除し，子どもの保護を公的法権利へと移行する傾向にある。それこそ事の本質に適うことなのだ」［Mischler 1907, p. 107］。

この上級後見を代表するものとは他でもない帝国であり皇帝であった。オーストリアにおいては，帝国＝皇帝こそが，子どもの公的保護——それは親の義務と表裏一体であった——を可能にする諸権能の源泉として，つまり近代的児童福祉制度の根幹として見出されたのである。

6 おわりに

1913年，「第2回オーストリア児童保護・青少年福祉会議」は次のような議長の言葉で開幕した。

「私たちの時代においては共同体の理念がふたたび，以前以上に活き活きとならなければなりません。……（しかしながら）我々は，ドイツや他の国民的に統一した国家のような意味でのみこの問題を解決するのではなく，さらに広範でより困難な意味で解決しなければなりません。私たちの場合，私たちの祖国に住む諸民族（Völker）間に1つの労働共同体（Arbeitsgemeinschaft）を作り上げ，共通の福利と共通のより高次の文化的目標へと引き上げなければならないのです」［Protokoll 1913］。

婚外子福祉からみると，この「共同性」は帝国の一体性と愛国心によって一定程度，醸成されていたといえよう。少なくとも帝国はその役割を引き受けるべきだと期待され，また引き受けようとしていた。もちろん，本文でも述べたように帝国と国民共同体は対立関係にあったのではない。国民共同体は帝国という場で「高潔な競争」を繰り広げる主体となりつつあった。その意味で，両

者は相互補完的であった。

　だが，ここでそれ以上に重要なのは，18世紀末の婚外子福祉と20世紀初頭のそれが質的に大きく異なっていたという点である。18世紀末，帝国は捨て子院を通して婚外子（とその母親）を自らの負担のもとで扶養しようとした。しかし，20世紀初頭に至って，その負担は「実の親」，とりわけ「実の父親」に課された。帝国の「保護」とは「実の親」を見つけ出し，子どもの扶養負担を課す強制力を行使することへと変容したのである。

　しかし，帝国――皇帝による保護の限界は，第一次世界大戦によって露わになった。泥沼化する総力戦下，多くの子どもが「実の父」と物理的に引き離された。困窮する銃後において「実の母」に子どもを「健やかに」養育する余裕はなかった。大多数の子どもは戦前の婚外子と同様の立場に立たされた。1917年末，帝国は新設の社会福祉省を拠点として，「帝国の子ども」たちを扶養するために児童福祉の国家制度化に乗り出した。だが，疲弊した帝国には総力戦の要求に耐えうる余力はなかった。「象徴上の帝国的パターナリズムは臣民の具体的な物質的欲求の重圧にこらえきれず崩壊した」のである［Healy 2003, p. 298］。この「具体的な物質的欲求」に応える政治は，新たに引かれた国境線の内で不断の国民国家化を推し進める継承国の――極めて解決困難な――課題として現れることになる。

⑴　1914年の改正まで，オーストリア一般民法典において婚外子は「家族および親族関係の諸権利から排除され」ていた（ABGB§165）。姓および本籍地に関しては母親のものを引継ぎ父親との関係はほぼ完全に断ち切られていたため，婚外子は慣用的に「半孤児（Halbwaisen）とも呼ばれた。1880年代末の比較統計によると，婚外出生率の各国平均は，イングランドとウェールズが4.5パーセント，スイスが4.6パーセント，イタリアが7.3パーセント，フランスが8.4パーセント，ドイツ帝国が9.3パーセント，スウェーデンが10.3パーセントであるのに対し，オーストリアは14.6パーセントともっとも高い値を記録していた。さらにオーストリア内部でも高率地域はアルプス地方（現オーストリア共和国に相当）に集中しており30～40パーセントに上る地域もあった［Gutachten 1907, p. 90］。

【参考文献】
　小沢弘明（1994）「ハプスブルク帝国末期の民族・国民・国家」歴史学研究会編『国民国家を問う』青木書店
　大津留厚（1998）「アイベンシッツにドイツ系小学校をつくる――ハプスブルク帝国の民族政策」増谷英樹・伊藤定良編『越境する文化と国民統合』東京大学出版会
　Bureau des Kongresses (Hg.) (1907), *Protokoll über die Verhandlungen des Ersten*

第Ⅲ部　歴史的帝国から新しい地域主義（regionalism）へ

Österreichischen Kinderschutzkongresses in Wien, 18. bis 20. März 1907, Wien, Manz' schen k. u. k. Hofverlags-und Universitätsbuchhandlung [= Protokoll 1907]
Bureau des Kongresses (Hg.) (1913), *Protokoll über die Verhandlungen des Zweiten Österreichischen Kinderschutzkongresses in Salzburg, 4. bis 6. September 1913*, Wien, Zentralstelle für Kinderschutz und Jugendfürsorge [= Protokoll 1913]
Commission der Oesterreichischen Wohlfahrts-Ausstellung (Hg.) (1899), *Oesterreichs Wohlfahrts-Einrichtungen 1848-1898. Festschrift zu Ehren des 50-jähr. Regierungs-Jubiläums Seiner k. u. k. Apostolischen Majestät des Kaisers Franz Joseph I.*, Wien, Perles [= OeWE 1899]
Ehmer, J. (2004), *Bevölkerungsgeschichte und historische Demographie 1800-2000*, München, R. Oldenbourg
Healy, M. (2004), *Vienna and the Fall of the Habsburg Empire : Total War and Everyday Life in World War I*, Cambridge, Cambridge University Press
Judson, P. M. (2006), *Guardians of the Nation : Activists on the Language Frontiers of Imperial Austria*, Cambridge, Mass., Harvard University Press
King, J. (2002), *Budweisers into Czechs and Germans : A Local History of Bohemian Politics, 1848-1948*, Princeton, N. J., Princeton University Press
Klabouch, J. (1968), *Die Gemeindeselbstverwaltung in Österreich 1848-1918*, Wien, Verlag für Geschichte und Politik
Mischler, E. (1907), "Kinderschutz und Jugendfürsorge" in : Mischler/J. Ulbrich (Hg.) *Österreichisches Staatswörterbuch : Handbuch des gesamten österreichischen öffentlichen Rechtes* Bd.3., Wien, Alfred Hölder
Okey, R. (2001), *The Habsburg Monarchy*, Basingstoke : Macmillan Press
Pawlowsky, V. (2000), *Mutter ledig-Vater Staat : das Gebär-und Findelhaus in Wien 1784-1910*, Innsbruck/Wien/München/Bozen, Studien-Verlag
Reicher, H., Keller, A. (1909), *Die Fürsorge für uneheliche Kinder : zwei Vorträge*, Leipzig/Wien, F. Deuticke
Unowsky, D. L. (2005), *The Pomp and Politics of Patriotism : Imperial Celebrations in Habsburg Austria, 1848-1916*, West Lafayette, Purdue University Press
Verordnungsblatt des K. K. Justizministeriums, Wien, K. K. Hof-u. Staatsdruckerei, 1 (1885)-30 (1914) [= VBJM]
Vorbereitendes Komitee des Kongresses (Hg.) (1907), *Gutachten zu den Verhandlungsgegenständen des Ersten Österreichischen Kinderschutzkongresses in Wien*, Wien, Manz'schen k. u. k. Hofverlags-und Universitätsbuchhandlung [= Gutachten 1907]
Zahra, T. (2008), *Kidnapped Souls : National Indifference and the Battle for Children in the Bohemian Lands, 1900-1948*, Ithaca/London, Cornell University Press

10 東アジアにおけるグローバル化と地域統合

鄭　敬娥

1 はじめに

　1997年のアジア経済危機，そしてほぼ10年余りを経て再び世界を襲ったアメリカ発の金融危機は，グローバル化のマイナス面を劇的な形で示すことになった。にもかかわらず，世界的にはグローバル競争という名のもとに雇用や教育，年金などの分野における福祉国家論的な価値の放棄がいっそう加速した。その一方で，いわゆる「反グローバリゼーション」あるいは「脱グローバリゼーション」などと称される批判的動きや考え方も多く噴出した。その性格や形態こそ多様であるものの，そこに通底しているのはグローバル資本の暴走による経済的画一化や弱者切捨への抗議と，それぞれの歴史・文化に根ざした多様性の尊重といった主張である [グレイ 1999]。

　しかし，今日，グローバル化の流れから完全に離脱した形の政策選択を行う可能性は限られているといわざるを得ない。そこで，グローバリズムのもたらす複雑かつ重層的な衝撃を前提に，それを管理，あるいは「飼い馴らす」必要性が強く認識されるようになった [Cooper 2008; ヘルド 2004; 松下 2009]。その方法は，国際的な制度や機構，市民的連携など多様であるが，最近再び注目を集めているのがリージョナリズムである。グローバル化の現れ方が強度と特徴の両方において地域ごとに相違し，それに対応した地域的連携が求められるからである [Harkenrath 2007]。またリージョナリズムは，偏狭なナショナリズムを超える枠組みでありつつ，社会的公正さや文化的多様性にも配慮したグローバル秩序につながる可能性を秘めている点でも積極的な評価が与えられる。アジアでも東南アジア諸国連合（以下，ASEAN）に日中韓が加わったASEAN+3

の制度化が進み,「東アジア共同体」建設へ向けた動きが加速化してきた。

　本章では,まずグローバル化とリージョナリズムの関係をグローバル・ガヴァナンス論を射程に入れて検討し,リージョナリズムが求められる背景,およびその可能性を考える。次に,東アジア地域統合の背景および金融協力や自由貿易協定(以下,FTA)を中心とした経済統合の実践を分析することによって,この地域におけるグローバル化とリージョナリズムの関係を明らかにする。最後に,「東アジア共同体」に向けた現状と課題を検討したい。

2　グローバル化とリージョナリズム

(1) グローバル・ガヴァナンス論の台頭

　グローバル化は,国際化や自由化,普遍化,あるいはアメリカ化や非主権化などと多様な意味合いを含む概念として説明されるように多次元的現象である。その進行過程において,領域性に基礎を置く国家は退場を余儀なくされる一方,環境問題や経済格差,雇用や貧困,麻薬犯罪や鳥インフルエンザなどの「非伝統的安全保障」の問題が新たに発生した。したがって,グローバル化をめぐる議論には,その原因や過程,インパクトを検証することにとどまらず,その恩恵を最大限にし,悪影響を最小限にするための政策と手段の研究も含まれている。グローバル・ガヴァナンス論はその代表格といえる。

　グローバル・ガヴァナンスは,地球的諸問題を解決するとともに,人類共通の価値や倫理に基づいた「地球公共財」を提供し発展させていくために,公式,非公式を問わずさまざまなアクターが合意して機能するルールのシステムである[グローバル・ガヴァナンス委員会 1995]。それは,必ずしも単一のモデルや形態を伴うものではなく,むしろ変化する環境に絶えず対処することが求められる。なかでもリージョナル・ガヴァナンス・アプローチを重視するリチャード・フォークは,それが「異常なアナーキズムを緩和する」のみならず,弱者の保護と人類の利益を均衡させる新たな政治的役割を担いうることを強調する[Falk 1995]。

一方，リージョナリズムがグローバル・ガヴァナンスとの関連において意味をもつのは，アメリカ化したグローバリゼーションに対する自らの社会とアイデンティティの防御という側面を兼ね備えているためであるとする議論もある。これまで国民国家を単位として考えられてきた規範的な政治理論を超国家レベルに適用させて考えるグローバル・デモクラシー論，なかでもトランスナショナル地域主義論がそれである［中井 2004, 52-54頁］。ここにおいてリージョナリズムは，国民国家の揺らぎを背景にしつつ，経済や政治等の機能主義的な争点に還元できない問題，つまり個人のアイデンティティや政治的表出の確保を国民国家に代行して担いうるシステムとして模索されている。であれば，地理的な領域性にこだわる意味はなくなり，人々のアイデンティティへの要求を満たす「象徴」としての「意味の空間」が求められる。しかしこのことは同時に，アイデンティティの確保には依然として共有される文化や歴史などの地理的な分布が影響することを示しているともいえる。

(2) 新しいリージョナリズム——グローバル化はなぜリージョナルな対応を促すのか

リージョナリズムは，1960年代のヨーロッパ統合に関する議論が一旦退場した後に，東西冷戦の終結および経済のグローバル化を背景に再び国際的潮流として現れた。「新しいリージョナリズム」あるいは第二派と呼ばれるこの動きは，ある一定の地域的範囲内での経済的相互依存関係により促される地域化として論じられる傾向がある［Bhagwati 1993］。しかし，マイケル・シュルツらは新しいリージョナリズムをより歴史的な一連の世界的構造転換のなかで捉えてこそ，その新しさが把握できると主張する。それは，第1に，二極構造から多極あるいは三極構造（欧州連合（以下，EU），北米自由貿易協定（以下，NAFTA），アジア太平洋）への移行による新たな力の分布と分業構造，第2に，アメリカの相対的なヘゲモニーの低下，第3に，国民国家の再構造化および相互依存，トランスナショナル化の重要性の拡大，第4に，途上国ならびにポスト共産主義諸国におけるネオリベラル型経済発展および政治システムに対する態度の変化，などである［Schulz 2001, p.3］。これらを背景に，新しいリージョナリズムは先進国と途上国の双方を含む大地域統合（メガリージョン）へと動き，

それを推進するアクターの点でも，国家のほかに多国籍企業やNGO，地方自治体，市民社会を含む多様な層を巻き込んだ形で展開した。

　リージョナリズムをより多面的で重層的な構造転換のなかで把握しようとする試みは，グローバル化との関係においても新しい観点を提示する。たとえば関下稔は，新しいリージョナリズムの出現は，今日のグローバル化そのものに内在する性格にも起因することを指摘する。すなわち，世界大の市場化は必ずしも「市場原理」を行き渡らせることを意味しないばかりか，グローバル化の担い手としてのトランスナショナルな企業は，企業内国際分業や技術移転，さらには資金移動のメカニズムを活用した排他的な支配権の確立に向かいがちである。そうしたグローバル市場をアリーナとした熾烈な国際競争の結果，実際には排他的な市場圏と強制領域が支配する場が出現するというのである。こうして，グローバル化は一見画一化や標準化，世界化という外見をまといながらも，富の源泉がローカルな地点に置かれるという意味で，実際には「グローカリゼーション」を進行させている［関下 2006, 225-226頁］。こうした観点は，リージョナリズムによる世界市場のブロック化を警戒した初期のグローバリズム論の予想とは異なり，逆にグローバル化の進行が市場を分節化させる傾向を指摘した点で興味深い。新たな南北問題の出現は1つの実例であろうが，アジア経済危機が示すように，巨大金融資本はその導入をめぐる条件において脆弱性をもった特定地域に集中する傾向をもち，国家をも飲み込むほどの衝撃の大きさを見せつけた。

　これらを背景に，地域統合や通貨統合などのリージョナル化プロジェクトが果たしてグローバル化にとって「躓きの石」か「踏み台」かといった古い二分法的な考え方は大きな変更を迫られている。事実，今日のリージョナリズムは，グローバル化の促進とそれへの防御，という双方向をもって展開している［Cooper 2008］。これらの動きは，グローバル化が進展していくなかで，その影響をより地域の実情に合わせて条件づける，言い換えればガヴァナンスの必要性が高まってきたことを反映している。その意味で，リージョナリズムはグローバルな統合の深化に向けたアプローチであると同時に，場合によってはグローバル化から距離を置いた代替的あるいは補完的な選択を提供しているので

ある。

3 東アジアにおける経済的地域統合

(1) 東アジア金融協力の展開

　アジア経済危機以降に展開した一連の地域的動きのなかで，当然ながら東アジアにおいて最も進んだのは金融分野における協力であった。東アジアでは，「危機再発防止のための安定的な通貨・金融システムの構築」と「域内貯蓄の有効活用」の2つの観点から，域内金融協力に向けた議論が重ねられ，資本取引に関する監視体制の強化や外貨流動性が逼迫した際に外貨を融通しあう二国間通貨スワップ協定によるセーフティ・ネットの構築が目指された。いわゆるチェンマイ・イニシアティヴ（以下，CMI）とアジア債券市場の育成，共通通貨バスケット制などがそのような目的のもとに合意された。なかでもCMIは，1997年に日本の財務省によるアジア通貨基金（以下，AMF）構想がアメリカと国際通貨基金（以下，IMF）の反対や中国の消極的な態度によって挫折したことを受けて，2000年5月にチェンマイで開かれたASEAN+3の蔵相会議で地域的な資金融資機構として正式に立ち上げられ，金融面におけるアジア初の域内協力枠組みとなった。
　これらは，グローバルな金融資本の暴走に際してIMFなど国際通貨当局から迅速で適切な支援を得られなかったという地域共通の認識から生まれた。したがって，資本の移動を地域レベルで管理・監視して安定した金融システムを構築するとともに，危機に際しても地域共同で対応することが目指されたのである。こうしたことから，神沢正典は東アジアにおける「金融的地域主義」を反グローバリズムの動きとして捉える［神沢2005］。実際には，ASEANや中国の対米輸出依存度は依然として高く，とくに中国は巨額の対米貿易黒字によって得たドルを対米債券市場に投資していることなどから，ドル体制を支えているのはアジアであり，東アジアの金融協力を反グローバリズムに結び付けることを疑問視する声もある。しかし，国際収支問題を抱え，短期流動性支援を

第Ⅲ部 歴史的帝国から新しい地域主義（regionalism）へ

必要とする国に短期的な金融支援を提供するこのような地域的システムが，グローバル化に対する自助メカニズム，すなわちリージョナル・ガヴァナンスの性格を強く持っていることは確かであろう。

　その現れとして，2009年2月に開催されたASEAN+3財務大臣会議においては，金融協力の更なる拡充が合意された。具体的には，①CMIの総額を800億ドルから1200億ドルへと増額すること，②域内の経済や為替，金融監督を一元的に監視する独立した事務局を設けること，③現行の二国間協定体制を改め一本の多国間取り決めにし，支援の決定時にも関係国が1ヵ所に集まって意思決定する仕組みを整えることなどである。「CMIのマルチ化」といわれるこのような一連の措置とともに，同年5月にバリ島で行われたASEAN+3財務大臣会議は，事実上の「アジア版IMF」の設立に向けた具体的な行動計画に合意した。従来の二国間協定に基づく外貨融通の仕組みのもとでは，危機に陥った国が各国と個別に支援交渉をしなければならないため，機動性に欠けるという指摘があった。しかし，CMIのマルチ化によって，関係国が1ヵ所に集まって意思決定する仕組みが構築されれば，支援の規模と速度は大きく向上する。すなわち，IMFが担う「通貨金融危機への対応機能」を補完することになる。また，域内の経済や為替，金融監督を一元的に監視する独立した事務局が設置されれば，危機の予兆を事前に察知し，その深刻化を防ぐことが可能となる。これは，IMFの「金融危機の予防機能」の補完である。グローバル化および市場の自由化により経済成長を達成してきた東アジアは，今日，その流れを止めることなく，自らの手によって管理できるシステム作りに取り組み始めたのである。

　特記すべきは，バリ会議において日本が，再び金融危機でアジアの国が外貨不足に陥った場合，円建てで約6兆円を融資する支援策を発表したことである。日本が危機への対応として円の融資を表明したのは初めてである。円の国際化を進めるとともに域内貿易のドル依存からくる為替変動リスクを回避することが主な目的とされる。しかし，その背景には域内金融協力をめぐる日中間の主導権争いを指摘することができる。中国政府は東南アジアとの貿易決済での人民元の利用や「アジア共通通貨」に向けた独自の検討を始めており，CMIの

拠出額においても日本より少しでも多く出すことにこだわったとされる［朝日新聞 2009. 5. 4］。最終的に CMI の拠出額については，各国の経済規模や外貨準備高などが総合的に考慮されたものの，全体の80パーセントにあたる960億ドルを中国と日本が折半し，その次に韓国が16パーセントにあたる192億ドルを，残り20パーセントの240億ドルを ASEAN10ヵ国が分担することで合意がなされた。こうしたことは，多くの資金を提供する日中韓の3国が互いに意思決定における重大な権限をもつことになり，その意見がまとまらなければ CMI のマルチ化またはアジア版 IMF の実現も難しくなることを意味する。東アジアの地域経済統合における日中韓の協力がますます必要とされるゆえんである。

(2) FTA・ネットワーク

東アジアにおいて，金融分野の協力とともに進んだのが FTA の締結である。1998年から2000年頃を境に各国が FTA 交渉に向けて動き始め，現在では交渉中のものやその前段階にあるものを含めてその数は急増している。このような状況を山本吉宣は前記した新しいリージョナリズムの連続線上の第三波として位置づける［山本 2007］。メガリージョンへの指向を強めていた1980年代末からの動きとは逆に，1990年代後半になると世界的に二国間協定（一地域と一国家間を含む）が主流になるためである。

なぜ，東アジアにおいて FTA が急増したのか。それには第1に，世界貿易機関（以下，WTO）における貿易自由化交渉の停滞が挙げられる。ウルグアイ・ラウンド交渉，そして2001年以降現在まで続くドーハ・ラウンドはいずれも先進国と途上国間の葛藤により膠着状態に陥った。FTA 交渉は多角的交渉におけるバーゲニング・パワーの獲得とともに，それが失敗した場合のセーフティ・ネットにもなるのである［Mansfield 2003］。第2に，アジアにおいては経済危機を契機に地域統合の機運が高まりを見せ，それがたぶんに競争的な様相を帯びていることである。2001年11月に中国が ASEAN との間で「10年以内の自由貿易地域設立」に合意すると，翌年1月にシンガポールを訪問した小泉首相は，「日・ASEAN 包括的経済連携構想」を提案した。日中両国に遅れをとった形となった韓国は，2004年9月に ASEAN と FTA 締結交渉開始に合

意したが，その実現期限を，中・ASEAN間の2010年，日・ASEAN間の2012年より早い2009年に設定した。第3は，中国経済の台頭である。東アジア諸国にとって成長著しい中国との経済協調を強化することはアメリカ市場，およびドル依存体勢から脱却するとともに，自国経済を活性化させる道であるという意識が芽生えた。中国自身が域内協力に積極的な姿勢を示していることもこのような流れを加速させた。中国は，多くの先進国が加盟しているWTOの枠組に縛られるよりも，FTAを通して主導権や発言権を確保することを重視する傾向にある。中国とASEAN10カ国の間に締結されたACFTAは，約19億の人口を擁し，その貿易額は4兆5000億ドルに上る「世界最大のFTA」とされる。そこから締め出されまいとする危機意識が各国に拡がるのも無理はないことであろう。このように，1つのFTA交渉が他のFTA交渉の引き金となる現象をボールドウィンは「ドミノ理論」で説明する。つまり，他の諸国間のFTA締結の動きに触発され，それによる損害を事前に，あるいは事後的に回避するために，自らもFTA締結に走るというメカニズムである［Baldwin 1993］。東アジアはいま「FTA競争」の真只中にあるといえる。

　FTAはその形態においても多様である。関下は今日のFTAをそのタイプによって4つに分類する。第1に，米韓の間で成立したような，アメリカが進める知的財産権保護と安保条項の承認を条件とする「覇権国型」，第2に，日本とメキシコの間のような工業国と農業国との間の伝統的な国際分業関係を基礎にした「産業補完型」，第3に，日韓の間のような工業国同士の，主に部品と完成品との間の同一産業内での水平的な「相互依存型」，第4に，EUがアフリカを中心とした途上国との間で進めている「地域共同型」である。この場合，その利益は個別的というよりは参加国全員が恩恵を共有できると考えられる［関下 2006, 229-230頁］。実際には，ある国・地域はいくつもの国・地域と協定を結ぶことによってその利益を追求することが可能であり，その相手は国家政策により慎重に選び出されるのが現状である。

　ところで，図表10-1にみるように東アジアにはASEANの自由貿易地域（AFTA）以外に多国間FTAは存在しない。基本的には日，中，韓それぞれがASEANとの間に個別的に結んだバイラテラルFTAが主であり，日，中，韓

第10章 東アジアにおけるグローバル化と地域統合

図表10-1　ASEAN と日・中・韓の EPA／FTA 締結状況

(2009年8月現在)

	日　本	中　国	韓　国	ASEAN
発効	シンガポール，マレーシア，チリ，ブルネイ，ASEAN，メキシコ，フィリピン，タイ，インドネシア	アジア太平洋貿易協定（旧バンコク協定），香港，マカオ，ASEAN	チリ，シンガポール，欧州自由貿易連合（EFTA），ASEAN，アジア太平洋貿易協定	AFTA 中国 韓国 日本
合意	スイス，ベトナム	ペルー，チリ，ニュージーランド，パキスタン	米国（両国議会で未承認），インド（仮署名済み），EU	豪州，ニュージーランド，インド
交渉中	韓国（中断中），豪州，インド，湾岸協力会議（GCC）	GCC，豪州	日本（中断中），GCC，カナダ，メキシコ，ペルー	EU
検討中	ペルー，中国，ブラジル，台湾，日中韓，ASEAN+3	シンガポール，日本，インド，韓国，アイスランド，日中韓 南米南部共同市場（MERCOSUR），ロシア・中央アジア4カ国	豪州，ニュージーランド，トルコ，コロンビア，中国，日中韓 MERCOSUR	アメリカ

出典：各種資料により筆者作成。なお，ASEAN 加盟国も個別に FTA 交渉を行っているが，ここでは割愛した。

の間に FTA 協定は結ばれていない。「ASEAN+1」が3つあるのみである。このことは，ASEAN+3の主要会議や東アジア・サミットにおいて，ASEAN が主導権を握ることを可能にする1つの要因となっている。[1]

　二国間 FTA をいくつ締結しても，特定の1ヵ国との取り決めの積み重ねに過ぎず，複数国間の取り決めにはならない。FTA の本質が差別性にあることを考えれば，このような現象は貿易の自由化あるいは国際的な分業体制を構築する観点からは必ずしも好ましいとはいえない。とりわけ二国間 FTA の錯綜により引き起こされる典型的な問題として，原産地規則（rule of origin）が指摘できる。たとえば自動車のように，多くの部品で構成され，それが複数の国から輸入される場合，この自動車の「原産国」を決めるには一定のルールが必要になる。その1つが，いわゆる地域調達率（regional content）である。しか

し，輸出先国ごとに FTA の数だけ異なるルールが存在するとすれば，原産地規則の束によって人工的な生産ネットワークが無限に作られることになる。こうして，FTA の錯綜する様がまるで皿のなかでスパゲティが複雑に絡み合う様子に似ていることからスパゲティ・ボール現象といわれ［バグワティ 2004］，二国間 FTA のコストと考えられる。こうしたコストを減らすために，欧州ではEU が拡大し，米州ではFTAA といった地域大のFTA が進行したのに比べて，東アジアでは地域全体を束ねる FTA は遅れているといわざるを得ない。

　ところで，グローバル化に対して，一見伝統的なリージョナリズムの形をとっている今日のFTA 協定は，その実，先進工業国との貿易自由化や直接投資の流入を進める新自由主義理論に立脚して進められている。その点に注目した神沢は，前記したように東アジアにおける金融協力を反グローバリズムの動きとして論じたのに対して，FTA については「新自由主義的地域主義」と位置づける［神沢 2005］。FTA はグローバル化を地域レベルで着実かつ確実に進めるための「積み木」(Building Block) 的な性格が強く，WTO においてもグローバル化を補完するものとして容認されているのである。FTA 本来の差別性ゆえに，その増加が必ずしもグローバルな貿易自由化の拡大を意味しないことは前述のとおりである。しかし，現在の東アジアにおいて，グローバル化を補完あるいは強化するものと，グローバル化に対して地域レベルの防御装置を講ずる方向の2つの流れが並存していることは注目に値するといえる。

4　「東アジア共同体」形成へ向けて

(1)　「東アジア自由貿易地域」(EAFTA) への期待

　2000年11月に金大中大統領によって設置された東アジア・スタディ・グループ (EASG) は2年後の ASEAN+3首脳会議に提出した最終報告書のなかで，「優先度の高い長期的目標」として，ASEAN+3の「東アジア・サミット」への進化とともに，東アジア自由貿易地域 (EAFTA) の建設を掲げた。その背景には，二国間 FTA の限界や弊害に関する認識が広がったことに加え，広範

囲なFTAの方がより大きな経済効果が見込まれることや地域内分業により事実上の経済統合が進んでいるなどの実際面での事情があった。しかし，それ以上に，将来的に「東アジア共同体」の創設を見据えたうえで，地域大のFTAの形成は避けては通れないという問題意識があったからである。

現在のように各国が何の調整もなく進めている二国間FTAの総体がそのままEAFTAに発展するとは限らない。にもかかわらず，2008年までに日中韓それぞれがASEANとの間にFTA締結を完成させたことは，地域大の貿易協定に対する期待を一層高めることとなった。ASEANは関税同盟ではないため，実際に関税引き下げ交渉は各国と個別的に行う必要がある。それでもそれが二国間FTAと異なる点は，関税分類や税関手続きの共通化，知的財産権保護などルール策定の統一化が図られる点である。なかでも重要となるのが，AFTAが従来用いてきた「累積原産地規則」が採用されることである。これは，域内の複数国で製造・加工された部分を合算（累積）して原産地を判断するルールであり，たとえば「日本・ASEAN産」と表記されることにより，域内調達率がより達成しやすくなる。

しかし，東アジア全体を視野に入れた自由貿易地域を形成するためには，3つの「ASEAN+1」に留まらず，より大きな枠組みによる統合が求められる。その方策，時期，構成国などに関してはさまざまな議論があるが，EAFTAを実現させるためのシナリオは，以下の3つに要約することができる。第1に，ASEAN+3の13ヵ国が集まって新たにEAFTA交渉を始める方法である。しかし，二国間FTAが進んでいる現状から，新たにEAFTA交渉を始めるというのは現実性に乏しいとみられる。第2は，まず日中韓FTAを締結し，それをAFTAと統合する案である。AFTAの域内自由化度が低く時間がかかることが予想されるため，ASEAN域内の自由化と日中韓3ヵ国のFTA交渉を並行させるという考えである。言い換えれば，日中韓3ヵ国による「東北アジアFTA」さえ実現されれば，EAFTAへの道程も早まるであろうというのである。域内先進国である日韓両国がまずFTAを締結し，これに中国とASEANが加わる案もその1つである。しかし，肝心の日韓FTA交渉が中断しており，日中韓FTAについても共同研究は行われているものの，具体的な

交渉入りの予定はないために、いまのところその実現可能性は低い［みずほ2005］。そこで第3に、もっとも可能性の高いシナリオは3つの「ASEAN+1」FTAの統合である。中国経済が許認可基準や法運用の解釈などにおいて若干の不透明性をはらむにせよ、関税率などWTO加盟時に約束した2010年の目標値を2007年の時点でほぼ達成しており、総じてスケジュールどおりに自由化が進んでいると判断されることがその背景にある［佐藤 2007］。しかし、すでに動き出した3つの異なるFTAを調整することの難しさから、この案も具体的に動いている様子はみられない。ほかにも、所得水準などによって東アジア諸国をグループ分けし、EAFTA全体のスケジュールを設定する案がある。たとえば、日本や韓国、シンガポールを第1グループにし、中国やASEANのいくつかの国々と、ASEANの後発国を分け、グループごとに関税撤廃や政策協調のタイム・スケジュールを策定するという考えである［木下 2002］。しかし、これもまた複雑な手続きを繰り返さなければならず、時間がかかりすぎるという問題点がある。

　上記のEAFTAに向けた案において、いずれも鍵を握るのは日・中・韓、とりわけ日中FTAの締結であろう。中国は、2002年11月に朱鎔基首相が日中韓FTAを提案し、2005年に王毅駐日大使も日中FTAの推進を訴えるなど、積極的な姿勢を見せている。韓国の盧武鉉大統領も2003年2月に行われた就任演説において、東北アジアにおける韓国の役割を日中両国の架け橋として位置づけ、その後の李明博大統領も中国とのFTAを積極的に検討している［深川 2009］。日本が慎重な姿勢をとり続けるなか、このまま事態が推移すれば、日中に先立ち中韓FTAが実現し、日本抜きの「東アジア自由貿易地域」が事実上完成するという状況もありうる。しかし、日中という東アジアの二大経済大国の関係を抜きにしたEAFTAが果たしてどれだけ影響力をもつかは疑問であり、それだけに日本の姿勢が問われているといえる。

　東アジア内で地域統合の必要性が共有されつつも、その具体的な内容において進展が乏しいのは、統合の深度や参加国の範囲、リーダーの問題、域外国との関係など問題が山積しているからである。言い換えれば、FTA締結の先にある東アジア共同体に関する地域イメージがいまだに共有されていないことに

起因しているともいえる。

(2) 「東アジア共同体」形成における課題

東アジア地域統合をめぐる論点の1つ目は，EU型の深い経済統合を目指すのか，それともFTAにとどめるのかという点である。NAFTAやその拡大版である米州自由貿易地域（FTAA）がEU型を前提としていないことから，東アジアも必ずしも統合の深化を目指すべきではないとする意見がある。一方，域外との差別化を図り，域内の結束を高めるためにも共通関税率を適用する関税同盟を図る必要があり，できれば共同市場にまで進めるべきとする主張もある［山下 2008］。いずれも経済統合を①自由貿易地域，②関税同盟，③共同市場，④経済同盟，⑤完全なる経済統合の5段階に設定したベラ・バラッサの理論に基づいた議論である［Balassa 1962］。

バラッサの議論がいまだに力を得ているのは，EUという「成功例」があるからであろう。これに対して毛里和子は，東アジアの地域主義にとって，ヨーロッパははたして追い付くべきモデルなのか，それとも「例外」なのか，あるいは1つの参照事例に過ぎないのかという問いを投げかける。そして，「東アジア・コミュニティ」をデザインする際の「基本的コンセプト」を次のように提起する。すなわち，東アジアは国家や諸国民のほかに，「地域コミュニティや『地域大』の市民社会を基礎にする」ことが求められ，ナショナリズムの存在やグローバル化による問題領域の拡大に鑑み，教育や福祉，情報の共有や環境，テロリズムへの対抗などさまざまな分野において多層的なコミュニティを形成すべきである。そして，何よりもナショナリズムを克服し，信頼を醸成するためには「地域公共財」の創出が必要で，それは一部の大国ではなく，地域全体が提供するというコンセプトの共有が不可欠である，と［毛里 2007, 25-26頁］。FTAに基づいた東アジアの地域統合がややもすると国家中心主義に陥りがちで，グローバルな諸問題に対応するための市民的観点が抜け落ちている状況を考えると，毛利の議論は多くの示唆を与えているといえる。

東アジア地域統合をめぐる論点の2つ目は，参加国の範囲をめぐる問題である。いまのところ，ASEAN+3が中核メンバーとなることについて異論はない

ように思われる。しかし、問題はその周辺国の参加の是非である。経済関係を考えるのであれば、台湾や香港を含めるべきとする議論は多く、「3つの中国」を実現させたアジア太平洋経済協力（APEC）の前例があることから、準メンバーやオブザーバーとしての参加も考えられる。北朝鮮やモンゴルについても、将来的に条件が整えば参加国候補とするのも可能であろう［田辺 2005］。それよりもメンバーシップをめぐる論争の中心には、ASEAN+3を取り囲むオーストラリア、ニュージーランド、インドの参加をめぐる問題がある。前記したEASGは2002年に提出した最終報告書のなかで、東アジア共同体建設の主たる手段（the main vehicle）としてASEAN+3を位置づけ、首脳会議でも了承された。ところが、2005年12月の第1回東アジア・サミットの際に日本が参加国の範囲拡大を提案したことにより、東アジア内にASEAN+3とそれにオーストラリア、ニュージーランド、インドが加わった東アジア・サミットの2つの枠組みが並存することになった。これは、東アジア・サミットと東アジア共同体との関係を曖昧にしただけでなく、エネルギーの分散を招き、東アジア共同体建設そのものを危うくしているとの批判を受けている[2]。その背景にある考えの1つは、グローバル化との関係において地域経済統合をどう位置づけるかに関する戦略の違いである。とりわけ、日本にとって地域的な限定はとりあえずの第一歩ではあっても、さらに可能な範囲での拡大が常に求められるという事情がある。もう1つは、東アジアの地域アイデンティティをめぐる葛藤がある。かねてより、アジアのアイデンティティが疑問視されるなか、ASEAN諸国は自らが40年以上培った経験に基づいて東アジアの地域統合において中心的な役割を果たそうとしている。そこに、APECの枠組みを連想させるようなオセアニア2ヵ国が加わることに拒否感を示したのである。

　域外大国とりわけアメリカとの関係をいかに設定するかも、安全保障のイシューと絡み、アジア諸国にとって悩ましい問題といえる。2002年に発せられたEAI（Enterprise for ASEAN Initiative）にみられるようにアメリカは、ASEAN諸国との個別的なFTA交渉の動きを見せている。2005年11月には「アメリカ・ASEANの強化されたパートナーシップ（The U.S.-ASEAN Enhanced Partnership Initiative）」を発足させ、政治・安全保障協力、経済協力（FTAを

含む),社会,教育協力などの強化を目指している。こうしたことは,アメリカとASEANの関係を日中韓のそれとほとんど変わらない地平におくものである。その意味で,かつてのような露骨な反対はしないものの,東アジアに排他的な地域統合が進み,自国が排除されることを防ぐというアメリカの基本的戦略は変わっていない［山本 2007, 323-324頁］。東アジア地域は,ASEAN地域フォーラム（ARF）以外には地域共通の安全保障共同体をもたず,そのARFは北朝鮮の核問題や中台の緊張に対してほとんど影響力を行使できないという現実が,東アジア共同体構想に影を落としている。

5 おわりに

東アジアでは,アジア経済危機以降ASEAN+3を中心として急速にリージョナリズムが進んだ。その背景には,グローバルな資本移動がアジアで危機を起こした張本人であり,それを促進したIMFの誤った処方箋によって,危機が一層深刻化したという共通の認識が定着したという事情がある。したがって,ASEAN+3を枠組みとした東アジア協力の動きは,グローバル化を地域レベルで管理し,調整するためのリージョナル・ガヴァナンスの一環として理解することができる。

一方,東アジア共同体構想は,金融協力やFTA協定などの経済的地域統合に基づいて進展させるべきものと考えられている。しかし,その方向性や参加国の範囲およびアイデンティティの問題に関して,地域的合意が形成されているとはいえない。さらに,安全保障の分野においてはいまだに地域共通の枠組みは存在しない。したがって,現状としてはASEAN+3を核としながらもすでに重層的に存在するさまざまな枠組みのなかで対話を発展させ,相互の連携を図ることによって,グローバルな問題への対応を促すと同時にリスクを回避することが求められるといえる。

ところで,東アジア共同体をめぐる議論は,それがアジア危機への対処という側面から始まった経緯もあり,国家主導によって進められている感が否めな

い。各国の政府が主導権争いや「市場原理」に基づくグローバル化をめぐって競争を繰り広げている現状に鑑みると，そもそも東アジアのリージョナリズムが民間主導の経済協力や交流によって始まったことを想起する必要があると思われる。ますます広がる経済格差や人権，環境など，この地域に内在する課題に対応するためには，上からの制度構想のみならず，より下からの市民社会の形成を促し，東アジア共同体構想に内実をもたせることが緊要であると考えられるためである。

(1) このような東アジアのFTA構造を山本は「逆ハブ・スポーク・システム」と呼んでいる。通常，中心に大きな国あるいは市場があり，それに小さな国がFTAで結ばれている状態をハブ・スポーク・システムと呼ぶならば，東アジアはその逆の形をしているというのである。これはASEANをハブとした構造とみることもできるが，市場が日本や中国に比べて弱すぎる［山本 2007, 322-323頁］。同様の構造をボールドウィンは東アジアの「うどん鉢」(noodle bowl) と呼んでいる［Baldwin 2006］。

(2) そもそも2002年1月に小泉首相がシンガポールで提案した「共に歩み共に進むコミュニティ」構想では，ASEAN+3に加え，オーストラリアとニュージーランドが中心メンバーとして想定され，これに基づいて2005年の東アジア・サミットに向けた提案が行われた。当初，多くのアジア諸国が反対したが，日本の働きかけにより，東アジア・サミットがASEAN+3に取って代わるものでなく，新たな枠組みとして誕生するならばやむをえないという雰囲気に変わっていった。それに最も反対した主催国のマレーシアは，東アジア・サミットの形骸化を図るために，新たにインドを加えたとされる。このような経緯につき，もっとも痛烈な日本批判を行っているのは，［山下 2008］である。

【参考文献】

木下俊彦（2002）「ASEAN10と日韓中FTAの展望」浦田秀次郎・日本経済研究センター編『日本のFTA戦略』日本経済新聞社

グレイ, J.（石塚雅彦訳）（1999）『グローバリズムという妄想』日本経済新聞社

グローバル・ガヴァナンス委員会報告書（1995）『地球リーダーシップ――新しい世界秩序をめざして』日本放送出版協会

佐藤公美子（2007）「中国のWTO約束履行状況」日本貿易振興機構アジア経済研究所研究支援部編『アジ研ワールド・トレンド』141号

神沢正典（2005）「グローバリゼーションと東アジアの金融的地域主義」外国為替研究会編『国際金融』1145号

関下稔（2006）「東アジア経済共同体とグローカリズム」『立命館国際研究』18巻3号

田辺智子（2005）「東アジア経済統合をめぐる論点」国立国会図書館編『調査と情報』489号

中井愛子（2004）「グローバル・ガバナンスの構想と批判」内田孟男，川原彰編著『グローバル・ガバナンスの理論と政策』中央大学出版部

バグワティ, J.（北村行伸他訳）（2004）『自由貿易への道』ダイヤモンド社
深川由起子（2009）「日韓の地域主義（リージョナリズム）と『東アジア共同体』の形成」小此木政夫, 文正仁編『東アジア地域秩序と共同体構想』慶応義塾大学出版会
松下冽（2009）「グローバル化とリージョナリズム――リージョナリズムの新たな可能性」篠田武司, 西口清勝, 松下冽編『グローバル化とリージョナリズム』御茶の水書房
みずほ政策インサイト（2005）『「地域大」に移行する東アジアでのFTAへの取り組み』みずほ総合研究所
毛里和子（2007）「『東アジア共同体』を設計する」山本武彦, 天児慧編『東アジア共同体の構築1 新たな地域形成』岩波書店
山下英次（2008）「東アジア共同体の課題2――FTAの次に何を目指すべきか？」『貿易と関税』662号
山本吉宣（2007）「地域統合理論と『東アジア共同体』」山本武彦, 天児慧編『東アジア共同体の構築1 新たな地域形成』岩波書店
Balassa, B. (1962), *The Theory of Economic Integration*, London, Allen and Unwin
Baldwin, R. (2006), "Multilaterizing Regionalism : Spaghetti as Building Blocs on the Path to Global Free Trade," *World Economy*, vol. 29, iss. 11
―― (1993), "The Domino Theory of Regionalism," *NBER Working paper*, 4465, Cambridge, MA.
Bhagwati, J. (1993), "Regionalism and Multilateralism : an Overview," in de Melo, J., Panagariya, A. eds., *New Dimensions in Regional Integration*, Cambridge University Press
Cooper, A. F., Hughes, C. W., Lombaerde, P. eds., (2008), *Regionalism and Global Governance : The Taming of Globalization ?*, London, Routledge.
Harkenrath, M. ed., (2007), *The Regional and Local Shaping of World Society*, Zurich, The World Society Foundation
Falk, R. (1995), *On Humane Governance : Toward a New Global Politics*, University Park, Pa., Pennsyl-vania State U. P.
Mansfield, E., Reinhardt, E. O. (2003), "Multilateral Determinants of Regionalism : The Effects of GATT/WTO on the Formation of Preferential Trading Arrangements," *International Organization* vol. 57, no. 4
Schulz, M., Fredrik, S., Joakim, Ö. eds., (2001), *Regionalization in a Globalizing World : A Comparative Perspective on Forms, Actors and Processes*, London, Zed Books

11 台頭する中国と東アジア秩序
—— 中国の戦略的東アジア共同体論

徐　涛

1　はじめに

　中国の台頭と，サミット開催に至った東アジア地域主義の展開は，東アジア国際政治，ひいてはグローバル秩序における重大な構造変動につながるものとして世界の関心を集めている．とりわけ，30年間にわたって高い経済成長率を維持し，世界第2位の経済大国になろうとしている中国は，自ら東アジア地域統合の「エンジン」と自認し，ASEAN+3（日中韓）を中心とする地域主義を推進しようとしている．さらに中国は，自身の東アジア地域主義戦略を柱として，東アジア共同体論にも積極的にコミットしている．中国の台頭とその積極的な対外アピールは、アジアにおける国際関係の伝統的な基礎が根本的に変わりつつあることを示している［Shambaugh 2004/05, pp. 64-99］．

　筆者が考えるところでは，中国が展開する「東アジア共同体論」は大きく3つのカテゴリーに分けることができる．第1は，戦略的「東アジア共同体論」である．ここでは「戦略」を一定の時期における国家の大局的目的（発展目標）を達成するために，ある手段を主体的に選択するものと理解したい．したがって，戦略的東アジア共同体論は，国家の目標を達成するための手段として「東アジア共同体」を選択し，その推進を主張する議論となる．その議論の担い手としては，中国政府および政策提言を行う政府系シンクタンクやブレーンが挙げられる．次に，第2のカテゴリーに属するのが，比較的中立的で学術的な「東アジア共同体論」である．1970年代終わり頃から，改革開放期に入った中国は大量に欧米の国際関係論を導入したが［王・袁 2006, 2-60頁；王・但 2008, 7-55頁］，地域主義研究が中国国際政治研究者の視界に現れ始めたのは比較的

第11章　台頭する中国と東アジア秩序

遅く1990年代後半であり，主要な研究分野として確立されたのは2000年以降のことである［肖 2006, 370-395頁］。ナショナリズム，地域主義とグローバリズムの関係を軸に地域主義の理論化が模索され，東アジア地域主義を理解する知的基礎が準備されるようになった。最後の第3のカテゴリーが，歴史・思想的「東アジア共同体論」である。これは，中華帝国を中心とする「朝貢システム」としての東アジア秩序，近代日本のアジア主義，戦後冷戦期の負の遺産それぞれに建設的な批判を行い，形成されるべき健全な東アジア地域主義に歴史的・思想的栄養分を注入しようとするものであり，歴史学者・思想史学者が主に活躍する領域である［孫 2002; 汪 2006; 張 2001; 李 2005; 王 2004］。もちろん，外交戦略，学術的地域主義論，歴史・思想の三者は互いに影響しあい，交差するものであるが，まずは区別して整理することが必要であろう。

近年日本でも，東アジア共同体論と中国の台頭をめぐる議論が活発化している［大庭 2008, 443-468頁；東アジア共同体評議会 2005；小原 2005；天児 2006］。毛里和子は，中国が「東アジア」をアジア戦略の中心に据えたのは2000年以降のことであると指摘し，中国の東アジア外交と東アジア共同体構想をめぐる中国側の議論をフォローしている［毛里 2006, 4-14頁］。天児慧と青山瑠妙も中国の東アジア外交の変化に注目し，中国の政策を分析している［天児 2005, 27-41頁；青山 2007b, 93-119頁］。これらは，中国の学者の議論にも注意を向けて中国の東アジア外交を分析した貴重な研究といえるが，いずれにおいても，中国が推進する東アジア地域主義の戦略的側面についてより深い議論を展開しているわけではない。しかし，そこにみられる中国の国家行動を支えているのはまさしく戦略的思考である。したがって，中国の地域主義「戦略」についてのより突っ込んだ分析は，中国の東アジア外交を理解するためにも有益であると思われる。

以上の理由から，本章は中国における戦略的東アジア共同体論に焦点を当て，残る2つの議論については別の機会に譲ることにする。まず，中国が東アジア地域主義に向き合うようになったプロセスを整理したうえで，中国はどのような目的で，どのような東アジア共同体を戦略として提案し，主張しているのかを浮き彫りにする。そして，中国の構想する東アジア共同体は東アジア秩序に

いかなる意味を有するのか，ひいてはグローバル秩序の形成にどのような影響を与えるのかについて考えたい。

2 台頭する大国と東アジア地域主義との出会い

(1) アジアに対する認識──「近隣諸国」から「周辺諸国」へ

1970年代末に毛沢東時代から鄧小平時代に入り，中国外交は経済発展に奉仕すべく「世界革命」から「世界平和の擁護」へと，平和的な国際環境の創出と維持の時代に入った。1978年に東南アジア諸国を歴訪した鄧小平が，中国の政治制度や「革命外交」等の中国側の行動が原因となって，中国と東南アジア諸国との間に安全保障のジレンマが生まれていることに気づいたことは，その後の中国の戦略思想に多大な影響を与えた［唐，張 2004，9頁］。その後，第12回中国共産党大会において，中国は独立自主外交方針を打ち出し，近隣諸国との関係改善を一段と強調するようになった。1983年から中国の「政府工作報告」に「近隣諸国」との「善隣」関係に関する記述が見られるようになり，中国は平和的な国際環境作りの一環として「近隣諸国」を認識し，重視し始めたのである。

しかし，冷戦が終焉に向かうなか，中国の戦略的地位は低下することになる。天安門事件以後，中国は西側諸国による厳しい批判と経済制裁を受け，国際的孤立状態に陥った。国際的孤立から脱却するために，中国は鄧小平の「28字方針」（「冷静観察，穏住陣脚，沈着応付，韜光養晦，善于守拙，決不当頭，有所作為」〔冷静に観察し分析する，立場を確保する，落ち着いて対処する，能力を隠す，低姿勢を維持することに長ける，決して指導者にならない，何らかの成果をあげる〕）のもと，「一圏・一列・一片・一点」の対外戦略に基づく外交を展開するようになった［趙 2007, 50頁；姜 1996, 56-57頁］。アジア外交（一圏），先進国外交（一列），発展途上国外交（一片），アメリカ外交（一点）という目指すべき4つの方向性が，その後の中国の全方位外交には含まれている［青山 2007a, 336頁］。

厳しい姿勢をとる西側諸国とは対照的に，アジア・アフリカ諸国は中国との

国交樹立や国交回復，首脳の訪中等で大いに友好的な姿勢を見せていた。1980年代後半から1992年にかけて，中国は，インドネシア（1990年），シンガポール（1990年），ブルネイ（1991年），ベトナム（1991年），インド（1992年），韓国（1992年）などのアジア諸国と相次いで国交回復・国交正常化を果たす。これで中国はすべてのアジアの国との国交樹立を果たした。これを受けて，1992年第14回中国共産党大会の報告において江沢民総書記は，「周辺諸国との善隣友好関係は建国以来最も良い時期にある」と強調した［『人民日報』1992年10月21日］。さらに同大会において，「絶えず我が国と周辺諸国との善隣関係を発展させ，発展途上諸国との団結と協力を強化していく」外交方針が初めて中国共産党規約において謳われたのである［『人民日報』1992年10月22日］。その後も，党規約上，この外交方針は維持されている。ここで中国外交の基盤を成す「周辺諸国」との友好関係が出来上がり，後に登場する東アジア地域主義の政治的基礎が用意されたのである。

(2) ASEANへの接近から東アジア地域主義へ

1991年の第24回ASEAN外相会議の開会式に中国外相が出席したことから始まった中国とASEANの関係は急速に拡大していった。1993年に中国はASEANの協議パートナーとなり，1996年にASEANの正式対話国となった。さらに1997年に中国―ASEANは，「21世紀に向けての善隣・信頼のパートナーシップ」を確立したのである。その間，中国はASEAN地域フォーラム（ARF）にも加わったが，「非公式，内政不干渉，コンセンサス」を特徴とする「ASEAN Way」［Acharya 1997, pp.1-25］は，多国間外交に参加する際の中国側の疑念を解消し，多国間外交への中国の前向きな姿勢を生み出すことに貢献した。

1997年のARFでは，中国外相は「相互信頼，相互利益，平等，協力」を中核とする「新安全保障観」を提唱し，ARFに一層積極的な姿勢を見せるようになった。そして，同年の第15回中国共産党大会報告は「積極的に多国間外交活動に参加し，我が国の国連やその他の国際組織における役割を十分に発揮」し，世界諸国との「共同発展」を促進していくと主張し，多国間外交方針を固

めたのである［『人民日報』1997年9月22日］。

　1997年の東アジア通貨危機の最中に登場したASEAN+3がASEAN+1（日 or 中 or 韓）や日中韓といった新たな枠組みを生み出しながらリージョナル・ガヴァナンスの中核を担い、「東アジア」を形成していくわけであるが［田中 2003, 269-306頁；徐 2008, 134-157頁］、このプロセスで中国は、「近隣諸国」から「周辺諸国」を経てついに東アジア地域主義と出会ったのである。これらの地域協力枠組みは、中国の東アジア地域外交の登場に重要なプラットフォームを提供することとなる。

　その後中国は、ASEANとの関係をさらに拡大・深化させていった。それは「包括的経済協力枠組み協定」「南シナ海行動宣言」「非伝統的安全保障分野における協力宣言」「東南アジア友好協力条約（TAC）」「平和と繁栄のための戦略的パートシップ共同宣言」の調印などに現れているが、同時に、東アジア地域の枠組み作りにも積極的な姿勢を示していった。1999年のASEAN+3首脳会議では、APECよりもはるかに広がりをもつ分野での協力に合意した「東アジアにおける協力に関する共同声明」が採択され、地域協力は急速に展開していく。そうしたなか、2002年の第16回中国共産党大会で中国は「與隣為善，以隣為伴」（隣りと仲良くし、隣りをパートナーとする）と地域協力の強化を中心とする東アジア外交方針を打ち出し、東アジアを中心に地域秩序を構想するようになっていく。

　以上、中国政府の対外方針が展開を見せるなか、中国の識者たちはどのような東アジア地域主義戦略を語り、構想してきたのだろうか。

3　中国の戦略的東アジア共同体論

(1) 地政学的観点からの東アジア戦略と東方の復興

　近代以来の中国を含む東アジアの歴史は、中国の衰退、欧米列強の侵略、日本の脱亜入欧を特徴とし、さらに第二次世界大戦後も冷戦とアメリカの突出的プレゼンスにより諸国は離散性を脱却できなかった。そのなかで中国自身も近

代化路線に乗り遅れたため，中国は，自身の東アジア戦略を長くもつことができなかった［林 2005, 190-198頁］。中国がASEANとASEAN+3に一層積極的な姿勢を見せるようになったのは2000年以降であり，したがって中国が東アジア地域主義戦略を本格的に展開し始めたのは21世紀に入ってからのことであるとしばしば指摘される。しかし，筆者は，中国における東アジア戦略構想は，共産党指導部のブレーンとされる何新（元社会科学院研究員，現在，中国人民政治協商会議委員会委員）が1988年と1990年に中国共産党指導部に提出した2つの研究レポートのなかにみることができると考える。2つのレポートは，冷戦構造崩壊の直前にアメリカの存在を意識しつつ打ち出された地政学的戦略構想であるが，中国の国家発展に有利な環境を創出するための地域戦略や多国間主義外交を提唱したものであった。しかし，従来，日本と中国の学界では，何新が中国共産党指導部に提出した研究レポートがもつ重要性はほぼ見過ごされてきた。しかし，冷戦終結を迎えるなか，1990年12月11日の『人民日報』（第一面から第三面まで）が何の3万字近くに及ぶ大論文「論世界経済形勢與中国経済問題——何新與日本経済学教授Ｓ的談話録」を掲載したことからもわかるように，その当時，中国指導部は何新の提案を重視していたと思われる。

1988年に出された第1のレポート「中国近代化の国際環境と外交戦略を論ずる」［何 2003, 51-75頁］において，何は，まず21世紀前半の世界がエネルギーと資源の危機に直面すること，かつソ連が改革の失敗によって分裂する可能性があることを予測した。将来を的確に見通したうえで何は，地政学的観点にたち，「東アジアにおける新しい経済的軍事的超大国の出現を意味する」中国の近代化という国家発展目標がアジア太平洋地域における勢力均衡を破るものであり，アメリカや日本の戦略的利益と根本的に矛盾することを強調する。冷戦の終焉とソ連の崩壊を先取りした何は，残された社会主義大国中国の発展に強い危機感を覚えつつ，早急に中国自身の最大かつ長期的国益を主軸に据えた世界戦略思想の体系を確立することを提言したのである。

最初のレポートが出された半年後に天安門事件が起こり，中国が国際的孤立に陥ったことを受け，1990年，何は第2のレポート「中米日関係の戦略背景と対策を論ずる——90年代中国国際趨勢に関する研究」［何 2003, 76-99頁］を中

第Ⅲ部　歴史的帝国から新しい地域主義（regionalism）へ

国指導者に提出し，中国がいかに国際的孤立から抜け出せるかを中心に論じた。ソ連が動乱・分裂に陥ることが確実になるなか，中国が「統一したグローバルな世界連邦帝国」を目指すアメリカから戦略的潜在的敵国とみなされていることを何は重視する。アメリカの推進する「民主」は戦略闘争の道具であり，中国を内乱に陥らせる最も有力な口実でしかない。中国は戦略的孤立の局面から抜け出すべく，アメリカの潜在的戦略的相手となりうるあらゆる国家のなかから盟友を探し出さねばならない。そのことを前提に，何は，「日本と連携し，ドイツと呼応し，東南アジアを安定させる」連衡戦略を前面に打ち出した。

何によれば，日本はアジア太平洋地域におけるアメリカの潜在的ライバルであり，中国にとり，日本と連携し東アジア地域を安定させることが戦略上重要性をもつ。なぜなら，ソ連が崩壊すれば，中国と日本はそれぞれアメリカにとって第1位の政治的ライバルと第1位のグローバルな戦略的経済的ライバルとみなされるからである。そこで提案されたのが，世界戦略の観点から全面的に日中関係を見直し，戦略的日中協力関係の締結の可能性を検討することであった。日中間で「戦略的協力関係」を結ぶことこそが，当時中国が直面した経済的困難と国際的孤立からの脱却の道を切り開き，中国を滅ぼそうとするアメリカの戦略的意図を粉砕できる最適方針であるというのである。アメリカに対抗するために，日本，とりわけ日本の資金と技術を重視する観点を示したことから判断して，何は中国における「対日新思考」の先駆者といえる。

日本重視の姿勢を示しつつ，それを前提にして，何は，やはりヨーロッパにおけるアメリカの潜在的ライバルとなりうるドイツに目を向け，ドイツの統一およびヨーロッパ統合を支持すべきことを主張した。さらに，インドシナ，東南アジアを中国にとって重要な戦略的周辺地域と位置づけ，この地域がアメリカの反中根拠地になることと他の域外大国がこの地域を経済的に支配するのを防ぐべく，早急にカンボジアの平和を回復させ，ベトナムと国交を回復してインドシナを安定させるとともに，東南アジアに経済的進出をはかるという地域戦略を提唱した。

以上に加えて，行論との関係で重要なのは，何が，統合を進めるヨーロッパや東南アジアに着目したように，アメリカの一国覇権，アメリカの主導による

世界経済政治の一体化＝実質的な帝国化に対するオルタナティブとして，諸大国の協調と連合をベースとした「多極的地域主義」（本書序論参照）とでも表現できる共生共存の世界の一体化路線を提示した点である［何 2003, 99頁］。そのためにも，ヨーロッパや南米と並んで，中国と日本を中心とする経済政治共同体を構想する必要があり，それを目指して，中国は「多元的多国間外交」を推進すべきなのであった。

また，1988年のレポートや1993年のアルビン・トフラーとの対談のなかで，何は，中国が独自の力量で全面的な工業化を実現することは困難であるものの，シベリアや中央アジアの資源，日本およびアジア新興工業経済地域（NIES）の資金と技術，中国自身の強大な人力がある種の形で結合できれば，世界史における最も強力な新工業文明の中心として「東方の復興」が実現することを指摘している［何 2003, 232-242頁；何 1996］。地政学的観点に立つ何は，この地域における強大な経済力をもつ日本をライバル視しながらも，東アジア地域全体の復興に中国の発展を見出そうとする姿勢では一貫していた。

このように，1990年前後，国際的孤立の打破と中国の生存という目的から，アメリカの世界戦略に対抗すべく，何は，連衡戦略，周辺地域重視，多元的多国間外交，東方全体の復興における中国の近代化を提案し，中国と日本を中心とする東アジア経済政治共同体を早くから展望していたのである。その後の中国外交の展開には，東南アジア外交，パートナーシップ外交など何の提案に一致する側面がいくつかみられたし，何よりも何の提案は，その後に展開される各ブレーンによる議論の大枠を先取りしていたと思われる。

(2) 大国戦略としての東アジア地域戦略

1990年代後半，とくに21世紀に入り，中国が，それ以前の重大な国内外の危機を乗り越え，大国の道を歩み始めたことが誰の目にも明らかになった。こうして，新たに「大国戦略論」や「平和的台頭論」が登場するようになったが，その場合でも，多国間主義外交の姿勢，そして何よりも東アジア地域を重視する姿勢は維持されている［王，金，秦 2007］。というのも，中国の大国戦略論を背景で支えていたのは，国力の強化はもちろんとしても，この間のアジア太平

第Ⅲ部　歴史的帝国から新しい地域主義（regionalism）へ

洋経済協力（APEC）や ARF を通じての多国間主義（multilateralism）外交の経験があったと考えられるからである。たとえば，秦亜青（外交学院副院長）は戦略と規範という多国間主義の２つの側面を指摘し，グローバル・イシューの増大と国際組織の重要性の高まりを受けて多国間主義の重要性がますます高まっていることを論じた［秦 2001, 9-13頁］。また，王逸舟（社会科学院世界経済政治研究所副所長）は，多国間主義外交は大国の風格を評価する基準であり，中国が「協力的台頭」を目指し世界大国になるためにそれは避けては通れず，東アジア地域戦略と地域協力を推進するためにも不可欠であることを強調した［王 2001, 4-8頁］。

　中国が世界大国になることを目標とした大国戦略を実施しなければならないことを積極的に主張する論者のなかで，葉自成（北京大学教授）や胡鞍鋼（科学院・精華大学国情研究センター主任），門洪華（中共中央党校副教授）らの議論はとくに注目される。政府系シンクタンクの著名なメンバーである彼らは，現状の中国を東アジアの地域大国と位置づけ，世界大国化に向けた戦略目標を実現するために，中国は多国間主義外交をもって東アジア地域統合を推進する主導的役割を果たす必要があると主張する［葉 2000; 胡，門 2005; 門 2005］。中国共産党指導部に数多くの案を提示してきた胡らは，グローバル化と地域統合という国際社会の２つの大きな流れを睨み，主権原則を基礎とする国家主義秩序，経済協力を基礎とする地域主義秩序，国際制度を基礎とするグローバリズムは互いに補完関係にあるとし，この三者を基礎に中国の大国戦略（グランド・ストラテジー）を構想する。しかし，胡らによれば，東アジアの「地域一体化戦略」こそが国内戦略と国際戦略を協調させる大国戦略枠組み全体の支点であった。いかなる大国であれ，台頭にあたって必ずそれが依拠する戦略的地帯を必要としてきたし，東アジアの中心に位置している中国にとって，この地域は中国が台頭する上で依拠すべき地政学的戦略的中心地であり，中国の大国化戦略の重要な一部なのであった。

　ただその場合，地域一体化戦略は国際レジームの創設を中心に進めるべきであり，中国は参加，創設，主導という３つの方式をもってそれを実現すると主張されていた点は注目に値する。胡らは，台頭する中国の参加なしには東アジ

ア全体に関わる重要なイシューに望ましい解決が得られなくなった点を強調する。また多国間地域枠組みへの参加は，東アジア地域への中国の融合を促し，予測可能な「責任を担う国」という国際イメージの形成につながり，「中国脅威論」の解消に資するであろうし，新たな地域秩序を創出するための基礎となりうるのであった。したがって，胡らは，東アジア一体化戦略を中国の大国戦略・基本国策として推進していくべきことを強く主張するのである。

　胡らが唱える具体的政策は以下のようである。①中国大陸，台湾，香港，マカオ，シンガポールという4つの地域の経済一体化を推進し，中国の台頭と東アジア地域制度の基礎を形成する。②日中韓FTAを積極的に推進すると同時にASEAN+3レジームにおける協議と協調を強化し，FTAをもって日中間の和解と協力を促進する。③中国―ASEAN間のFTAを中心とし，ASEAN+3による地域協力と統合のレジームに沿って，東アジア一体化を推進する。④東アジア多国間安全保障協力を推進し，中国がそのイニシアチブを発揮する。最後の④につき少し敷衍すると，胡らは，協調的安全保障と総合的安全保障を重視する新安全保障観をベースにして，ASEANと協力し，ARFを基礎に効力のある信頼醸成措置を採用することで，「東アジア安全保障フォーラム」や「東アジア地域安全保障協力レジーム」といった多国間安全保障協力の制度化を図ることが急務であることを主張する［胡，門 2005，3-18頁］。胡らのいう東アジア一体化戦略は，中国の戦略思想が，次第に地域主義枠組みの構築に力を傾注するようになったことを示しているだろう。

　さらにその傾向を明示しているのが，閻学通（精華大学国際問題研究所所長）らの議論である。閻らは，リアリズムの立場から「台頭のジレンマ」を緩和する「台頭戦略」を提案する一方で，「東アジア安全共同体」構想を打ち出し注目を浴びた。閻らは，平和的な台頭の道を歩む意図を強調する中国政府の言説とは違って，他国に自らの台頭を受け入れさせる能力をもつことこそが中国の「平和的台頭」の第1条件と主張する。すなわち他国があえて戦争でもって中国台頭を阻止することが不可能な条件を作らなければならないわけである。アメリカによる中国台頭の抑制，台湾分離主義の支持を最大の脅威と考える閻らは，中国外交の重心をアメリカから周辺へと転換すべきことを主張する。周辺

諸国と良い関係を保つことは，中国にとってアメリカからの圧力を防ぎとめる重要な国際的基礎だからである。その際，東アジアで多国間安全保障レジームを構築できれば，アメリカによるこの地域での武力行使を制約できると考える閻らは，「東アジア安全共同体」なる構想を打ち出した［閻，孫 2005, 166-182頁］。

ARF を「東アジア安全保障協力機構（EASCO）」へと発展させるという閻らの東アジア安全共同体構想は，先に触れた胡らの東アジア安全保障フォーラム構想と類似する。しかし，六者協議の制度化や中米日ロによる四者戦略対話の枠組みの創設，東アジア紛争予防センター，非軍事的救援メカニズム，あるいは軍備管理・軍縮・核不拡散メカニズム，エネルギー資源安全保障メカニズムなどの創設も合わせて提案されており，より包括的で具体的なものといえる。閻らによれば，安全共同体の目標は，制度化された地域安全協力システムによる東アジア地域の「持続的安全（sustainable security）」を実現することである。そして持続的安全を実現するためには，やはり多国間主義が重視されなければならず，いかなる二国間同盟や二国間安全保障協力も地域安全保障の主体にはなれないのである。したがって，日米安保など東アジアにおけるアメリカの軍事同盟については，「その同盟の性質・機能・役割が東アジア安全共同体のプロセスと抵触しない」という条件付きでのみ認められるのであった。

(3) 中国の東アジア化戦略——アジア・アイデンティティの構築

共同体にはアイデンティティが不可欠である。最後に取り上げるのは，東アジア地域主義戦略の延長線上に，中国自身のこの地域へのアイデンティティを深め，中国だけでなく，世界における東アジアのポジションを高めることを説く論者たちである。

その1人である龐中英（精華大学国際問題研究所）は，「中国のアジア戦略——柔軟な多国間主義」［龐 2001, 30-35頁］において，これまでの論者と同様に，多国間主義を積極的に活用することを訴えると同時に，アジアの支持を得られる新しいアジア戦略を実施していくべきことを主張する（龐は「アジア」を「東アジア」とほぼ同義に用いる）。確かに多国間主義を採用すれば，中国自身も

その枠組みの制約を受けることになる。しかし，同時に中国は多国間主義を通じて有効に自らのアジア戦略を実施し，アジア地域において真の大国の役割を果たしていくこともできる，と龐は主張するのである。というのも，自分の地域に立脚できるのが大国の大国たる所以であり，中国はアジアを支点にしてこそ世界的大国の地位を確立できる。したがって，中国のアジア戦略は，ナショナリズムを超え，大国の風格を示す包容（engagement）戦略でなければならず，相互依存関係を基礎にアジアの団結を達成しなければならないのである。そのためにも，中国が従来使用してきた「周辺」という曖昧な概念に替わって，「アジア（亜洲）」という地域概念を積極的に打ち出すべきであるとし，龐は中国のアジア・アイデンティティ強化に力点を置いたのである。

これまでの論者とほぼ同様に，アジア地域主義を，中国の諸戦略目標の実現に資し，大国としての中国の責任を表すものと位置づけて議論を展開している肖歓容（中国伝媒大学副教授）［肖 2005, 174-189頁］は，中国が自らのアジア・アイデンティティを構築すべきであると強く主張し，龐とこれまた同様に「アジア」の概念を強調する。旧式の朝貢貿易システムの思想を反映した，濃厚な歴史的色彩を帯びた概念である「周辺」，さらにはアメリカ出自の概念としての「アジア太平洋」をともに退け，「アジア」を打ち出すのである。肖は，儒教文化を基礎にして，この地域で共有できるアジア文化を構築できるかどうかが，中国の地域主義戦略が他の諸国に受け入れられ，中国がアジア地域主義を主導することができるかどうかの試金石となると述べている。ソフトパワーの増強を意識した戦略論といえようか。

他方，中国主導を重視する肖のアジア地域主義戦略構想とは対照的に，中国の発展と東アジアの発展が互いに促進しあう関係にあることにより力点を置く林尚立（復旦大学教授）は，中国の東アジア戦略の出発点は，東アジアにおける優勢を求めることではなく，世界における東アジアの優勢を求めることである，と主張する。それゆえ，中国の東アジア戦略は，積極的に東アジア多国間・多方位協力レジームの発展を促し，多元的協力のなかで東アジア統合を進め，東アジア全体の発展に有利なレジームと秩序を形成しなければならないのである。

第Ⅲ部　歴史的帝国から新しい地域主義（regionalism）へ

　林尚立は以下の具体的な政策提言も行う。①中国は，東アジアの主要国とともに制度化された戦略関係を樹立し，「東アジア戦略対話と協調レジーム」を形成する。②中，日，米三国関係の発展を推進し，安定した「東アジア政治構造」を形成する。日米に台湾問題への協力を要請する。③東アジア諸国の経済における相互作用と協力を推進し，「東アジア経済安全と協力体系」を構築する。④東アジア地域における文化交流を促進し，ともに東アジア社会の発展を支える「東アジア共同の価値」を探索する。⑤地域間交流と協力を促進し，世界的役割を果たす「東アジア・アクション」を形成する［林 2005, 190-198頁］。これまでの議論の文脈からすれば，やはり④が注目に値しよう。「東アジア共同の価値」がいかなるものかは必ずしも判然としないが，共同体を支える共通の価値やアイデンティティを林が重視していることは確かである。

4　おわりに

　本章は，中国内部に視座を置き，政府のシンクタンクやそのブレーンたちの提案を中心にその戦略的東アジア共同体構想をみてきた。冷戦崩壊前後，アメリカの帝国化と中国の国際的孤立状況下で打ち出された何の地政学的戦略構想を出発点としながら，1990年代末から21世紀にかけて，大国として台頭する時代に考案された多国間主義をベースとする東アジア地域主義戦略，外部による干渉を防ぐための東アジア地域安全共同体論，大国戦略・基本国策としての東アジア一体化戦略，（東）アジア・アイデンティティの構築を強調する中国の「入亜」戦略，さらに自国主導ではなく東アジア地域全体の優勢を追求する戦略まで，ニュアンスの異なる議論が打ち出されてきた。

　それでは，中国政府自身はどのような東アジア地域主義戦略を考案しているのであろうか。外交部副部長（当時）王毅は，雑誌『求是』に寄せた一文において「周辺はわが国が主権・権益を守り，国際的役割を発揮する最も重要な拠り所である」［王毅 2003, p.19］と述べている。また，2004年4月に中国外交部が主催した「東アジア共同体の展望と問題」全国シンポジウムにおいて，王は，

地域統合を先導する東アジア地域協力が，新しい地域秩序構築に影響するものであるとの認識を示し，「周辺外交，ひいては中国外交全体と対外戦略における東アジア地域協力のあるべき位置を一層重視しなければならない」ことを強調した。東アジア地域協力については，①ASEANの主導的な役割を尊重し，同時に日中韓の優位性をなるべく発揮するようにする，②日中に主導権争いがあるとは考えず，日中協調と東アジア協力促進のプラスの相互作用を望む，③アメリカなどの地域外諸国との対話と協調を重視し，「開かれた地域主義」を実行する，という考えを示した。さらに「次第に地域多国間協力枠組みを統合し，中国の利益と時代の潮流に一致した，地域諸国に受け入れられる新地域秩序を形成し，周辺における堅固な戦略的拠点を確立する」という中長期的目標を提示している。王は，「東アジア共同体」を東アジア地域協力の長期的な目標を議論する際の構想の1つとみなすが，その定義や内容，範囲，形成の方法などはいまだ明確ではないと指摘したうえで，中国が，その実践と理論の両面における主動的な役割を果たしていかなければならないと強調した［中国外交部ホームページa］。また2003年10月に東南アジアで「中国の発展とアジアの振興」と題して講演した温家宝首相は，中国の善隣外交をさらに「睦隣，安隣，富隣」(隣国との善隣，隣国の安定，隣国の繁栄に寄与する）に分けて解説し，「和諧地区」という調和のとれた地域秩序を提唱している［中国外交部ホームページb］。

　このように，中国政府が理解する東アジア地域主義や東アジア共同体像は，温和な表現が選ばれつつも，先に整理した戦略的東アジア共同体論とも呼応する側面を多々有していることが窺える。

　台頭する中国は，地域諸国との「共同利益」を形成・拡大していくことを通じて，東アジア秩序の平和的転換を促す［阮 2007；Zhang 2005, p.12］と同時に，国際システムの一員，大国関係構造の責任あるステークホルダーとして，グローバル秩序をも積極的に構想するようになった。中国は，2005年に「国連改革に関する中国のポジション・ペーパー」を発表し，自ら国連に積極的に関与していく姿勢を見せ始めた。さらに同年の国連創設60周年記念総会において，胡錦濤国家主席は「調和のとれた世界（和諧世界）」の構築を提唱し，新国際秩

序に関わる具体的な理念を提起したのである［『人民日報』2005年9月16日］。中国政府が主体的に国際秩序を講じるようになったのは近代以来初めてのことであろう。「和諧世界」という理念に基づいて，中国は，敵を作らないパートナーシップ外交，開かれた地域主義，グローバルな地域間協力ネットワークという3つのレベルにおける外交戦略を展開している［蘇 2009, 53-54頁］。中国は，東アジアの他に，中央アジア（上海協力機構），南アジア（南アジア地域協力連合のオブザーバー），中東（中国─アラブ諸国協力フォーラム），汎アジア（アジア協力対話），EU（中国─欧州首脳会議など），アフリカ（中国─アフリカ協力フォーラム），南アメリカやラテンアメリカ（パートナー）といった世界諸地域の多国間枠組みと多様な協力関係を強化しており，アジア太平洋（APEC）やアジア・欧州会合（ASEM）といった地域間協力にも積極的である。過渡期にあり，さまざまな国内問題を抱えながら台頭する中国と，複数の地域枠組みとその参加国の複雑な戦略的思惑を包容しつつ凝集性を高めつつある東アジアは，今後グローバルな国際レジームにおける発言力を増大させ，グローバル秩序の形成に大きな影響を与えていくであろう。

　本章は，中国における戦略的東アジア共同体論を中心に整理したものであるが，現在進行中の東アジア地域主義の枠組み（ASEAN+3等）は，中国の国益実現戦略が剥き出しに発揮される場ではなく，むしろ経済，金融，環境，感染症など諸分野におけるグローバル化の負の影響に対応すべく，地域的共通財としてリージョナル・ガヴァナンスの役割を果たしてきた。広範な国際レジームや国際機構への参加による国際「社会化」が着実に進行するなか，中国外交におけるネオリベラリスト的一面が浮上しつつある［小嶋 2009, 85-90頁］。したがって，やはり戦略の視点だけでなく，より客観的学術的な視点から中国がどのように東アジア地域主義を理解し受容しているのかを考察する必要がある。また共同体の構築には，集団的アイデンティティが決定的に重要であり，まして歴史的な原因により高い離散性をもつ東アジアにおいては，歴史的思想的観点から中国の東アジア意識の変容を考察する課題も引き続き残る。今後の課題としたい。

第11章　台頭する中国と東アジア秩序

【参考文献】

青山瑠妙（2007a）『現代中国の外交』慶応義塾大学出版会

青山瑠妙（2007b）「中国の地域外交と東アジア共同体」山本武彦，天児慧編『東アジア共同体の構築1　新たな地域形成』岩波書店

天児慧（2005）「新国際秩序構想と東アジア共同体論——中国の視点と日本の役割」『国際問題』1月号

———（2006）『中国・アジア・日本——大国化する「巨龍」は脅威か』筑摩書房

汪暉（村田雄二郎他訳）（2006）『思想空間としての現代中国』岩波書店

大庭三枝（2008）「「東アジア共同体」論の展開」アジア政経学会監修，高原明生，田村慶子，佐藤幸人編著『現代アジア研究1　越境』慶応義塾大学出版会

小嶋華津子（2009）「中国と国際政治——交差する中国像とグローバリゼーション」日本国際政治学会編（国分良成，酒井啓子，遠藤貢責任編集）『日本の国際政治学3　地域から見た国際政治』有斐閣

小原雅博（2005）『東アジア共同体——強大化する中国と日本の戦略』日本経済新聞社

徐涛（2008）「グローバル化時代のリージョナル・ガヴァナンス——東アジアにおける新地域主義の展開」『東アジア研究』（東アジア学会機関誌）9号

孫歌（2002）『アジアを語ることのジレンマ——知の共同空間を求めて』岩波書店

蘇浩（2009）「調和のとれた世界——中国外交の枠組みに見る交際秩序」飯田将史編『転換する中国——台頭する大国の国際戦略』（国際共同研究シリーズ3）防衛省防衛研究所

田中明彦（2003）「「東アジア」という新地域形成の試み——ASEAN+3の展開」東京大学東洋文化研究所編『アジア学の将来像』東京大学出版会

趙全勝（真水康樹，黒田俊郎訳）（2007）『中国外交政策の研究——毛沢東，鄧小平から胡錦濤へ』法政大学出版局

唐世平，張蘊嶺（2004）「中国的地域戦略」『世界政治興経済』6号

東アジア共同体評議会編（2005）政策報告書「東アジア共同体構想の現状，背景と日本の国家戦略」http://www.ceac.jp/j/pdf/policy_report.pdf

毛里和子（2006）「東アジア共同体と中国」『国際問題』5月号

Acharya, A. (1997), "Ideas, Identity, and Institution-Building: From the 'ASEAN Way' to the 'Asia-Pacific Way'?", *The Pacific Review*, vol. 10, no. 3

Shambaugh, D. (2004/05), "China Engages Asia: Reshaping the Regional Order", *International Security*, vol. 29, no. 3

Zhang, Y. (2005), *East Asian Regionalism and China*, Beijing, World Affairs Press

何新（2003）『全球戦略問題新観察』時事出版社

———（1996）『中華復興世界未来』四川人民出版社

胡鞍鋼，門洪華編（2005）『中国——東亜一体化新戦略』浙江人民出版社

姜長斌（1996）「試論中国的国際戦略理論與運作」王泰平編『鄧小平外交思想研究論文集』世界知識出版社

李文編（2005）『東亜合作的文化成因』世界知識出版社

林尚立（2005）「従区域離散到区域優勢——中国的東亜戦略」肖歓容編『平和的地理学——中国学者論東亜地域主義』中国伝媒大学

第Ⅲ部　歴史的帝国から新しい地域主義（regionalism）へ

門洪華（2005）『構建中国大戦略的框架——国家実力，戦略観念與国際制度』北京大学出版社
龐中英（2001）「中国的亜洲戦略——霊活的多辺主義」『世界経済與政治』10号
秦亜青（2001）「多辺主義研究——理論與方法」『世界e経済與政治』10号
阮宗澤（2007）『中国崛起與東亜国際秩序的転型——共有利益的塑造與拓展』北京大学出版社
王緝思，金燦栄，秦亜青編（2007）『中国学者看世界』（「大国戦略巻」,「国際秩序巻」）新世界出版社
王軍，但興吾（2008）『中国国際関係研究四十年』中央編訳出版社
王屏（2004）『近代日本的亜細亜主義』商務印書館
王毅（2003）「与隣為善，以隣為伴」『求是』4号
王逸舟，袁正清編（2006）『中国国際関係研究（1995〜2005）』北京大学出版社
王逸舟（2001）「中国與多辺外交」『世界経済與政治』10号
肖歓容（2005）「中国的大国責任與地域主義戦略」肖歓容編『平和的地理学——中国学者論東亜地域主義』中国伝媒大学
肖歓容（2006）「中国的地域主義研究」王逸舟，袁正清編『中国国際関係研究（1995〜2005）』北京大学出版社
閻学通，孫学峰（2005）『中国平和崛起及其戦略』北京大学出版社
葉自成（2000）「中国実行大国戦略勢在必行」『世界経済與政治』1号
張立文編（2001）『和合與東亜意識——21世紀東亜和合哲学的価値共享』上海華東師範大学出版社

【ホームページ】
中国外交部ホームページ a　　http://www.mfa.gov.cn/chn/gxh/zlb/ldzyjh/t87474.htm
中国外交部ホームページ b　　http://www.mfa.gov.cn/chn/gxh/zlb/ldzyjh/t27173.htm

⑫ ユーロ・グローバリズムと非承認国家問題
―― OSCE は民族紛争の解決に有効か

佐藤 圭史

1 はじめに

　1989年12月の東西冷戦の終結を宣言したマルタ会談により，米ソを軸とした東西関係は対立から協調・融和へと変化を遂げ，地球規模での新たな秩序が生まれるとのユーフォリアが広がった。冷戦の主戦場の1つであったヨーロッパ地域では，かつて東側陣営を構成していた東欧諸国に，市場経済システムと欧米型民主主義が西側発のグローバリゼーションの波として押し寄せ，社会主義体制から資本主義体制への移行が完成することによって，政治・経済での地域的安定を保障する「欧州共通の家」が建設されるとの期待も高まった。しかし現実には，東欧諸国での体制転換はバラ色の道程とはならず，急激なインフレと失業率・犯罪率の増加による社会的不安を地域社会にもたらした。モルドヴァやグルジアなどの旧ソ連邦構成共和国では，社会・経済環境の悪化が要因の1つとなり，タイトル（基幹）民族と非タイトル民族との間で対立が先鋭化した。この民族間対立の結果生じたのが，2008年8月の南オセチア戦争で注目を浴びることになる「非承認国家問題」である。旧ソ連地域における非承認国家問題とは，モルドヴァの沿ドニエストル，グルジアの南オセチア・アブハジア，アゼルバイジャンのナゴルノ＝カラバフにおける分離・独立・国家承認問題を指す［Ciobanu 2008; 廣瀬 2008］。ソ連邦末期には，モルドヴァ・グルジアなどの連邦構成共和国がソ連邦からの分離・独立を宣言するが，それに対し上記の地域をコントロールしていた政治勢力は，共和国からのさらなる分離とソ連邦への直接加盟を主張した。その後，ソ連邦崩壊と共和国軍との武力紛争を経験して，これらの地域は事実上の独立状態にあるが，国際機関からの承認をいま

第Ⅲ部　歴史的帝国から新しい地域主義（regionalism）へ

図表12-1　非承認国家とナルヴァ・シッラマエ地域

（地図：フィンランド、ナルヴァ・シッラマエ、エストニア、ロシア連邦、ベラルーシ、モルドヴァ、ウクライナ、沿ドニエストル、ルーマニア、アブハジア、南オセチア、グルジア、トルコ、ナゴルノ＝カラバフ　---- EU諸国の国境）

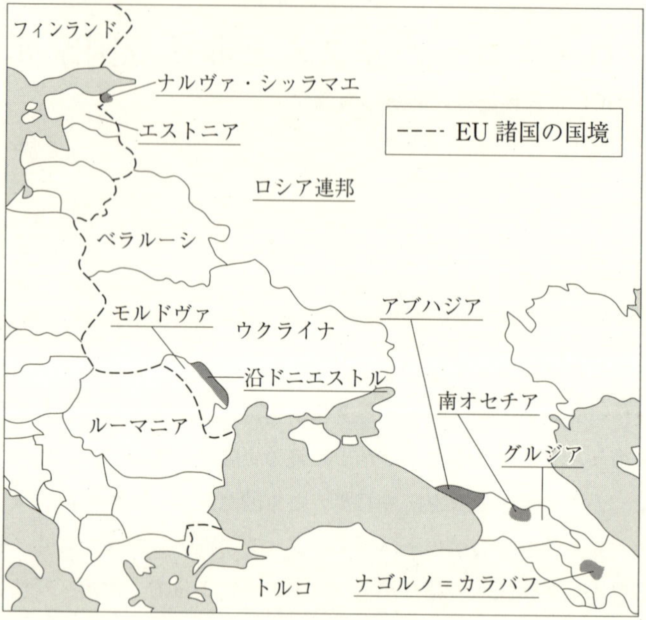

出典：筆者作成

だ得ていないがために非承認国家と呼ばれている(1)。

　本章は，旧ソ連空間における非承認国家問題を東西冷戦の終結に伴って生成した現象の1つである「グローバリズム」の文脈から考察することを目的としている。ここでは，「グローバリズム」の源泉を欧州安全保障・協力機構（以下，OSCE）(2)の東方拡大に求め，それを受容するアクターをモルドヴァ・グルジア・エストニア政府，それに対抗するアクターを沿ドニエストル・南オセチア政府とナルヴァ・シッラマエ地域と設定しよう。旧ソ連地域の紛争に関与した国際機関の中でOSCEを選択したのは，他の機関よりも1992年という早い時期から活動しており，ソ連亡き後のヨーロッパ秩序を形成する有力な国際機関として期待されたためである。さらにOSCEは，「ヨーロッパ」のタイトルをもつ国際機関としては北大西洋条約機構（NATO）・欧州連合（EU）に先立ち東方拡大を達成した機関であり，当該地域に作用したグローバリズムの先行

事例として貴重である。そこで本章では，非承認国家問題をめぐるOSCEの和平交渉プロセスを検討することで，そこから浮き彫りになるヨーロッパにおける「グローバリズム対国家」の相克について議論していきたい。

2 グローバリズムと非承認国家問題

(1) ユーロ・グローバリズム

「グローバリズム」は，それが経済的なものか，科学技術的なものか，文化的なものか，形容される言葉によって多種多様な意味で捉えられる。ポール・ハーストとグラハム・トンプソンは，資本主義の始まりこそがグローバリズムの起源であり，現在論じられているものは何ら新しい現象ではないとしている [Hirst, Thompson 1996]。これは，きわめて広義にグローバリズムを捉えた場合には正しい主張である。しかし，普遍的な概念としてではなく，現在の特定の事象に関して議論を進めるためには，グローバリズムがアクターによってどのような「問題」として意識され，かつそれが地域的にいかなる特性をもって現れるのかという，少なくとも2つの角度からグローバリズムを定義し直す必要があるだろう。

グローバリズムが社会的現実となるのは，政治経済制度にせよ文化的要素にせよ，それらが拡大・浸透する過程で土着のものが侵食・変質させられることへの危機感あるいは期待感等が「特定の主体」に意識されることによってである。メアリー・カルドーは，東西冷戦終結後から現在までの20年の間にみられるグローバリズムは，急速なIT技術の進歩，金融システムの拡大，宗教的アイデンティティを強く保持する移民の増大などの特徴を有し，従来のそれとは質的に異なると主張する [カルドー 2003]。また，このグローバリズムは，国家的統制を免れる動きを活発化させ，国境を越えた犯罪ネットワークやアイデンティティに基づいた海外移住者の離散民ネットワークの形成，難民や亡命者の爆発的な増大といった，国家が対処を迫られる「新しい戦争」を引き起こすとしている。ここで明確にしたいのは，グローバリズムを脅威と感じる「特定

の主体」とは誰かである。カルドーは「新しい戦争」の挑戦を受ける主体を国家とみなし、国家の意思決定機関である政府は、下からの侵食を抑制するために経済システムや治安の維持に全力を尽くさなければならないと主張している。近年のグローバリズム論では、「国家対グローバリズム」の単純な二項対立による理解は誤りと考える議論が主流であるものの、それでもなお国家の母体である政府が最も重要なアクターであることには変わりはないであろう。

　第2に地域的特性である。東西冷戦終結のインパクトは地球規模に及んだが、ヨーロッパと、その他の地域に生じた影響を同列に置くことは難しい。大芝亮は、ヨーロッパにはユーロ・グローバリズムを基礎とした秩序が存在するとしている。ユーロ・グローバリズムは、大国間協調主義、責任主体としての個人の重視、市場主義に対する倫理的制約の3点により、アメリカン・グローバリズムとは異なるものとしている［大芝 2007, 3-11頁］。しかし、大芝自身がその独自性を論証することの難しさを認めているように、事例として用いた国際刑事裁判所（ICC）体制・京都議定書の批准促進・対テロ戦争政策で明らかになったアメリカとのスタンスの違いは、その当時の国際情勢に左右された側面が大きく、ユーロ・グローバリズムなる概念がEU諸国の政策決定の根本にあったとはいい難い。また、羽場久浘子はユーロ・グローバリズムの具体例としてNATO・EUの東方拡大政策に言及している［羽場 2007, 135-166頁］。羽場の指摘で的を射ているのは、ヨーロッパにおけるグローバリズムを、旧東欧諸国の欧米型民主主義体制と市場経済の受容、そして西欧諸国が積極的に行った体制移行支援の双方向的な流れとして把握していることである。1980年代のポーランドの連帯から東欧革命へと続く一連の政変とは、西欧基準への制度的な転換を受容する動きであって、その究極的な目的は、東西ヨーロッパの政治・経済制度を一致させることであったと断定できる。このため、西欧基準を旧東欧地域に広めるべく行われたEU・NATO・OSCEなどの東方拡大は、ユーロ・グローバリズムの端的な事例であるといえる。

(2)　「新しい戦争」と非承認国家問題

　グローバリズムは浸透の過程で衝突を生む。社会主義陣営を脱した東欧諸国

第12章　ユーロ・グローバリズムと非承認国家問題

やソ連邦構成共和国が西側の制度へと転換を図る一方で，当初はその流れに抵抗する動きを見せたのが，後に非承認国家と呼ばれる地域をコントロールする政治勢力であった。モルドヴァやグルジアでは，ソ連邦末期から，「主権国家」として統一された領土をもつ国民国家の完成を目指すための政策がすすめられた。モルドヴァ議会に影響力をもったモルドヴァ人民戦線が進めた「ルーマニア（モルドヴァ）」化政策や，グルジア大統領のズヴィアド・ガムサフルディアが進めた「グルジア」化政策は，非タイトル民族の抵抗を呼び起こした。モルドヴァでは「少数民族」であるロシア人やガガウズ人，グルジアのアブハジア人やオセチア人は「同化政策」から自民族を守るために，それらの民族が優勢である地域において，モルドヴァ・グルジアからのさらなる分離独立を主張した［Freire 2003, p.197］。その後，沿ドニエストル・南オセチアは武力紛争に前後して，大統領府，議会，裁判所，警察，軍隊，内務省軍，中央銀行，国境警備隊を着々と作り上げ，現在では事実上の独立国家の状態にある。モルドヴァ国内の工業が密集し，電力・鉄鋼を生産する重工業主体の沿ドニエストルと，紛争で産業が壊滅的なダメージを受け，小麦栽培などの農業に頼る南オセチアでは，その置かれている状況は異なるが，両地域ともロシアからの経済的・政治的庇護によって存続が成り立っており，2010年現在においてもモルドヴァ政府・グルジア政府の実効支配が及んでいない点では一致している。

　非承認国家問題の最大の懸案事項は「犯罪の温床」である。ドヴ・リンチによれば，沿ドニエストル地域は，タバコ・アルコール・麻薬・武器の密売によって多大な利益を得ており，これによって非承認国家の国家予算が支えられている［Lynch 2004, p.48］。カルドーは，グローバリゼーションの過程で生じた「新しい戦争」を，国家を下から侵食するものと捉える。犯罪，汚職，非効率の蔓延や経済の衰退により国家の歳入が減少し，組織犯罪の増加や武装集団の出現によって暴力がますます「私有化」され，国家の政治的正統性が失われつつあるような状況である［カルドー 2003, 7頁］。沿ドニエストル・南オセチアでは，非承認国家であるがゆえの国境に関わる問題が顕著である。モルドヴァ・沿ドニエストル間には河川などの自然境界が存在するが，橋梁には国境検問所のようなものはなく，またウクライナ・沿ドニエストル間でも2006年に

EUBAM(The EU Border Assistance Mission to Moldova and Ukraine)の監督が入る前には国境でのチェックが事実上無い状態であった。南オセチアではグルジアとの間に国境警備所が配置されているが，ロシア側の北オセチアとはロキ・トンネルでつながり，両国間の国境は開放されている。このような国境の緩さを利用した闇経済の発展が，「ホスト国家」であるモルドヴァやグルジアの経済に多大なダメージを与えている。物資が正規の税関を通らないことによる関税の収入減は，国家予算の減につながり，密輸品の増加は国内産業に打撃を与える。そして，産業の衰退による失業，労働者の海外への不法移民などあらゆる社会問題へと波及していく。平和財団(The Fund for Peace)のランキングによれば，モルドヴァ・グルジアは破綻国家(失敗国家)リストの上位に位置しており，ランクを押し上げている主な要因は非承認国家の存在である。モルドヴァ政府やグルジア政府としては，組織的暴力への公的コントロールを領域内で再構築すること，つまり国家としての正統性の回復が最優先の課題なのである［カルドー 2003, 14頁］。モルドヴァ・グルジア側からみた場合に，非承認国家との一連の問題においては，武力を用いた戦争が「新しい戦争」の終結と同義ではないことを示している。

3　OSCEの東方拡大と文明の衝突

　独立国家であるモルドヴァ・グルジアと同様に，非承認でありながらも沿ドニエストル・南オセチアは「国家」としての体裁を保っている。ユーロ・グローバリズムでのアクターが国家をもつ政府であるとするならば，ホスト国家であるモルドヴァ・グルジアとともに，非承認国家もそのアクターとして認定できる。そこで注意したいのは，グローバリズムが2つの異なる影響をそれぞれのアクターにもたらす可能性についてである。ホスト国家が好ましいと考え受容するグローバリズムを，非承認国家も同様に好ましいと考えるかは別の問題である。たとえば，モルドヴァ・グルジアの国家的統一を支援する国際機関が域内に浸透する場合には，非承認国家側は国家を侵食する動きと判断して対

第12章　ユーロ・グローバリズムと非承認国家問題

抗措置を取るであろう。また，ロシアの経済的・政治的影響力を浸透させようとする動きには，その逆の現象が起こると考えられる。本節では，OSCEによる和平交渉の事例を参照しつつ，ユーロ・グローバリズムと非承認国家問題の関連について分析していく。「文明の衝突」をキーワードに，西欧文明とロシア（東方正教会）文明の断層上に位置するエストニア，モルドヴァ，グルジアでの事例を用いる。

(1) モルドヴァ情勢

　モルドヴァにおける政治問題はルーマニアとの関係を抜きに語ることはできない。とくに，2007年のルーマニアのEU統合（「西欧文明」国への「転換」）以降，EU市民への憧れによるルーマニアへの回帰意識がモルドヴァ人の間に高まっている。「モルドヴァ人」と「ルーマニア人」は文化的にも言語的にもきわめて近く，モルドヴァ語はルーマニア語の一方言にすぎないという見方もある［Dyer 1998］。1980年代末には，モルドヴァ語（ルーマニア語）系インテリゲンツィアがモルドヴァ人民戦線を組織し，ルーマニア語の国語化，ルーマニア国旗の導入など，ルーマニアとの統合を最終的な目標に設定したともとれる活動を推し進めていった。この動きに対抗したのが沿ドニエストルを中心としたスラヴ語系の労働者である。彼らの主な動機は，ソ連体制下とは異なる環境のもと，ルーマニア統合によって「二級市民」に貶められるとの恐怖であった。沿ドニエストル地域で政治的発言力を高めた労働者団体は，モルドヴァ中央政府が「ルーマニア化」政策を推進するにつれ，モルドヴァからの分離・独立を主張するようになった。1992年5～6月には，武力を用いて同地域を制御しようとしたモルドヴァ共和国軍と，沿ドニエストル軍・ロシア第14軍・コサックとの間で戦闘が拡大した。

　ロシア政府は同紛争の調停にあたってきたが，沿ドニエストル軍創設にロシア第14軍が加担したこと，ボリス・エリツィン，ロシア第14軍指揮官であったアレクサンドル・レベジが沿ドニエストルの独立支援を公式に発言したこと，また，ロシア近隣諸国への「近い外国」政策が強まったこと等をみても，ロシア政府に対モルドヴァ・グルジア政策での中立的な立場は望めなかった。代わ

りとして，モルドヴァ政府から和平交渉を促成させる役割を期待されたのがCSCE/OSCE(2)であった［Независимая Молдова 1994. 07. 26］。モルドヴァCSCEミッションは1993年12月に活動を開始し，モルドヴァの国家的統一・ロシア軍のモルドヴァ共和国内からの撤退・政治犯の解放などを活動目的とした［Независимая Молдова 1994. 11. 29］。武器弾薬の撤収や兵員の削減，一部の政治犯の釈放など，いくつかの成果はみられたが，沿ドニエストル地域の法的地位をめぐる問題は完全に行き詰っている状態にある。問題の解決を困難にしているのは，沿ドニエストルが独自の警察・軍隊を保持し，モルドヴァ共和国と対等な国家として国家連合を組むことを最低条件としているためである。モルドヴァは統制の効かない武装勢力を国内に置く条件など呑むことはできない。そして，今1つの問題はロシア軍の撤退問題である。名実ともに独立国家であるためにも両者の合意による外国軍の撤退が重要である。1999年のOSCEイスタンブール・サミットでは，沿ドニエストル領土内にあるロシア軍の武器弾薬，兵員を退去させることをロシア政府は約束したが，2001年の撤退期限までに実行はされなかった。これは，調停者としてのOSCEの権威が地に落ちたことを象徴する事件であった。

(2) グルジア情勢

1980年代末，グルジアにおいて「グルジア民族主義」が高まった。1989年にはグルジア語の国家語化に対し，南オセチア自治州ソヴィエトは「グルジア化」からオセチア人を法的に保護するため，自治共和国への昇格を求めてグルジア政府と対立した。モルドヴァでのケースと比較して，早い時期から武器の拡散が進み武力衝突が散発的に発生していた。1989年から1991年にかけて，ズヴィアド・ガムサフルディアは度々，南オセチアの首都であるツヒンヴァリに軍隊・親衛隊を派遣し，南オセチアの自警団との間で武力紛争を拡大させた。1992年7月のダゴミス協定で停戦したものの，南オセチアはグルジアからの完全な独立を要求し，グルジアはそれを拒否するというように，沿ドニエストル問題と同じく法的地位をめぐって膠着している。

グルジア情勢を取り巻くアクターの数は豊富である。グルジアの地政学的重

要性は，南オセチア単体から導き出されるものではなく，コーカサスという大きな枠組みからみなければならない。グルジアにはアルメニアとロシアを結ぶ軸と，アゼルバイジャンとトルコを結ぶ軸という2つの対立する文明軸があり，その交差点上に位置している。いま1つの軸は石油権益に絡むものである。アゼルバイジャンからグルジアを通りトルコへ抜けるBTCパイプラインの敷設によって，欧米の石油戦略とロシアの石油戦略が衝突することになった。このため，コーカサスは大国の利害が交錯する地であるといえる。

このようなグルジアの地政学的位置づけのため，グルジアOSCEミッションは，コーカサス全体との関連から南オセチア問題を解決しなければならない難しさに直面していた [Freire 2004, p.202]。CSCE/OSCEがトビリシにミッションを派遣したのは1992年であるが，ツヒンヴァリへの駐在所が設立されたのは1997年に入ってからである。南オセチアでの主な活動は軍事状況の監視であり，同時に，麻薬・武器の密輸，人身売買，武器の窃盗などの越境犯罪の監視も行っていた [Mychajlyszyn 1998, p.121]。グルジアが最も懸案とする事項は国家の統一とロシア軍の撤退であるが，現在までのところ問題解決に至る道筋は立っていない。

沿ドニエストルにせよ南オセチアにせよ，非承認国家問題は「パトロン」たるロシアの決断次第で時間を待たずに解決されるとの見方が優勢である。グルジアでのOSCEの活動に高い評価を与えているナタリェ・ミハイリシンは，紛争の交渉は事実上ロシア政府の意思によって左右されていることを認めている [Mychajlyszyn 1998, p.142]。平和維持軍を「派遣」しているロシアが両非承認国家に中立的でないのは，グルジア，モルドヴァ国民にビザ制度を適用しつつ，南オセチア，沿ドニエストル「国民」に適用していないことからも明らかである [Normark 2004, pp.92-95]。両非承認国家の「国民」が庇護を求めており，近隣諸国への影響力を維持したい以上，ロシア政府としては無下に非承認国家を袖にする理由はない。大国の利益と思惑が絡むことが解決をより困難にしているのである。

(3) エストニア情勢

　文明の衝突の観点からすればエストニアは西欧文明に含まれ，モルドヴァやグルジアよりもユーロ・グローバリズムとの緊張の度合が低かったといえる。しかし，ソ連邦末期にはエストニア内のナルヴァ・シッラマエ地域におけるロシア語系住民がソ連邦への残留と領域自治を主張するなど，南オセチアや沿ドニエストルのような非承認国家問題へと発展する兆候を見せたことは注意したい。1989年のエストニア語の国家語化によってロシア語系住民が領域自治を主張するようになり，そこに政治的発言権を行使したのがロシアである。ロシアがバルト諸国に圧力をかけたのは，公式上は「ロシア人の保護」が目的であったが，バルト海を勢力圏下に置き，バルチック艦隊の基地を保全するという安全保障上の観点がより重要であったという見方もある [Zaagman 1999, p.18]。

　1993年2月，エストニアCSCEミッションがタリンに設置された。設立の目的はロシア語系住民との相互理解をすすめることであった。少数民族のためのエストニア語教育やロシア文化の育成をするNGOの活動を支援した。OSCEが果たしたもう1つの重要な役割は，エストニアを制度面で西側基準に近づけるステップとして，少数民族問題を解決するためのOSCE基本原則と規範をエストニア政府に順守させたことである。OSCE少数民族問題高等弁務官（OSCE HCNM）は，エストニア政府に向けて，国籍法，言語法の適用基準などの緩和を助言し，またEUはこれらの基準をクリアすることをEU加盟条件の指標として用いた [Zaagman 1999, p.11]。このため，エストニアOSCEミッションは，旧ソ連圏で他のミッションが民族紛争解決に苦戦していたなかで，民族間の緊張緩和に向けたOSCE規範の導入において成功した例として評価されている。

　しかし，これはOSCEの調停能力の高さを証明したものと手放しに評価することはできない。第1に，エストニアのロシア語系住民と，モルドヴァの沿ドニエストル地域のスラヴ語系住民の人口規模が圧倒的に違うことである。拙稿でも集団が動員しうる「資源」に着目する重要性を指摘したが [Sato 2009]，この点でエストニアのロシア語系住民は政治的活動を存続させるうえで圧倒的に不利であった。第2に，国家としての統一見解を出せなかったモルドヴァや

第12章　ユーロ・グローバリズムと非承認国家問題

グルジアとは異なり，当時のエストニア政府は「西欧」への仲間入りを目指す意欲が強かった。このような当時の世相が成功の背景にあったのであり，必ずしも OSCE の紛争調停能力の高さが解決をもたらしたとは断言できないのである。

(4) 紛争調停者としての OSCE の限界

　本項では，OSCE の紛争調停役割を制約した要因について立ち入って考察してみる。第1に，非承認国家は「非承認」であるがゆえに国際社会の取り決めに縛られないことである。第2に，仮に取り決めが行われても，その不履行に対する罰則がないことである。経済的にも，軍事的にも制裁措置を実行する予算や組織能力がないことが問題とされている [Freire 2003, p. 238; 2004, pp. 197-198]。第3に，国連と同じく OSCE は国民国家によって構成されているがゆえに統一見解を出すことが困難なことである。ロシアは OSCE の主要な構成メンバーであるが，南オセチア・沿ドニエストル国家を侵食するような決定には反対の立場をとることは想像に難くない。第4に，OSCE の基本原則が参加国の領土的統一を鉄則としていることである。いかなる理由であっても独立国家からの政治的分離や，軍事力を用いて脅威を与える行為を否定する [Mychajlyszyn 1998, p. 63]。ソ連体制下で係争地域がモルドヴァ・グルジアの管轄下に置かれたのはそもそも法的に無効であるとする非承認国家側の主張を認めることは，OSCE の根本原則を崩すことになる。

　このような状況を打開するために，経済制裁や軍事的制裁の実行を可能にする権限を OSCE に与えるべきとの意見もあるが，そのことに加盟国が賛成するのか，また賛成したとしてもそれがどれほど有効なのか，疑念はぬぐえない。そして，国際機関の発言力の増大や制裁能力の強化によって，紛争の当事者となる可能性が著しく高まる恐れもある。和平交渉過程においては，OSCE が紛争当事者になる兆候がすでに表れており，端的な例では，欧米諸国が OSCE を隠れ蓑として圧力外交の道具に用いているのではないかという疑念が増していることがある。沿ドニエストルでは，モルドヴァの国家的統一を支持する CSCE/OSCE は親モルドヴァ的であるとの批判が出された [Freire 2003, p. 213]。

これは，モルドヴァ CSCE ミッションが，その発足当初から，教育現場でのモルドヴァ語（ルーマニア語）話者の言語権，及び政治犯の人権を守るよう沿ドニエストル政府へ「圧力」を加えたことによる［Независимая Молдова 1994.10.12; 1994.10.20; 1994.11.02］。また，CSCE への高まる警戒心は，CSCE がロシア軍の撤退を積極的に後押ししたことにもある。CSCE がロシア軍の撤退を進め，NATO とモルドヴァ共和国軍の侵攻を手助けするのではとの懸念から，沿ドニエストルでは反 CSCE 意識が高まったが［Независимая Молдова 1994.06.06］，これは南オセチアでも同様にみられた。しかしこれは，興味深いことにエストニアにおいては逆の形で現れた。エストニア OSCE ミッションは，少数民族としてのロシア語話者の人権保護のために活動していたが，エストニア政府はロシア政府が OSCE を道具に使って内政に干渉しているのではないかという疑念をもっていた［Baltic Times 1998.06.11-17; 1998.12.10-16; Zaagman 1999, p.45］。重要なのは，ロシアとヨーロッパの文明圏のはざまに位置するこれらの地域においては，見方によっては CSCE/OSCE が「親ロシア・反西欧」「親西欧・反ロシア」にも写ることである。国際機関が紛争調停に入るにあたって注意しなくてはならないのは，このような文明の衝突的な現象を現実の対立として和平交渉の場に持ち込んでしまう危険性である。

(5) NGO の役割

このような観点から，国際機関は文明圏の境に位置している地域での政治問題にデリケートに対処しなくてはならない。モルドヴァ・グルジアでの非承認国家問題を外交手段で和平に向かわせる方策は行き詰まりにある。だが，注目したいのは外交手段での「表」の活動とは別に，NGO 組織を通じた「裏」の活動はミッション創設当初から地道に行われていたことである。2000 年にモルドヴァ OSCE ミッションのメンバーであったマティ・シドロフは，沿ドニエストル地域との共通の秩序が失われることに最も危機感を抱いており，国境線を完全に閉じるようなことはせずに人的交流を常に絶やさないことが重要であると主張した。外交手段に限界が見られるなか，西側諸国も NGO を支援する活動が変革のための有効な手段であると認識している［Wilde 2007, p.429］。

第12章　ユーロ・グローバリズムと非承認国家問題

　NGOを中心とした人的交流の維持はOSCEの支援のもと行われている。1996年には南オセチアとグルジアの，沿ドニエストルとモルドヴァのジャーナリストが接触をもつ機会を設けるための会議が開催された［Mychajlyszyn 1998, p. 123］。また，国境の管理も重要な課題の１つである。モルドヴァ・沿ドニエストル国境の問題には現在OSCEが直接関与していないが，EUから財政支援を受けている組織であるEUBAMが中心となって活動している。2006年から機能しているEUBAMの目的は，沿ドニエストル地域からの密輸を防ぐためにウクライナ共和国側に国境のチェックポイントを築き流通物資を管理する方法を助言することである。沿ドニエストルはEUBAM制度の適用に反発している一方で，モルドヴァは密輸防止の有効性を高く評価しており，制度の存続を期待している。さらにEUBAMのいま１つの特徴は地域住民との対話を重視していることである。小学校の特別授業にも代表されるように，地域住民に「国境」を意識することの重要性と越境行為の犯罪性を伝えるための活動が行われている。他にも，人身売買防止，貧困対策，インフラ整備，ラジオ中継所の創設，水資源の確保，反汚職，学校教育などを支援するNGO組織が南オセチア・沿ドニエストルで活躍している。跨境活動としては，南オセチア・グルジア国境沿いにオセチア人とグルジア人が共同経営するリンゴ農園の開園も試みられた。これらは，既存の独立国家の存在を無視するのではなく，その国内での人的交流の重要性を草の根レヴェルからすすめることが最大の目的である。

　このような動きに対し非承認国家側は，NGOを通じた国家の侵食に脅威を感じている。概して多くの政府は，公の政策について政府以外の組織が力をもつことには必ずしも好意的ではない。NGOの目的が地域住民の福祉充実ではあったとしても政府はそれを完全には支持しない場合もある。とくにNGOや学生・青年団体が中心的な役割を占めたとされるウクライナのオレンジ革命やグルジアのバラ革命以降は，沿ドニエストル・南オセチアのNGOへの警戒感がより強まったといえる。国家登録制度を用いた弾圧を受けるなど沿ドニエストル・南オセチアで活動するNGOは存続の厳しい状況におかれている。しかし，地道なNGOの活動は，OSCEの外交手段に代わる残された手段として放棄することはできないのである。

4 結　論

　本章では，非承認国家問題をユーロ・グローバリズムの過程で生じた現象の1つとして議論することを試みてきた。本章で明らかになったのは，独立国家内に非承認国家を内包するという複雑な状況にあるモルドヴァやグルジアでは，グローバリズムが2つの相反する反応を呼び起こす可能性である。このような現象が，ロシアとヨーロッパという文明圏の断層にみられる点も併せて強調しておきたい。ただ，OSCEの東方拡大にまつわる事例はユーロ・グローバリズムの代表例とはいえ，紛争調停にかかわった数多くの国際機関の一経験にすぎない。今後はさらにより広範な視点から議論を重ねる必要があるだろう。

　最後に以上の議論を踏まえ，今後の非承認国家問題の展望について触れて本章を締めくくることにしたい。今後，非承認国家問題を外交交渉で解決することは困難ではあるが，下からのユーロ・グローバリズムの浸透によって「ヨーロッパ」としての統一空間が醸成される可能性は残されている。かつてサミュエル・ハンチントンは，ロシアとその近隣諸国は西欧文明の一員であるのか，それとも東方正教会文明に位置するのかで分裂しているとしたが［ハンチントン 1998, 206-208頁］，西欧に入る意思がありながらイスラム圏から脱しえないトルコと比較した場合，ロシアとその近隣諸国については文明間の断層が「浅く」，西欧文明との和解の可能性は高いといえる。これは，旧東欧諸国が加盟交渉を以前から続けていたトルコを飛び越してEU加盟を達成したことからも理解できる。文明の断層を現実問題として投影させない，あるいは，断層が事実上存在するならばその亀裂を深めないためにも，地道な人的交流を絶やさないことが必要である。

　前途多難なのは，コーカサス問題がからむ南オセチアの動向である。2008年8月にロシアが南オセチアの独立を承認し，2009年8月には同じロシアがその期間延長を拒否したことによりグルジアOSCEミッションは閉鎖せざるをえない状況になった。さらに地域間協力もほとんどが停止され，南オセチアとグ

ルジアの和解の象徴であったリンゴ園は戦火で焼き払われたといわれる。モルドヴァにおいてもグルジアにおいても，今後も紛争が解決される見通しはほとんどたっていない。それでもなお，地域住民間の草の根レヴェルの交流を途絶えさせないことが地域社会の安定のためにも重要であることを改めて強調しておきたい。

(1) 2008年8月にロシア政府は非承認国家のうち南オセチアとアブハジアの独立を承認した。しかし，それは南オセチア戦争を起こしたグルジアへの懲罰的要素と欧米諸国のコソヴォ独立承認に対する反発的要素で決定されたものであって，「国際社会」からの独立承認とは認識し難い。
(2) 1995年の組織替えにより，CSCE（全欧安全保障・協力会議，The Conference of Security and Co-operation in Europe）から OSCE へと名称が変更された。本章では1995年以前の出来事には CSCE，1995年以降は OSCE とし，また，名称変更前後にまたがる期間の出来事には CSCE/OSCE と記載する。

【参考文献】

大芝亮，山内進（2007）『衝突と和解のヨーロッパ――ユーロ・グローバリズムの挑戦』ミネルヴァ書房

カルドー，M.（山本武彦他訳）（2003）『新戦争論――グローバル時代の組織的暴力』岩波書店

―――（山本武彦他訳）（2007）『グローバル市民社会論――戦争へのひとつの回答』法政大学出版局

佐藤圭史（2005）「言語政策に反映される民族間関係とその諸問題――沿ドニエストル共和国，ガガウズ共和国を比較事例として」『比較社会文化研究』17号

―――（2007）「ソ連末期における民族自治領域創設運動の比較研究――ガガウズ人地区，沿ドニエストル地区，リトアニア・ポーランド人地区を事例に」『比較社会文化研究』22号

―――（2006）「ソ連末期におけるガガウズ人民族自治政府を巡る諸問題」『スラヴ研究』53号

―――（2007）「ソ連邦末期における民族問題のマトリョーシュカ構造分析――リトアニア・ポーランド人問題のケーススタディ」『スラヴ研究』54号

田中俊郎・庄司克宏（2006）『EU統合の軌跡とベクトル――トランスナショナルな政治社会秩序形成への模索』慶応義塾大学出版会

羽場久浘子，小森田秋夫，田中素香編（2006）『ヨーロッパの東方拡大』岩波書店

羽場久浘子（2002）『グローバリゼーションと欧州拡大――ナショナリズム・地域の成長か』御茶の水書房

―――（2004）『拡大ヨーロッパの挑戦――アメリカに並ぶ多元的パワーとなるか』中央公論新社

第Ⅲ部　歴史的帝国から新しい地域主義 (regionalism) へ

ハンチントン, S. (鈴木主税訳) (1998)『文明の衝突』集英社
廣瀬陽子 (2008)「最近のグルジア情勢によせて」(http://src-h.slav.hokudai.ac.jp/center/essay/20080812hirose.html)
松里公孝 (2008)『旧社会主義圏に生まれた非承認国家——多層的分析と相互比較』北海道大学スラブ研究センター
Balmaceda, M. M., Clem, J. I., Tarlow L. L. (2002), *Independent Belarus : Domestic Determinants, Regional Dynamics, and Implications for the West,* Cambridge, Mass., Harvard University Press
Baltic Times, 1997–1998
Ciobanu, C. (2008), *Frozen and Forgotten Conflicts in the Post-Soviet States : Genesis, Political Economy and Prospects for Solution,* Richmond, United States Institute of Peace
Dyer, D. L. (1996), *Studies in Moldovan : The History, Culture, Language and Contemporary Politics of the People of Moldova,* New York, Columbia University Press
Freire, M. R. (2003), *Conflict and Security in the Former Soviet Union : The Role of the OSCE,* Hants Burlington, Ashgate
Hensel, H. M. (2004), *Sovereignty and the Global Community : The Quest for Order in the International System,* Hants, Burlington, Ashgate
Hirst, P., Thompson, G. (1999), *Globalization in Question : The International Economy and the Possibilities of Governance,* Cambridge, Polity Press
Lynch, D. (2004), *Engaging Eurasia's Separatist States : Unresolved Conflicts and De Facto States,* Washington. D. C., United States Institute of Peace Press
Mychajlyszyn, N. L. (1998), "Regime Maintenance and Sub-state Processes: The OSCE and Sub-state Ethno-national Conflict in the Post-Soviet Regime" [PhD diss., Queen's University]
Sabahi, F., Warner, D. (2004), *The OSCE and the Multiple Challenge of Transition : The Caucasus and Central Asia,* Hants, Burlington Ashgate
Sato, K. (2009), "Mobilization of Non-titular Ethnicities during the Last Years of the Soviet Union : Gagauzia, Transnistria, and the Lithuanian Poles," *Acta Slavica Iaponica,* Tomus 26
Sunderstorm, L. M. (2006), *Funding Civil Society : Foreign Assistance and NGO Development in Russia,* Stanford, Stanford University Press
Zaagman, R. (1999), *Conflict Prevention in the Baltic States : The OSCE High Commissioner on National Minorities in Estonia, Latvia and Lithuania,* Flensburg, European Centre for Minority Issues [ECMI]
Независимая Молдова 1994; 1998
Мацузато К. (2007), *Историографический диалог вокруг непризнанных государств : Приднестровье, Нагорный Карабах, Армения, Южная Осетия и Грузия,* Sapporo, Slavic Research Center

Ⅳ

オルター・グローバリズム
―地域（Local）／市民社会の可能性

⓭ グローバルな権力ネットワークと市民社会
―― 水道事業の民営化言説・実践と対抗運動

藤 井 大 輔

1 はじめに

　2000年に国連が採択したミレニアム開発目標（MDGs）のターゲット10は、「2015年までに、安全な飲料水及び衛生施設を継続的に利用できない人々の割合を半減する」ことを目指し、現在、その目標をほぼ達成しつつある（43パーセント減）。しかし、いまだに約8億8400万人が安全な飲み水を得るに至っておらず、とくにサブサハラアフリカとオセアニアでは、改善された水を利用できる人の割合は8割を切る状態にあり、状況は深刻である［UNICEF/WHO 2008］。多くの子どもたちが安全な水を得られずに亡くなっており、その数は1日あたり4500人以上ともいわれる［WHO/UNICEF 2005, p.5］。

　こうした世界が抱える水問題をテーマに3年に1度開催される「世界水フォーラム（WWF）」が2009年3月にイスタンブールで開催され（第5回）、192ヵ国から約3万人の多様なアクターが参加した。続いて行われた閣僚級会合は（156ヵ国の参加）、グローバルな規模で起こる環境の変化のなかで、水を巡る問題の解決に向けて「水の安全保障」を達成することが必要であり、水資源管理が直面する世界規模の変化に対応する取り組みと、あらゆるレベルでの協力を改善・促進することの重要性を、閣僚宣言の形でとりまとめた。

　「水の安全保障」という言葉がWWFの閣僚宣言に取り上げられたのはこれが初めてであるが、2007年12月に別府市で開かれたWWFの地域版である「第1回アジア・太平洋水フォーラム（APWF）」の全体テーマは「水の安全保障」であった。会議で採択された「別府からのメッセージ」のなかで「人々が安全な飲料水と基本的衛生設備を手に入れることは、基本的人権であり、人間

の安全保障の基本である」と明記された。この点は、この会議でMDGsおよびそれ以降の水に関する目標が打ち出されたことともあわせて、「評価できる」とする声もある［佐久間 2008, 250頁］。しかし、同時に指摘されるのは、貧困層への貸付の拡大、官民連携金融システムの導入と投資の拡大など水道事業に対する枠組みはこれまでと変わらず、いわゆる「水道事業の民営化」に向けたグローバルな取り組みは引き続き拡大していることである。

　たとえば、企業を中心とする民間セクターによる水受給者数は1999年には5パーセントであったが、2007年には世界の人口の11パーセントにあたる約7億670万人となった。そのうち、グローバルに事業を展開する水企業上位5社[1]は約3億570万人に供給しているとされる。また、2015年には16パーセントにあたる11億5000万人近くが民間セクターからの水供給を受けると推測されている［Pinsent 2007, pp.18, 27-30］。民間セクターによる都市の上下水道や工業・農業用水などをあわせた世界の水ビジネスの市場規模は2007年で35兆円弱といわれており、2025年には70兆円余、さらに海水の淡水化事業や下水の再生水事業などもあわせると、100兆円規模の市場になると予測されている［経済産業省 2008, 347-357頁］。

　こうした水供給ビジネスの流れは、国際的にどのように作られたのだろうか。他方で、水道事業の民営化に向けた取り組みに対して、市民・NGOレベルで大きな反対・抵抗の運動が世界的に起こっているが、その運動はどのように生まれてきたのか。本章では、水供給ビジネス、とりわけ水道事業の民営化の流れが国際機関や先進諸国・政府、そしてグローバルな水企業のみならず、一部の市民社会アクターも巻き込みながら作られてきたプロセスを概観しながら、グローバルな権力ネットワークの形成を明らかにしたい。同時に、その水供給の仕組みが多くの貧困に苦しむ人々が安全な水にアクセスできない現状を生み出していると批判する市民・NGOによるムーブメントを、そのネットワークとの関係でどのように位置づけ得るのかについて検討したい。

2　世界銀行とグローバル水企業の企て
――「経済財としての水」概念の登場

(1) 「経済財としての水」概念の形成

　1977年に初めて水問題にのみ焦点を当て，それが危機的状態にあることを明らかにした政府間会議である国連水会議以降，1980年代の「国連水供給と衛生の10年」を経て，1992年に開催された水と環境に関する国際会議は，水資源管理・開発を考えるうえで基盤的な考え方となる4原則をダブリン宣言で明らかにした。その1つが水を経済財とする考え方である。「経済財としての水」という考え方を採用することで水環境を守り，それにより人々が安全で安価な飲み水を得ることができるとされ［カルダー 2008, 87-88頁］，これ以降の飲み水を巡る議論の出発点となった。

　同年にリオデジャネイロで開かれた国連環境開発会議（UNCED）において採択されたアジェンダ21は，「淡水資源の質と供給の保護」を行動計画の項目に掲げた（第18章）。水が経済財であることが改めて確認され，ダブリン宣言を受け継ぐ形となった。これは，1994年にオランダのノールスビックで開催され，50ヵ国以上からの政府関係者や世界銀行などの国際機関が集まった水供給と衛生に関する国際会議でも確認され，協議の基礎に据えられた。

　一連の会議を経て「経済財としての水」という理解は急速に広がっていく。時のサッチャリズム／レーガノミクスといった新自由主義的経済観，および世界銀行が1980年代末から積極的に進めていく構造調整プログラムと相まって，飲み水を提供する公営水道の民営化を巡る議論に大きな影響を与えていった。また世界銀行は，冷戦の終結とともに先進国の間で広がる援助疲れと反比例するかのように，世界の開発問題に対する巨大なドナーとしての存在感を強めた。水分野における援助においても，過去約50年にわたる資金の貸し出し事例を元に，「水プロジェクトの最も大きな国際的なファンドである」と自画自賛し，その存在感を高めた［World Bank 1995］。

(2) 世界銀行と水企業のグローバルな協働

「経済財としての水」という概念を世界銀行とともに形成し政策に反映させるよう政策提言に取り組み，また実際の水資源管理の実現に大きな役割を果たしたのは民間セクターであった。前者の役割を果たしたのが「世界水会議（WWC）」であり，後者が「グローバル水パートナーシップ（GWP）」である。

国際的な民間の水政策シンクタンクである WWC は，政府機関や国際機関，企業，NGO など60以上の国・地域から300を超えるメンバーで構成されている非営利・非政府のアンブレラ組織である。しかしながら，メンバーの多くは水に関わる民間企業であり，かつその設立には世界銀行や国連機関などが深く関わった。水問題への国際的な関心を高めつつ，アドボカシー活動を通して，「あらゆる局面で水の効果的な保護，保全，開発，計画，管理と使用を促進する」役割を果たすことがその目的に謳われている［WWC 2009］。国際的な水に関するネットワークである GWP もまた世界銀行や国連開発計画らによって設立され，世銀や欧州諸国などからの出資を得て，約600の組織や団体のメンバーで構成される。各国に支部を置き，途上国での持続可能な開発と水資源管理のための人的，資金的そして技術的なニーズを満たすようサポートを行っている［GWP ウェブサイト］。

以上のように，いずれも国際機関，とりわけ世界銀行からの大きなサポートにより設立され，その強い影響下にあると同時に，企業の存在感も顕著である。たとえば，WWC の議長を務めるのは，デゾー・マルセイユ（SEM）社のルイ・フォション会長であるが，SEM 社は世界トップ2のグローバル水企業であるスエズ社とヴェオリア社の子会社である。創設メンバーの1人であり，以前は副会長を務めていたのは，スエズ社のルネ・クローン元副社長であった。またクローンは GWP の運営委員メンバーでもあった。

水企業が積極的に世界の水問題に対して発言し，存在感を高めていった代表的な例として，「持続可能な開発のための世界経済人会議（WBCSD）」がある［ゴールドマン 2008，バーロウ 2008］。WBCSD は UNCED の開催にあわせて，会議に企業を巻き込み，声を届けることを目的にして設立された。現在ではスエズ社やヴェオリア社も含め35の国や地域の20種の主要産業セクターから200を

超えるメンバーが加盟している。企業が「持続可能な開発のための触媒」として役割を果たすことを使命とし，注力して活動しているものの1つが水である[WBCSD ウェブサイト]。WBCSDは，1998年に報告書「工業，水，そして持続可能な開発」を国連環境計画（UNEP）とともに発表した。無料であったり，政府からの補助金に頼るような水供給は水使用者に誤ったメッセージを伝えており，供給に必要な真のコストを組み込んだ水の価格化こそが水の浪費を減らす「最も効果的かつ効率的な実践」であり，そこには，創造的企業の役割が大きいとする［WBCSD/UNEP 1998, p. xi］。また2002年に出した報告書『貧しい人々のための水』では企業の水問題への関わりを前面に押し出し，「貧しい人々への水サービスの提供はビジネスの機会となっている」とする。企業の関与は「インフラを近代化し拡大するために必要とされている」のであり，直接的に水事業に関わらない産業も含め，「ビジネスの大小にかかわらず膨大な雇用と販売の機会を生み出す可能性をもつ」のが水を巡る状況であると主張する［WBCSD 2002, p.8］。

「水がなければ，持続可能な発展もない！」が本報告書のキーワードである。水欠乏・水不足に陥り，「生きるための水（Water for Life）」を求める世界の貧しい人々が，このキーワードに反対することは難しい。UNCED以降の世界の環境問題への関心の高まりのなかで，企業は世界銀行と協働し，他の国際機関や各国政府，また一部のNGOなどとの連携を進めるなかで，環境に配慮した開発の推進と「経済財としての水」という価値観を組み合わせた言説を作り出してきたのである。

3　世界水フォーラムでの国際政策ネットワークの取り組み

WWCとGWPは，1997年から，水問題について総合的に協議を行う場として「世界水フォーラム（WWF）」を開催してきた。WWFで水道事業の民営化が大きなテーマとして設定され，世界の潮流を民営化へと意図的に導いたのがハーグで開催された2000年の第2回フォーラム（WWF2）と，琵琶湖淀川流域

で開催された第3回フォーラム（WWF3）である。

　WWF2には，156ヵ国から5000人を越える参加があり，WWF1と比べると10倍以上となった。第1回が専門家による会議であったのに対し，WWF2は，さまざまなアクターによる議論・コミュニケーションをフォーラム形式で行うことを目的としたためである。また閣僚級会合が開催国のオランダ政府により併設・実施されたことで，NGOが行う国際的なフォーラムではありながらも，水を巡るガヴァナンスにおける影響力を確保した。これはその後のWWFにも継続される。

　WWF2で発表された『世界水ビジョン（WWV）』は，「21世紀のための世界水委員会（WCW）」が，気候変動などの環境変化や人口増加による水問題への対処や地下水資源開発，農業用水問題，また地域コミュニティにおける参加と意思決定など多岐に渡る調査研究をまとめた報告書である。WCWの議長にはイスマイル・セラゲルディン世界銀行副総裁が就任し，かつUNCEDで議長を務めたモーリス・ストロング，またスエズ社会長のジェローム・モノーらが委員会メンバーに選ばれた。WWVの作成にあたってはネットも活用され，多様な地域・分野から延べ15000人が議論に参加したという［Cosgrove, Rijsberman 2000, p. xii］。

　このWWVは，水危機への対処と解決法についてのグローバルな認識を形成することを目的としてまとめられ，そうした認識が「新しい政策や，立法的・制度的枠組みの発展を導」き，「あらゆるレベルにおいて統合的な方法で管理されるようになる」と主張する［Cosgrove, Rijsberman 2000, p.1］。しかし大事なのは，企業が水サービス，とりわけ水道事業に大手を振って参画できる道筋を具体的に打ち出した点にあった。「経済財としての水」という姿勢を原則的に踏襲したうえで，水利用者が利用に応じた代金の支払いを行うべきとする「フルコスト・プライシング」を明確にし，民間からも含めた水道事業への投資の拡大を方向づけたのである［Cosgrove, Rijsberman 2000, pp. 41, 44］。

　続くWWF3では，フォーラムにあわせて提出された「カムドゥシュ・レポート」と呼ばれた『水施設への資金調達に関する世界パネル報告』が注目された。報告書の通称にあるミシェル・カムドゥシュ元IMF専務理事が議長を，

水企業の重役らが委員を務めたパネルの報告書は，WWV で提言されたフルコスト・プライシングと同様の，フルコスト・リカバリーの考え方を水道事業プロジェクトに導入することを求めた［Camdessus, Winpenny 2003, p.3］。そして，並行して行われた閣僚会議は「琵琶湖・淀川流域からのメッセージ」を発表し，その第5項で「資金的ニーズに取り組むのはわれわれ全員の課題」であり，あらゆる資金源が効率的な形で集められ活用されるべきだと記し，パネル報告への賛意を表明した。また第6項では民間セクターの参加による資金調達を視野に入れた新たなメカニズムの追求を掲げた。企業が水事業，とりわけ資金を巡る問題が大きなネックになっていた水道事業に対して参入し得る道筋を明確にしたといえる。

　以上のように，世界銀行や WWC/GWP らは水道事業の民営化を巡る言説形成と政策策定において，一定の成果を得た。そして，その後の WWF における一連の合意形成のためのプロセスは閉鎖的なものに変貌したのである。メキシコシティで開かれた WWF4 では，会場に保安壁が設置され警察隊らの出動があったように，また開催地の物価を考えれば高額な参加費を求めるようになったように［バーロウ 2008, 85頁］，企業が水事業への参入を行う環境を整えたうえで議論・対話の門戸を閉ざし，まさに自らを守る「保安壁」の内側へと帰ってしまったようにみえる。

　マイケル・ゴールドマンは，『緑の帝国』のなかで次のように指摘している。「きれいで安全な水に皆がアクセスできるように，という目標を掲げたこのキャンペーンは，貧困層への水供給という社会福祉的な側面と，公共サービスを民営化してゆくというネオリベラルなアプローチが混在」しており［ゴールドマン 2008, iv頁］，WWC のような国を超えて活動する「国際政策ネットワーク (TPN)」が，世銀との相互連携を通じて，水道事業の民営化に向けて重要な役割を果たしてきた，と。彼によれば，TPN は「水に関する世界戦略」を作り出すべく「さまざまな組織が連携し，政策綱領を作成し，計画について交渉しながら，専門家からも意見を聴取し，徐々に立ちあがったネットワーク」であるが，そのようなプロセスを経ることで「中立的な立場で水問題に取り組んでいると認識されるよう，実に巧みに言説を構築」していったのである。WWF

会合に世界中からのNGO・市民の参加が認められ，WWVの策定過程にも多くの人々が参加しているようにみえるが，実際には「水に関する『国際合意』は一部の組織の発言力の強さと，政策ネットワークの戦略的な活動でできあがっている」。TPNを通して「開発推進派が『グローバル市民社会』と呼ぶ空間」を創出し，「グローバル市民社会に水政策に関する考え方を持ち込み浸透させた」のであった［ゴールドマン 2008, 205-248頁］。

ゴールドマン自身はボリビアのコチャバンバでの水道の民営化反対運動を事例として紹介しながら，世銀やTPNによって創造される「グローバル市民社会」に対して疑義を示す。「なぜこのような市民社会に関わる人々のネットワーク形成のプロセスに特権的な立場が与えられるのか，そしてこうしたプロセスの影には一部の人に特権を与えることによって抹消され，むしばまれ，従属させられた人々は存在するのかという問いを考えていかなければならない」。

4　「シアトル」以降のグローバル化する経済への対抗運動

　ゴールドマンが紹介したような水道事業の民営化に対抗する動きは2000年前後から世界のさまざまな国や地域で起こっている(4)。前述のコチャバンバでは民営化により水道料金が3倍に跳ね上がり，人々は路上に出て反対運動を行った。同じく世界銀行主導で民営化されたブエノスアイレスは，水道民営化のモデルとまで喧伝されたが，こちらも水道料金が大きく値上げされ人々の生活を圧迫した。またアジアではマニラで同様の状態にあるし，ジャカルタでは貧困者への水供給が約束通りなされていない。南アフリカではプリペイドカード方式を導入し，貧しい人たちの多くが水道へのアクセスができないままである。そうした国や地域において人々は立ち上がり，民営化に対して異議を訴えている。先進国でも例外ではなく，カナダのモントリオールやバンクーバー，米国のアトランタなどでも市民による民営化への反対運動が起こっている。

　こうした市民の動きに呼応して，民営化の問題に批判的に取り組む運動が作られたのが，WWF2の前後である。この動きの中心的な役割を務めるNGO，

カナダ人評議会の議長を務めるモード・バーロウらによって2000年に設立された「ブルー・プラネット・プロジェクト」のメンバーは非公式にWWF2に参加し、WWVに対する市民側からの対抗ビジョンを訴えた［Barlow, Clarke 2002, pp. 202-204（邦訳書，195-197頁）］。水に関わる問題を単に経済的なものとして扱うだけではなく自然生態系の保護も含めた環境問題として捉え、また生きるために必要不可欠な水の確保を人権問題として捉えるべきことを主張したのである。

　これは、前年末の、世界貿易機関（WTO）第3回閣僚会議における「バトル・イン・シアトル」とも総称される10万人近い人々による「20世紀最大の抗議行動」［北沢 2003, 104頁］から連なる一連のグローバルな運動の流れのなかに位置している。スティーヴン・ギルはシアトルでの出来事について、4つの「新自由主義的グローバリゼーション」の矛盾が、人々の結集と運動を引き起こし、会議自体の失敗を生み出したとする。そのうえで、アントニオ・グラムシの「現代の君主（modern prince）」を援用し、シアトルに集まった市民が多元的な開かれたアプローチで新自由主義的グローバリゼーションに代わるものを生み出そうとする動きを「ポストモダンな君主（Post-modern Prince）」と呼んだが［Gill 2000］、水を巡る運動もまたそうした流れを引き継ぐものである。

　シアトル以降、この種の行動は「反グローバリゼーション運動」などと呼ばれた。具体的な意思表示を行動で示す動きは、翌2000年にワシントンで開かれたIMF／世界銀行春期蔵相会合でのアクションを皮切りにジェノバでのサミットまで続く。しかし、サミットでのアクションで1人の市民の命が失われたこと、また2001年9月の同時多発テロ以降、国際会議でのアクションの取締りが厳しくなるとともに、世間の注目を別の形で浴びるようになり、抗議行動は縮小傾向にある。

5 抵抗・アドボカシー・オルタナティヴ
――もうひとつの「グローバル市民社会」

　一方，2001年から開催されている「世界社会フォーラム（WSF）」に代表される動きがある。狭義のグローバリズムとしての新自由主義的な経済のグローバリゼーションに対して，市民・NGO自らが今後のあり方，オルタナティヴについて議論をし，訴え，活動していくものである。[6]「もう1つの世界は可能だ（Another World is Possible）」を合言葉に行われたWSFでは，シアトルの流れを受けてさまざまな人々が数多く集まったが，「シアトル以降成長した運動の一部」である［ウタール他 2002, 215頁］。WSFについてネグリとハートは「多様な運動体による1つの運動，あるいは多様なネットワークによる1つのネットワーク」と表現した［フィッシャー他 2003, 6頁］。「成長した運動の一部」と記すのは，おそらくシアトルなどでみられたアナーキスト集団らによる暴動・暴力と一線を画す意図があったのだろう。同じくポルトアレグレで行われた第2回WSFは「反グローバリゼーション運動の転換点」となり，この運動の「正当性の欠如と組織の不在」を克服し，「反グローバリゼーション運動の主流化」を果たそうと試みた［北沢 2003, 190-193頁］。

　第2回WSFでは，水に関するセッションも行われた。会議総括文書には「公共財としての水」「社会的，経済的，人間的権利としての水」「水の私有化と商品化」そして「さまざまな国で実行されつつある水管理のフランスモデルの批判」などが主題として掲げられた［フィッシャー他 2003, 174-180頁］。そして，会議後の同年8月に「ポルトアレグレ水宣言」が，前述のカナダ人評議会や河川管理やダム問題に関わるNGOなど22のNGOが中心となり作成・採択された。[7]このなかで水は共有財であり，売買や貿易などにより利益を得るような経済財として扱われるべきではないこと，また水の確保は基本的人権であり，公的な権威や制度によって守られるべきものであることを訴えた。

　つまりWSFは，ダブリン宣言以来，水を巡る議論をめぐって国際社会で踏

第13章　グローバルな権力ネットワークと市民社会

襲されてきた「経済財としての水」という言説に異議を唱え，市民自らのレベルに引き戻して考える必要があることを明確に訴えたのである。そして，先の言説を形作ってきた世界銀行やWWC，GWPを名指しし，それらの進める「民営化は，水の公平性，持続可能性，かつ民主的なコントロールや管理の観点から，人々にとって望ましい解決策ではない」と述べて，同年夏に南アフリカで開催される「持続可能な開発のための世界首脳会議（WSSD）」や京都でのWWF3に向けて，民営化に対峙した共同行動を展開することを呼びかけた。

　前述したWWF3では，「官民の連携（PPP）」セッションにおいて，水道事業の民営化を進める側からWWC，反対する側からはカナダ人評議会が選ばれて分科会が行われている。分科会での議論はそれぞれクロージング・セッションでの合意を目指して取り組まれたものの，WWCは人々の水の権利を保証する新しい枠組みとしての民営化を，NGO側は水の商品化の誤りを，それぞれ繰り返すのみとなった。最終的にはセッションでの合意という形をとらず，双方が意見を閣僚会議に提出することになったが，閣僚宣言は民営化を推進する側の意見を大幅に受け入れる形で策定された。

　このことが，次のWWF4に向けたNGOの取り組みに変化をもたらすことになる。NGOは，WWF4内部での議論に参加する形で活動するのではなく，並行・対抗フォーラムを開催することを活動の中心においた。現地の市民団体・NGOで構成される，水に対する権利のためのメキシコ連合組織（COMDA）が主催を務めた「水を守るための国際フォーラム」が開かれ，40ヵ国以上から1000名近くが参加した［COMDA 2006］。そして「水を守るための運動による共同宣言」を採択し，「水は公共財であり，水へのアクセスは基本的な権利であり奪うことができないもの」であること，「水は商品ではなく，官民パートナーシップ（PPP）によるものも含めてあらゆる形態の民営化を拒否する」ことを明確にした［COMDA 2006, pp. 126-132］。

　興味深いのは，この宣言で，WSFに対する言及があることである。「過去数年間に世界社会フォーラムのなかで開かれた会議に従い，環境的かつ差別的ではない考え方に基づく水への権利を求めて，あらゆる環境下での商品化に抗して世界中で社会運動が闘っている。私たちは，グローバルな戦略の一環とし

て，それぞれの場所の問題に取り組む共通の行動のためのプラットフォームに同意する」［COMDA 2006, p. 126］。

　水を巡るグローバルな運動において，WSF という場所が重要な位置を占めているのはなぜか。WSF の開催に尽力したスーザン・ジョージがいう「新自由主義的な多様な組織が推し進めるグローバリゼーションとはまったく異なる，オルター・グローバリゼーションを推進せんとするグローバル・ジャスティス運動」［ジョージ 2004, 299頁］を体現するのが WSF であり，水を巡る運動もまたそのなかで生まれ，継承しているものと考えられる。

　バーロウは「強力な民間水道企業と闘い，また，自国の水源を保全し人々に正常な水を供給する責任を放棄している政府」と対峙する「世界規模の"ウォーター・ジャスティス・ムーブメント"」（Global Water Justice Movement: GWJM）の存在を描写しているが［バーロウ 2008, 173頁］，それは，まさに2002年の WSF と続くポルトアレグレ水宣言の一連の策定過程のなかで形成されたといえるだろう。GWJM とは，まさにシアトルでの WTO 第3回閣僚会議で顕在化した反グローバリゼーション運動の流れのなかにありながら，単に直接的なアクションで国際社会にアピールするのではなく，「もう1つの世界」という次元で建設的な議論を組み立て実行する「グローバル・ジャスティス運動」の1つであるといえよう。

　WWF4に先駆けて，2004年1月にニューデリーで「人々の世界水フォーラム」が開催されている。これは同月にムンバイで開催された第4回 WSF 前に行われたもので，第3回 WSF から計画されていた［Barlow 2004, p. 2］。このフォーラムにおいて，世界銀行の水問題へのスタンスに対して引き続き反対していくことや WTO のサービス貿易一般協定（GATS）から水を除外することを求めることとともに，「民間水道サービスに対するオルタナティヴを実現・支援していくための新しいネットワークを構築すること」が合意された［バーロウ 2008, 183-184頁］。

　このネットワークは，第4回 WSF でのセミナーを経て，オランダ政策提言 NGO であるコーポレイト・ヨーロッパ・オブザーベイトリー（CEO）とトランスナショナル研究所（TNI），そしてカナダ人評議会によって設立されたウ

ェブサイト「waterjustice.org」に展開し，公共水道など民営化へのオルタナティヴについて情報や意見を交換する場所となった。「水を守るための国際フォーラム」でもセミナーを開催し，公共水道として実践が進む地域の事例や新しい公共水道に関する提案［Balanyá 2005］，公公パートナーシップでの水道事業の可能性に対する提案などを行っている［Hall 2009］。もちろん，この取り組みはWWF3での挫折を経て，2004年に初めて出てきたというわけではない。2002年のWSSDにあわせて，水道事業の民営化に抗する取り組みに大きな役割を担っている国際公務労連のシンクタンクでもあるグリニッジ大学の公共サービス国際研究所が，WSFの開催地でもあるポルトアレグレの公共上下水道機関DMAEとともに『ブラジル・ポルトアレグレにおける水』と題する報告書でその方向性を示唆していた［PSIRU, DMAE 2002］。

このようにGWJMにおいても単なる問題点の指摘や抗議，またWWFなどへの参加による政策関与だけではなく，「もう1つの」水道サービスのあり方を探り，実践に移すという動きがスタートしている。

6　おわりに——多元的な「グローバル市民社会」を巡って

「経済財としての水」という一連の議論から形成されてきた水道事業の民営化に向けた言説形成に対して，GWJMの取り組みは，計画的に秩序だって作りあげられたものではなかった。しかしそれは，途上国を中心に実際に安全な飲み水を安定的かつ適切に受けることができない人々による切実な訴えと，それを受けたさまざまなレベルでの市民アクターの行動の個別具体的な積み重ねにより作り出されたものである。相互にコミュニケーションをとりながら有機的に繋がり，自らの生活を取り巻く環境が世界の構造的な問題であることを認識し，それに対する批判的な運動が展開した。これは，いわゆる「新しい社会運動」の動きを受ける形で，20年以上前にロブ・ウォーカーが表した「批判的社会運動（critical social movement）」を想起する。彼は，特定の問題における運動のみならず，あらゆる種類の運動の取り組みのなかの繋がり，つまり潜在

的に内在するものを認識するなかで政治的な想像力や可能性の地平が広がることを主張した［Walker 1988, p.3］。

　世界銀行を中心として企業や一部NGOにより築かれたWWCやGWPといった「国際政策ネットワーク」は，新自由主義的グローバリゼーションという構造のなかで，グローバルに広がるネットワーク権力として「経済財としての水」という言説を生み出し，水道事業の民営化という実践を生み出した。またそれはMDGsの達成を掲げ，WWFにおいて紹介される「公営・民営は関係ない。私たちはただ安全な水を安定的に手に入れたいのだ」という「貧困層の人々からの声」により後押しされている。同時に，NGOや市民にWWFなどの政策決定プロセスへの参加を形式的に認めることで，TPNによる水をめぐる政策とあわせて，擬似的な「グローバル市民社会」を創出した。これは，シアトルなどの市民による直接行動の根源にあったとされる「グローバル経済における民主主義の不在と民主的な制御の要求」［樋口・稲葉 2004, 197頁］を具体化するものとして，意識的に形作られたものであったかもしれない。

　そのなかでGWJMは，一方でいわゆる「トランスナショナル・アドボカシー・ネットワーク」［Keck, Sikkink 1998］としてのアドボカシー活動を通じた政策変更を求める取り組みを持続する。しかし他方では，WSFというグローバルなネットワークを用いて，世界各国の地域との連携・連帯をはかり，「経済財としての水」という概念に対抗する言説を作りながら，個別の水道事業の民営化に対する代替的な取り組みを積み重ね，水の確保が基本的人権であり，人間の安全保障の基本としての水という言説への変更を少しずつ生み出している。

　ウォーカーの批判的社会運動はグローバルな権力のネットワークに組み込まれることすら適わない，周縁化され十分に力をもたないものに光を当て可視化する。そして，批判的社会運動は，それが「権威や正当性，そして権力における私たちが受け継いできた概念を変形させうる挑戦」であり，一部の権力による変化を待つのではなく，自らの生活全体をボトムアップで新たに作り替える作業に参加できることを重視する［Walker 1988, p.8］。GWJMの一連の動きは，水を巡るグローバルな権力のネットワークが生み出す「グローバル市民社会」

と併存し，また時と場所を一部共有しながらも，多元的な「グローバル市民社会」を生み出していく試みなのではないだろうか。

(1) 「民営化（privatization）」という言葉は，本来，政府や自治体などにより公営で行われている事業を企業やNPO/NGOなどの民間の主体に移行することを表すが，本論ではとくに断りのない場合は民間企業への移行を示すものとする。
(2) ここでのグローバル水企業上位5社とは，順にヴェオリア社（仏），スエズ社（仏），ソーソ社（仏），アグバル社（西），RWE社（独）をさす。ただし2006年に，RWE社は傘下に置いていた英国の水道企業テムズ・ウォーター社をオーストラリアのマッコーリー銀行グループのケンブルウオーターに売却した。
(3) 国連の公式文書として初めて水道サービスへのフルコスト・プライシング導入が提言された［バーロウ 2008, 81頁］。
(4) 例えば，［Barlow, Clarke 2002］や［International Consortium of Investigative Jourists 2003］など参照。
(5) 4つの矛盾とは，①巨大資本と民主主義の間の矛盾，②経済・社会双方における矛盾，③資本の規律が社会再生産の増大と繋がっているという矛盾，そして④社会文化や生物の多様性が企業の支配下で単一化されていることと，それが生み出した福祉の危機・食糧安保の喪失の新たな形態との矛盾である。
(6) WSFについては，［ウタール他 2002］や［Fisher and Ponniah 2003］，［セン他 2005］［加藤 2007］，［山田 2008］などを参照。
(7) ポルトアレグレ水宣言は「Forum Social Mundial」のウェブサイトを参照（http://www.forumsocialmundial.org.br/dinamic/eng_declara_POA_agua.php）。

【参考文献】
ウタール, F., ポレ, F. 編（三輪昌男訳）（2002）『別のダボス――新自由主義グローバル化との闘い』柘植書房新社
加藤哲郎（2007）『情報戦の時代――インターネットと劇場政治』花伝社
カルダー, I.（蔵治光一郎他監訳）（2008）『水の革命――森林・食糧生産・河川・流域圏の統合的管理』築地書館
北沢洋子（2003）『利潤か人間か――グローバル化の実態と新しい社会運動』コモンズ
経済産業省（2008）『通商白書2008』
ゴールドマン, M.（山口富子監訳）（2008）『緑の帝国――世界銀行とグリーン・ネオリベラリズム』京都大学学術出版会
佐久間智子（2008）「日本の『ウォーター・ビジネス』を巡る現状と問題」バーロウ, M.（佐久間智子訳）『ウォーター・ビジネス――世界の水資源・水道民営化・水処理技術・ボトルウォーターをめぐる壮絶なる戦い』作品社
清水耕介（2002）『市民派のための国際政治経済学――多様性と緑の社会の可能性』社会評論社
ジョージ, S.（杉村昌昭他訳）（2004）『オルター・グローバリゼーション宣言――もうひと

つの世界は可能だ！　もし…』作品社
セン, J. 他編（武藤一羊他監訳）(2005)『帝国への挑戦——世界社会フォーラム』作品社
バーロウ, M.（佐久間智子訳）(2008)『ウォーター・ビジネス——世界の水資源・水道民営化・水処理技術・ボトルウォーターをめぐる壮絶なる戦い』作品社
樋口直人, 稲葉奈々子 (2004)「グローバル化と社会運動」曽良中清司他編著『社会運動という公共空間——理論と方法のフロンティア』成文堂
フィッシャー, W.F., ポニア, T. 編（加藤哲郎監修, 大屋定晴他監訳）(2003)『もうひとつの世界は可能だ——世界社会フォーラムとグローバル化への民衆のオルタナティブ』日本経済評論社
藤井大輔 (2003)「NGOと世界水フォーラム——『水の民営化』を中心として」『比較社会文化研究』14号
山田敦 (2008)「反グローバル化の広がりと繋がり——世界社会フォーラムの事例」『国際政治』153号
Balanyá, B. eds. (2005), *Reclaiming Public Water : Achievements, Struggles and Visions from Around the World,* Amsterdam, Transnational Institute and Corporate Europe Observatory（トランスナショナル研究所, コーポレート・ヨーロッパ・オブザーバトリー編（佐久間智子訳）(2007)『世界の＜水道民営化＞の実態——新たな公共水道をめざして』作品社）
Barlow, M., Clarke, T. (2002), *Blue Gold : The Fight to Stop the Corporate Theft of the World's Water,* New York, The New Press（鈴木主税訳 (2003)『「水」戦争の世紀』集英社）
Barlow, M. (2004), "Passage to India : A Report on the People's World Water Forum and the World Social Forum," Ottawa, The Council of Canadians
Camdessus, M., Winpenny, J. (2003), *Financing Water For All : Report of the World Panel on Financing Water Infrastructure,* Marseille, World Water Council
COMDA (2006), *Report International Forum in The Defense of Water*
Cosgrove, W. J., Rijsberman, F. R. (2000), *World Water Vison : Making Water Everybody's Business,* London, Earthscan Publication
Gill, S. (2000), "Toward a Postmodern Prince ? : The Battle in Seattle as a Movement in the New Politics of Globalisation," *Millenium : Journal of International Studies,* vol. 29, no. 1
Hall, D. eds., (2009), *Public-Public partnerships (PUPs) in Water,* Ottawa, PSI-TNI-PSIRU
International Consortium of Investigative Journalists (2003), *The Water Barons : How a few powerful companies are privatizing water,* Washington, Center for Public Integrity（国際調査ジャーナリスト協会（佐久間智子訳）(2004)『世界の＜水＞が支配される！——グローバル水企業の恐るべき実態』作品社）
Keck, M. E., Sikkink, K. (1998), *Activists Beyond Borders : Advocacy Networks in International Politics,* Ithacas, Cornell University Press
Pinsent, M. (2007), *Water Yearbook 2007-2008*
PSIRU and DMAE (2002), "Water in Porto Alegre, in Brazil : accountable, effective,

sustainable and democratic", APSIRU and DMAE paper for WSSD Joburg

The Council of Canadians (2003), "Statement by the Council of Canadians to the Secretariat of the 3rd World Water Forum", Mar. 19th

UNICEF/WHO (2008), *Progress on Drinking Water and Sanitation : Special Focus On Sanitation*

Walker, R. B. J. (1988), *One World, Many Worlds : Struggles For A Just World Peace*, Colorado, Lynne Rienner Publishers

WBCSD (2002), *Water for The Poor*

WBCSD/UNEP (1998), *Industry, Fresh Water and Sustainable Development*

WHO/UNICEF (2005), *Water for Life Making It Happen Decade for Action 2005-2015*

World Bank (1995), Press Release "Earth Faces Water Crisis"

World Water Council (2003), "World Water Council Statement on Public/Private/ Partnerships", Mar. 19th

【ホームページ】

GWPウェブサイト http://www.gwpforum.org/ 2009年8月最終確認

WBCSDウェブサイト http://www.wbcsd.org/ 2009年8月最終確認

WWCウェブサイト http://www.worldwatercouncil.org/about.shtml 2009年8月最終確認

14 歴史的記憶をめぐるトランスナショナル市民の萌芽
―― 「長生炭鉱の"水非常"を歴史に刻む会」を事例に

大和裕美子

1 はじめに

　本章の目的は，アジア・太平洋戦争の歴史的記憶に関わる草の根の活動を分析することを通して，とりわけその活動が芽生えた契機に光を当てながら，トランスナショナル市民が形成されていく過程を考察することにある。

　今や国際関係において，戦争の記憶は重要な論点となっている。藤原帰一は，戦争の記憶という曖昧で「怪しげな」テーマが国際政治で論じられる背景には，現在の国際関係を分析するだけでは現実の国際関係の説明ができなくなった，という事情がある，と述べる。藤原によれば，すでに終わった戦争の解釈が，現在の国際政治の争点になってきた。アジアの冷戦が激しく争われた1950年代初めには，今戦争が起こるかどうかが，過去の戦争の解釈よりも大きな政治的課題であった。現在では，歴史解釈の齟齬が，冷戦期以上に，たとえば日中関係などの安定を揺るがしている。政府の間の国際交渉だけでは国際関係はもはや捉えられなくなったという国際関係の変化は，歴史の解釈をめぐる問題に顕著に現われている。政府間では「決着」がついたとされてきた謝罪，賠償，補償問題がそれぞれの社会から改めて浮上する過程は，政府間の協議だけで支えられる国際関係の限界を示しているのである［藤原 2001, 8-9頁］。

　国際関係の伝統的な主体である国家のみでは，戦争の記憶や解釈をめぐる問題が解決されないのだとすれば，新たなアクターとして「市民」が注目されよう。ここでいう「市民」とは，18世紀におけるブルジョア市民社会を前提とするものではなく，「新しい市民社会論」と呼ばれるような，つまり国家と市場と市民社会という3つの領域とその相互の接合が想定される構図における，市

第14章　歴史的記憶をめぐるトランスナショナル市民の萌芽

民社会領域内のアクターを指す［篠原 2004, 96-97頁］。

　本章では，アジア・太平洋戦争に関する歴史的記憶を問題関心とし，国境をこえた活動を展開する日本の市民グループとして「長生炭鉱の"水非常"を歴史に刻む会」を事例に取り上げ，同会の設立経緯やメンバーが活動するに至った過程を，とりわけその契機や原動力に着目しながら，明らかにすることを試みる。アジア・太平洋戦争に関する日中韓の歴史認識をめぐる諸問題は，日本の歴史認識が「震源地」となり，それに中国と韓国が異議を唱えるという構図になっているという指摘に鑑みれば［劉 2007, 39頁］，まず日本において，どのようにアジア・太平洋戦争に関わる出来事が認識され，記憶されようとしているかを分析する必要があると思われる。そこで本章では，日本の市民グループに光を当てる。

　事例に取り上げる「長生炭鉱の"水非常"を歴史に刻む会」(以下，「刻む会」と省略する）は，山口県宇部市を中心に活動している。長生炭鉱は，アジア・太平洋戦争期に海底炭鉱として宇部市で操業されていたが，1942（昭和17）年に水没事故が起きたため閉山となった。183名が犠牲となったが，そのうち朝鮮半島出身者が130数名と多数を占めた。

　李修京，湯野優子は，長生炭鉱の事故を，単なる炭鉱事故ではなく日本の植民地支配の構図，ひいてはアジア・太平洋戦争のもとで起こった歴史的未清算の問題を含む事故と位置づける［李，湯野 2008］。また，長生炭鉱と事故の実態を明らかにする試みが，「刻む会」の代表である山口武信氏や布引宏氏によって発表されている［山口 1976; 1991; 1997; 布引 1991］。

　「刻む会」の目的は，長生炭鉱の水没事故で犠牲になった全員の氏名を刻んだ追悼碑を建立することである。しかしながら，実は1982（昭和57）年に長生炭鉱の水没事故を悼むための追悼碑が「長生炭鉱殉難者之碑」としてすでに建立されている。それにもかかわらず，「刻む会」の人々は，なぜ新たな追悼碑を建てようと活動を展開するのだろうか。彼（女）らが求める追悼碑と「殉難者之碑」は，どのように異なっているのだろうか。これらの問いを「殉難者之碑」が建立された当時の宇部における「炭鉱」の記憶のされ方や，「刻む会」が設立されるに至った過程を追いながら検証する作業は，トランスナショナル

241

市民が形成される過程を分析することにつながると思われる。

　佐伯啓思によれば，市民の原動力は「『私』の権利や利益の主張」によるものと説明される。佐伯にとって，「私」の権利や利益の主張は，無責任や利益の食い合いである［佐伯 1997, 175-176頁］。たしかに福祉，環境，医療等に関する問題関心は，生命や生活に直結するために，当該地域に住む人々の利害と関係が深く，地域に根差した運動では，私的な利益が市民の原動力となっている側面はあるかもしれない。

　しかしながら，「私」の権利や利益のみで市民の原動力を説明することはできない。たとえば，本章が取り上げるような，歴史的記憶や歴史認識に関わる問題をテーマとする市民活動は佐伯の議論が当てはまらないケースであろう。過去のある出来事を捉え直し，それを次世代に残すべく歴史的記憶に関する活動を展開し，国境をこえた人々のために，時間とエネルギーをかけ，ときには私財をなげうち，活動に専心する人々の原動力は，私益の追求だけでは説明できない。一見，自らの生活との関係は希薄であるかのようにみえるテーマに，彼（女）らは，どのようなプロセスを経て関心を抱いていくのであろうか。

　市民社会論は，比較的抽象度の高いレベルで論じられ，実証的に分析することが困難であるとされるが［篠原 2004, 116頁］，いうまでもなく「市民」という概念で語られる人は，固有名をもって実在している。市民社会はしばしば同質的な市民の共同体と考えられがちであるが，市民社会は差異をもつ人々によって構成され，また小さな市民のまとまりが，いくえにも重畳して成り立っているとの指摘に鑑みれば［篠原 2004, 111頁］，その「小さな市民のまとまり」をさらに解体し，市民個々人を詳細に分析し，その実態を明らかにする作業を蓄積することによって，「市民」や「市民社会」に関する研究は前進していくのではないだろうか。

　地域で芽生えた草の根的な運動は，活動家自身の手によって記される傾向にあるように思われる。たとえば，福留範昭は，強制労働犠牲者の遺骨およびその返還の実情を実地調査や社会運動への参与観察を通して考察している。福留は「強制動員真相究明ネットワーク」の事務局長を務めており，「強制動員真相究明福岡県ネットワーク」の活動状況やその成果を記している［福留，亘

2008］。また，金英丸は，金自身も所属し，韓国の市民団体と連携した運動を展開する「平和資料館・草の家」の活動を紹介している［金 2004］。

　本論に入る前にまず，キー概念の定義を確認する作業から始めたい。まず「歴史的記憶」である。ただこの概念を簡潔に定義づけることは紙幅の都合もあって著しく困難であるため，本章では，「ある出来事を体験していない人々による間接的な記憶」との意味で，その言葉を限定的に用いることにしたい。

　なお，記憶は以下の点を特徴とする。①記憶には容量があり，それに収まらないもの，もしくは収めたくないものは忘却・消去されていく。また記憶する際に，どのくらい詳細に記憶に残すか，あるいは曖昧にしておくか，といういわばウェイトづけもなされる。②①の選択は一般的には事件の重要性によるのであり，そして，重要性の判断は現在的な視点に大いに左右される［大芝 2004, 405頁］。

　また歴史認識よりも記憶の方が，より個別具体的な出来事に対する捉え方を説明するのに適している概念であるように思われる。歴史認識は，たとえば「アジア・太平洋戦争に対する認識」などというように，より大きな歴史的な出来事や事件を捉える際に用いる概念なのではないか。本章は，炭鉱の水没事故という個別的な事件に対する捉え方を通して，トランスナショナル市民の形成過程を掴む試みであるため，「歴史的記憶」という用語を使いながら考察することとする。

　また，「トランスナショナル」は，坂本義和が述べるように，「超国家」ではなく，「超国境」という意味で用いたい［『世界』1995（平成7）年8月臨時増刊号, 28頁］。つまり本章において，トランスナショナル市民社会とは，一定の価値観を共有する人々が，自国内にとどまらず，国境を越えて協力し，連携するなかで，価値の実現を目指す領域やプロセスを意味し，トランスナショナル市民とは，その構成要員を指す用語となる。

2 「長生炭鉱の"水非常"を歴史に刻む会」の概要と設立経緯

(1) 長生炭鉱と水没事故

　長生炭鉱が位置していた宇部市の西岐波の海岸には，ピーヤと呼ばれる2本の排気抗が，まるで墓標のように残っている。ここには今も183名が眠っている。

　宇部地域では，同炭鉱以外にも沖ノ山炭鉱，新浦炭鉱，東見初炭鉱などが開業していた。長生炭鉱は，とくに坑道が浅く，危険な海底炭鉱として知られ，日本人鉱夫から恐れられたため朝鮮人鉱夫が投入されることになったようで，「朝鮮炭鉱」と呼ばれるほど，多くの朝鮮半島出身者が従事していた［宇部市史編集委員会 1995, 675頁］。

　1942（昭和17）年2月3日早朝，抗口から1010メートルの地点より異常出水した。瞬く間に坑内は満水し，183名の犠牲者を出した。このうち135名は朝鮮の人々であった［『炭鉱』2000, 164頁］。事故の翌日に新聞で事故の発生が報じられたものの［『朝日新聞』『読売新聞』1942（平成17）年2月4日］，いずれも続報はなかった。

(2) 「長生炭鉱殉難者之碑」の建立

　先述したように，水没事故から40年後の1982（昭和57）年4月，西岐波の「自治会長協議会長」らにより，「長生炭鉱殉難者之碑」が建立された［宇部市史編集委員会 1995, 676頁］。ローカル紙『ウベニチ』（1982（昭和57）年4月16日付）には，「ことしは，あの悲劇から四十年目。元同僚や遺族の間から『殉難者の霊をなぐさめたい』という声が高ま」った，と建立の経緯や目的が記されている。「去る二月，倉重準助さんを委員長に建立委員会を設け，募金活動を進めてきた。募金には，市内はもとより県下，九州から元同僚や遺族，篤志家など約百二十人が応じ，浄財七十五万円を寄せた」と記事は続く。同じくローカル紙の『宇部時報』（1982（昭和57）年4月16日付）には，浄財を寄せた各人の

第14章　歴史的記憶をめぐるトランスナショナル市民の萌芽

図表14-1　「長生炭鉱殉難者之碑」

昭和十七年二月三日の朝
沖のピーヤーの水はピタリと止った
四十年を迎えた現在でも，百八十三名の炭鉱の男達は海底に眠っている
永遠に眠れ
安らかに眠れ
　　　炭鉱の男たちよ
昭和五十七年四月吉日建立
　　建立委員
蔵重準助　西村利由　西村博　三井秋憲
山県宣治　島川松太郎　床西淳二　重藤育茂
井上正人　鶴田功
　　　　　　　　　　　　　　公民館・水本五朗
　　　　　　　　　　　　　　　　　　金重巖
　　　　　　　　　　　　　　　　　　金子誠

インタビューが掲載されている。五島キヌ子さんは，「『五年前に亡くなった主人は炭鉱の責任的立場にあり死ぬまで殉職者のことを口にしていました。主人もきっと喜んでくれるでしょう』」という思いから3万円を寄せた。A氏は「『同僚のBさんは私のために死んだようなもの。この四十年間いつもBさんのことが頭から離れなかった』と浄財を寄せてきた」と記されている。同碑の碑文は，図表14-1を参照されたい。ちなみに，朝鮮半島出身者が多数を占めていたことは，碑文でも新聞でもまったく触れられていない。

　碑文を考案したC氏は，「今日の西岐波があるのは，長生炭鉱と犠牲になった人のおかげ」と語る［C氏への聞き取り，2009（平成21）年3月12日］[1]。C氏の発言には，「地域の発展に寄与した長生炭鉱」という点にウェイトが置かれ，そのことを記憶に留めようとする特徴がみられる。これは，同時期における東見初炭鉱についてもみられる特徴である[2]。「長生炭鉱殉難者之碑」が建立される約1ヵ月ほど前の1982（昭和57）年3月27日付の『ウベニチ』に，神原小学校の教諭である伊藤守が，児童とともにお別れ遠足で「東見初炭鉱遭難者之墓」を訪れたときの様子と思いを寄せている。伊藤は，「『宇部は石炭（炭鉱）をもとに栄えた町』と教えられてきたり，また，そのように教えている」と述べている。「しかし，今は市内から炭鉱が全く姿を消して人びとの記憶から忘れさ

られようとしている。ましてこの災変を記憶にとどめている人が何人いるだろうか」と憂慮する。1980年代の宇部における炭鉱の記憶は、「宇部の歴史」という枠組みのなかに息づいている。

(3) 「刻む会」の結成と活動概要

「殉難者之碑」の建立から約10年後、1991（平成3）年に「刻む会」が結成された。目的は、①犠牲者の名前を刻んだ追悼碑の建立、②ピーヤ（排気坑）の保存、③遺族、生存者の証言の聞き取り、真相解明の三点である。「刻む会」の設立に関わった元宇部教会牧師の澄田亀三郎氏は、「殉難者の碑の"安らかに眠れ炭鉱の男たちよ"では、この事故で死亡した朝鮮人は安らかに眠れないし、後世の人々はこの事故の歴史的背景を知ることもできない」と記している［「刻む会たより」1991（平成3）年6月］。

「刻む会」の最も大きな目的である追悼碑の建立は、ピーヤが望める場所の土地を取得することが困難であったため、同会が結成されて18年が経つ現在も、いまだ実現していない。だがこの間、上記の3点は変わることなく、「刻む会」の目的として意識されてきた。

「刻む会」の実態は以下の通りである。[3] 代表者は、山口武信氏が務め、現在79歳である。山口氏は宇部女子高校の教員であった。代表以外の役職は設けられていないが、事務局のある宇部緑橋教会の牧師小畑太作氏が事務局長を担っている。会員になるための条件等もなく、活動に参加したい人が参加し、平均月1回開催される事務局会議に出席するなどして、「刻む会」の方針や行事に対して意見を寄せる。事務局会議に出席する人数は、平均20名前後である。宇部市に在住する人に限られておらず、小郡、美祢、防府、下関など山口県内の各地から集まる。また山口県以外からも、福岡県北九州市や島根県などからも足を運ぶ人もいる。男女比はほぼ同じである。年齢は60歳以上が大半であるが、小学生の子供を連れたメンバーもいる。夫婦での参加もみられる。また県議会議員の佐々木明美氏（社民党）も参加している。在日コリアンの参加もみられ、総連、民団のどちらも「刻む会」の活動に関わる。

会規約も設けられておらず、会費もないが、行事の際には事務局会議に参加

第14章　歴史的記憶をめぐるトランスナショナル市民の萌芽

する主要なメンバーもカンパを寄せる。また平均して年に2回ほど，「刻む会たより」がB5判用紙で2枚程度のものが発行され，行事などに足を運ぶ人々へ郵送で届けられる。記述内容は追悼式やフィールドワークなどの各行事の知らせや事後報告など，「刻む会」の近況を報告する媒体となっているが，遺族の証言を掲載した号もみられる。

　1年のうちで最も大きな行事は，遺族を招聘して行う追悼式である。「刻む会」は遺族との交流に力を注ぐ。追悼式は水没事故の起こった2月上旬に毎年行われてきた。3日間のスケジュールで実施されることが多く，約10名が「刻む会」により招待されている。追悼式は，韓国式の祭事に則って行なわれる。「刻む会」の活動に関わっていない一般の人々の参加も歓迎され，新聞記者による取材もある。山口県庁や宇部市役所へ訪問し，遺族の思いを伝えることも，毎年実施されている。遺族の思いは，何よりも遺骨の引き揚げである。そのほかにも，一般の人々と遺族の交流会も実施されている。「刻む会」の人々と遺族による観光やショッピングなどもあり，親密な交流が行われている。

　夏には，地域の子供たちを対象としてフィールドワークが催される。「刻む会」の人々が紙芝居を演じる。内容は，朝鮮人が「強制連行」されてきたシーンから始まり，彼らが炭鉱で酷使され，水没事故の犠牲となる，といったストーリーである。この紙芝居は「刻む会」の人々によって作成されており，彼（女）らの歴史認識や水没事故の捉え方が顕著に表れている。

　ほかにも，「刻む会」の人々は宇部まつりや新川市まつりなどに出店し，キムチやラーメン，韓国海苔などを販売するとともにチラシを配布し，水没事故と「刻む会」の活動の周知をはかっている。これらの行事の際には募金箱が用意され，主に遺族招聘のための資金に充てられることとなる。

　以上のように「刻む会」は緩やかに運営されているため，同会の性格は開放的であるようにみえるが，水没事故に対するスタンスには強固な側面がみられる。それが最も顕著に示されているのが碑文である。「被害者である朝鮮人に対し，加害者である日本人は反省し，謝罪しなければならない」というのが，「刻む会」全体を貫く確固たるスタンスとなっており，この価値観を基に活動が展開される。

247

第Ⅳ部　オルター・グローバリズム

3　「長生炭鉱の"水非常"を歴史に刻む会」の結成・参加の動機

(1)　水没事故と「被害者朝鮮人」

「長生炭鉱殉難者之碑」は，水没事故を郷土の歴史のなかに位置づけようとするのに対し，「刻む会」はアジア・太平洋戦争下における日本の植民地支配の歴史のなかに位置づけようとする。この点において，両者は大きく異なっている。

「刻む会」は，碑文において「犠牲者のうち百三十数名は，日本の植民地政策のために土地・財産などを失い，やむなく日本に渡ってきたり，あるいは労働力として強制的に連行されてきた朝鮮人だったのです」と記すように，朝鮮半島の人々が犠牲になったことにウェイトを置く。「また，日本人四十数名も，多くの戦災者と同様，戦時中の混乱のなかでかえりみられませんでした」と続けるように，日本人犠牲者が念頭に置かれていないわけではないが，やはり「刻む会」の人々にとっては，「朝鮮人犠牲者」が問題となっている。

島敏史氏は，地質学の研究者で13年前まで山口大学工学部で教えており，

図表14-2　長生炭鉱犠牲者追悼碑（原案）

追　　悼

　一九四二年二月三日早朝，ここ西岐波の浜辺にあった長生炭鉱で，"水非常"（水没事故）が起き，百八十余名もの人々が生きながら，坑道に封じ込められてしまいました。

　太平洋戦争に突入した日本は，国策として，石炭の増産を強く押し進めたのです。それは漏水をくり返していた危険な長生炭鉱も例外ではありませんでした。

　犠牲者のうち百三十数名は，日本の植民地政策のために土地・財産などを失い，やむなく日本に渡ってきたり，あるいは労働力として強制的に連行されてきた朝鮮人だったのです。

　また，日本人四十数名も，多くの戦災者と同様，戦時中の混乱の中でかえりみられませんでした。

　無念の死を遂げ，今もなお目の前の二本のピーヤの底深く眠っている人々に，つつしんで哀悼の意を捧げます。

　とりわけ，朝鮮人とその遺族にたいしては，日本人として心からおわびいたします。

　私たちは，このような悲劇を生んだ日本の歴史を反省し，再び他民族を踏みつけにするような暴虐権力の出現を許さないために，力の限り尽くすことを誓い，ここに犠牲者の名を刻みます。

　　　　　　　　　　　　　　　　　　　二〇〇九年二月一日
　　　　　　　　　　　　　　　　　　　長生炭鉱の"水非常"を歴史に刻む会

第14章　歴史的記憶をめぐるトランスナショナル市民の萌芽

「刻む会」の立ち上げにも関わった人物である。島氏は雑誌の取材を受けた際，記者から「浜の先のほうにすでに『永遠に眠れ　安らかに　炭鉱の男たちよ』と刻まれた碑があったようだが」との記者の質問に対し，「あの碑は地元有志や炭鉱関係者が建ててくれたのですが，真実が伝わらないのです。碑にこめられた慰霊の気持ちは否定しようもないが，刻まれているのは建てた人の名前であり，犠牲者の多くが朝鮮人で，なぜ彼らがここで働かされたかはどこにも書かれてないからです」と答えた［『月刊　自然と人間』2009（平成21）年5月］。

筆者は，「刻む会」を立ち上げた澄田亀三郎氏に「仮に，長生炭鉱の水没事故で亡くなった方々が全員日本人だとしても『殉難者之碑』が犠牲者の名を刻んでいないことを問題視し，『刻む会』を設立したのでしょうか」という質問を投げかけた。答えは即座に返ってきた。「設立していませんね」［澄田氏への聞き取り，2009（平成21）年6月26日］。

「刻む会」のメンバーであった布引宏氏は，『宇部地方史研究』に寄せた論考の末尾において，「ここで留意すべきは，長生の事故で，同時に日本人が五十人近く亡くなっていることである」と述べながらも，「それでは何故，私たちは朝鮮人の死にこだわるのか」と続ける。「１つの理由は，日本人として責任を感じるからである。自分の同胞が犯した罪を恥ずかしく思い，相手にすまないと思うのである」［布引1991］。

先に本章では，「トランスナショナル」を「超国境」という意味で用いると述べた。「殉難者之碑」が建立された1980年代とは異なり，宇部地域の枠を越えて長生炭鉱の事故を捉えようとしている「刻む会」の人々は，「超国境」の意味では「トランスナショナル市民」と位置づけることができよう。しかし仮に「トランスナショナル」を「ナショナルな概念を超える」と定義するならば，「刻む会」の人々は「トランスナショナル」であるどころか，むしろ「ナショナル」な意識が強いことになる。朝鮮人の犠牲に反省し謝罪するのは「日本人」という主体なのである。このように，「刻む会」の人々が，「朝鮮人」「日本人」というカテゴリーにこだわりながら，朝鮮半島の人々が犠牲になったことを問題とし，水没事故を捉えようとする背景には何があるのだろうか。

(2) 「刻む会」の誕生の経緯

　上記の理由を，戦後日本の左翼イデオロギーの現れと説明する人もいるかもしれない。だが，本章ではそのような一般論に終始してしまうのではなく，参与観察で得た聞き取り資料などを用いながら，より個別具体的に考察したい。

　まず，「刻む会」という市民グループが，どのような背景をもとに誕生してきたかについて，その経緯に立ち戻ってみよう。そもそも何故，教会が「刻む会」の事務局となっているのだろうか。それは同会の設立経緯と関わりがある。

　島氏は「憲法を活かす市民の会・やまぐち」主催の講演会「私たちの戦争責任――『刻む会』の取り組みから」において，「刻む会」は，地方研究家の山口武信氏と「外国人登録法改正を要求し，指紋押捺拒否者を支援する会」（以下，「指紋押捺拒否者を支援する会」と省略する）のメンバーが合流して結成に至ったと語っている。

　澄田氏によれば，「日本基督教団」と「在日大韓基督教会」は宣教協約を結んでおり，「宇部教会」と「宇部緑橋教会」と「在日大韓基督教会宇部教会」は年に一度，合同で礼拝を行なうなど親交が深かった。1981（昭和56）年に，宇部市で3人の青年が指紋押捺を拒否するが，そのうちの1人が「在日大韓基督教会宇部教会」の長老の子息であった。そのような経緯があり，当時「宇部教会」の牧師であった澄田氏や「宇部緑橋教会」の陣内厚生牧師に教会関係者以外の市民も加わり，「指紋押捺拒否者を支援する会」が結成された［澄田氏への聞き取り，2009（平成21）年11月27日］。

　『刻む会たより』の第1号は，「「刻む会」のめざすこと」という見出しで始まり，澄田氏が文章を寄せている。「私は，在日朝鮮人の指紋押捺拒否者を支援している中で，五年前，『宇部地方史研究』一九七六年十二月号に載っている山口武信さんの論文により，長生炭鉱の"水非常"を知った。そして『殉難者の碑』の"安らかに眠れ炭鉱の男たちよ"では，この事故で死亡した朝鮮人は安らかに眠れないし，後世の人々はこの事故の歴史的背景を知ることもできない，と思うようになった」［『刻む会たより』1991（平成3）年6月］。

　島氏も指紋押捺拒否の運動に関わった1人である。島氏が「（私は指紋押捺拒否の運動に関わったことを通じて），初めて朝鮮に対する戦争責任を感じ，韓国人

第14章　歴史的記憶をめぐるトランスナショナル市民の萌芽

の立場に立った。それまではそんなにはっきりと在日韓国（朝鮮）人の差別問題を意識しなかった」［島氏による講演，2009（平成21）年8月15日］と述べていることから窺えるように，宇部緑橋教会を中心に展開されたこの指紋押捺拒否運動は，日本人の在日コリアンに対する人権意識の高揚の契機となったといえる。

　1990年代以降，指紋押捺の状況は好転する。「指紋押捺が強制されないようになり，一段落した。これだけ在日韓国（朝鮮）人の問題に関わってきたのだから，続けて何か考えようじゃないか」［島氏による講演，2009年8月15日］。次第に指紋押捺拒否運動を展開していた人々の関心は，長生炭鉱の水没事故へと向かっていった。指紋押捺拒否運動を通じて高まった在日コリアンの人権意識に対する問題関心は，アジア・太平洋戦争下における日本の植民地支配と，今は亡き当時の朝鮮人の人権に対する意識の高揚につながることとなった。結果，長生炭鉱の水没事故は，「地域の歴史」の文脈だけではなく，「アジア・太平洋戦争」，「朝鮮人の人権」といった文脈で捉えられるようになった。

(3)　「刻む会」の活動の経緯や背景——A氏とB氏の場合

　以上のように，「刻む会」が設立されるに至った背景には，指紋押捺拒否運動と在日コリアンの人権に対する意識の高揚がみられる。以下では，上記にあげた人物以外への各々のライフヒストリーの聞き取りを通して，「刻む会」の活動に参加するに至った経緯や背景を探ってみたい。

　ここではA氏とB氏を取り上げるが，その理由には以下の経緯がある。18年間にわたって活動してきた「刻む会」であるが，土地が見つからず，2009年にようやく念願の追悼碑建立のための土地を取得した。それに伴い，定例会議では碑を建立するための具体的な議論が展開されるようになった。その過程で，重要な議題として挙げられたのが，「犠牲者氏名の刻み方」である。ある遺族から「日本人と共に名前を刻んで欲しくない。日本人の名前が刻まれた碑に頭を下げることはできない」という声が，「刻む会」に届いたからだ。それを受け，「刻む会」は大きく揺れた。朝鮮人犠牲者だけの名を刻むのか，それとも日本人犠牲者を含んだ全員の名を刻むのか。意見は二手に分かれ，半年以上に

わたって活発に議論された。簡略に記すと，前者は「『刻む会』は朝鮮人の犠牲があったからこそ，結成され，そのために活動してきた。遺族が頭を下げることができないような碑は建てたくない」と主張し，一方，後者は「日本人のなかにも沖縄出身の人もいた」，「当時の国策が背景にあるなかで，日本人もまたその犠牲になった」と主張した。

A氏とB氏は，「日本人犠牲者を含んだ全員の名を刻む」ことを強く主張したメンバーである。しかしながら，このような意見を持っている両氏でさえ，「刻む会」に関わるようになった思いの底には，「在日コリアン」の存在が見えてくるのである。

A氏（2009（平成21）年5月15日，同年6月26日実施）は，60代のクリスチャンの日本人女性である。現在，「刻む会」の会議や行事に参加し，「刻む会たより」の発送など事務的な作業を引き受けている。追悼式が行われるようになって以来，式に参加していた。事務局会議にも出席するようになったのは，1994年に宇部緑橋教会で事務局会議を開くようになってからだという。山口県萩市で育ったが，結婚を機に下関市に住むようになった。指紋押捺拒否の運動に参加したという話が彼女から出てきたので，彼女に在日コリアンとの関わりについて尋ねてみた。もともと，在日コリアンに対する意識は強くなかったという。「意識するようになったのは下関市に引っ越してきてから，下関には大坪という朝鮮人部落があって」とA氏は語る。もっとも，高校生のとき，バスケットボールをしていたが，メンバーのなかに在日コリアンが数人いた，と回想するように，萩市に居住していたときにも在日コリアンと接する機会は少なくなかったようだ。しかし，差別をするような意識もなかったが，無関心だったという。子供が学校に通っている時期は，時間的にも精神的にも市民活動に関わる余裕はなかったという。その後，何か特別な出来事が彼女に起こったというわけではなかったが，指紋押捺の問題を考えるようになった。「刻む会」にも関わるようになったという。

B氏（2009年6月26日実施）は，60代男性で北九州市に在住している。同市で高等学校の教員をしていた。B氏が「刻む会」に関わるようになったのは，ごく最近のことで2009（平成21）年の追悼式に参加してからである。それまでは，

第14章　歴史的記憶をめぐるトランスナショナル市民の萌芽

「刻む会」の存在や活動目的については知らなかったが，2009（平成21）年の追悼式以来，「刻む会」の運動に深く共感し，積極的に活動に関わるようになった。先にみたように「刻む会」は，規約や会員制度もなく，緩やかな形態で運営されているためか，新しく参加した人にとって，会の実態を摑むことは容易ではないようである。B氏も初めて「刻む会」の事務局会議に参加したとき，「会の実態や，これまでの経緯がよく分からない」と発言し，その後，山口氏や澄田氏，事務を担うA氏らに聞き取りを行い，「刻む会」の活動経緯を年表にまとめるなど，積極的に「刻む会」に関わる。2009（平成21）年4月，「刻む会」は念願の追悼碑建立のための土地を取得したが，「刻む会」に土地を購入できるだけの資金は十分ではなく，とりあえず「刻む会」のメンバーのなかで資金を提供し合うことになった。B氏は，「刻む会」と関わって間もなかったが，即座に資金の提供を申し出た。このように，時間とエネルギー，金銭もなげうつB氏であるが，その背景や動機には何があるのであろうか。

　B氏は下関市の出身であり，在日コリアンとの接触は少なくなかった。しかし，B氏も下関市に在住しているときには，在日コリアンに対する意識は現在と比較するとはるかに低く，意識が高まったのは，高校の教員になってからという。在日コリアンの人権を考える機会を経るなかで，彼（女）らへの意識は高まっていったと語る。次第に在日コリアンとの交流も増えていった。長生炭鉱における水没事故の事実や「刻む会」の存在は，北九州市に在住する在日コリアン二世の人から聞き，2009（平成21）年2月の追悼式に参列した。B氏にとって，長生炭鉱は「アジア・太平洋戦争下における日本の植民地支配のなかで，強制連行された朝鮮人が非人道的に酷使された場」として受けとめられており，水没事故も朝鮮半島出身者が犠牲となった側面に比重が置かれているようである。

　A氏とB氏に共通する点として，下関市という在日コリアンが多く居住する場で，彼（女）らと接する機会が多かったこと，それが遠因となって，在日コリアンの人権への関心が強くなったことがあげられる。

(4) 在日コリアンの人権への意識の高揚と「刻む会」

戦後日本には，在日コリアンに対する政治的・経済的・社会的な差別の構造があったが，1970年代には，日本社会全体が人権，とくに非差別原則というものをかなりに一般的に考えるようになってきた［大沼，徐 2005, 162頁］。1980年代に入ると，指紋押捺問題が大きな社会問題となってくる。宇部においても，その問題を積極的に考えていこうとする草の根の動きがあった。

一方，長生炭鉱の水没事故は，1980年代の時点では，地域の発展に寄与したこと，そしてその過程において犠牲となった人々を称えるという文脈で，記憶にとどめるべき対象とされた。つまり，長生炭鉱の水没事故の記憶は，ローカルな枠組みにとどまっていた。

しかしながら，同時期の同地域においては，指紋押捺の問題を通じて，在日コリアンの人権に対する意識を高めた人々がいた。運動そのものは，指紋押捺の法改正とともに収束していくが，運動を契機に芽生えた在日コリアンの人権に対する意識は，その後も対象を変えながら存在し続ける。すなわち，この運動を通して生じた「人権」という現時点の視点は，1942（昭和17）年に犠牲となった今は亡き朝鮮半島出身者に対しても向けられることとなったのである。その意味において，長生炭鉱の水没事故はローカルな枠組みをこえ，国境を越えた，つまりトランスナショナルな枠組みで捉えられるようになった。

4 おわりに

以上本章では，自らの私益とは直結しないように見えるアジア・太平洋戦争の歴史的記憶と関わりのある活動として展開する「長生炭鉱の"水非常"を歴史に刻む会」を事例に，トランスナショナル市民が形成されていく過程を分析してきた。

藤原修は，「二〇世紀の終わりに，世界のさまざまな地域で噴出した歴史認識やナショナリズムをめぐる多くの紛争や対立を念頭に置くとき，「歴史」はあたかも平和を脅かすものであるかのようにみえる。「従軍慰安婦」問題や小

泉首相の靖国参拝問題に象徴される日本の戦争責任や植民地支配責任の問題は，戦争終結から半世紀以上を経てなお，日本とアジアの周辺諸国との間の心の溝の深さを物語っている」と述べる［藤原 2004，1頁］。逆にいえば，日本の戦争責任や植民地支配の責任をめぐる問題を克服することによって，「歴史」は平和を脅かさないものになり，日本とアジア諸国の「心の溝」は狭まる可能性があるのではないか。

「刻む会」は20年近くにわたって，遺族を追悼式に招聘するなど交流を続けてきた。結果，同会と遺族のあいだには友好的な関係が構築されてきた。遺族の1人D氏は，「日本人を悪く言う人もいるが，いや，こういう（「刻む会」のような）日本人もいるんだ，と言っている」と発言している（2009（平成21）年7月24日実施）。「刻む会」の活動は，遺族の対日感情やイメージに多少なりともプラスの影響を与えているといえるだろう。

冒頭で述べたように，今や歴史解釈や戦争の記憶が安定を揺るがし，国家のレベルだけでは，国際関係の限界が示されるようになった。トランスナショナルな空間における秩序を考える上で，もはや国境を越えて活動するトランスナショナル市民という主体の存在は，見過ごすことはできないだろう。

(1) E氏は1921（大正10）年生まれ。事故発生時は学徒動員のため，東京から西岐波に帰郷していたが，その後まもなく出兵。
(2) 1921（大正4）年，海水が浸入し，入坑者603人のうち235人の犠牲者を出した宇部炭田最大の事故。源山墓地に碑が建立され，犠牲者全員の名前が刻まれている。因みに朝鮮人と思われる名前は見当たらない。同炭鉱には，大正期からすでに朝鮮人労働者が従事していたようだが，朝鮮人の流入が増加するのは，昭和に入ってからである［宇部市史編集委員会 1995，673-674頁］。そのため，同碑に朝鮮人の名前が刻まれていないのは，彼（女）らの名前を恣意的に除外したというよりも，犠牲者の中に含まれていなかったからではないだろうか。
(3) 「刻む会」における参与観察（「刻む会」事務局会議，2009（平成21）年1月-同年8月出席；2009年追悼式出席；その他各行事への参加）。

【参考文献】
①一次資料
　『朝日新聞』『宇部時報』『ウベニチ』『読売新聞』
　長生炭鉱の"水非常"を歴史に刻む会（1991年6月17日）『刻む会たより』（「長生炭鉱の

第Ⅳ部　オルター・グローバリズム

"水非常"を歴史に刻む会」)
「刻む会」事務局会議（2009年3月27日，同年4月23日，同年5月15日，同年6月26日）
島敏史氏による講演（2009年8月15日）『8・15に平和を考える集い』宇部市シルバーふれあいセンター
澄田亀三郎氏への聞き取り（2009年6月26日，同年11月27日）
山口武信氏への聞き取り（2008年11月12日）
A氏への聞き取り（2009年5月15日，同年6月26日）
B氏への聞き取り（2009年6月26日）
C氏への聞き取り（2009年3月12日）
D氏への聞き取り（2009年7月24日）

②二次資料

赤澤史朗（2000）「戦後日本の戦争責任論の動向」『立命館法学』274号
石田雄（2000）『記憶と忘却の政治学——同化政策・戦争責任・集合的記憶』明石書店
宇部市史編集委員会編（1995）『宇部市史　通史編下巻』
大芝亮（2004）「ナショナル・ヒストリーからトランスナショナル・ヒストリーへ——日本における歴史教科書問題を事例として」細谷千博，入江昭，大芝亮編『記憶としてのパールハーバー』ミネルヴァ書房
大沼保昭，徐龍達編（2005）「在日韓国・朝鮮人の人権擁護運動と日本人の連帯」『在日韓国朝鮮人と人権〔新版〕』有斐閣
金英丸（2004）「土佐の『草の根』から世界へ，平和の花咲く民衆の風を！」『月刊社会教育』
『月刊　自然と人間』（2009年5月）自然と人間社，115号
佐伯啓思（1997）『「市民」とは誰か——戦後民主主義を問いなおす』PHP研究所
坂本義和（1997）『相対化の時代』岩波書店
篠原一（2004）『市民の政治学——討議デモクラシーとは何か』岩波書店
『世界』（1995年8月臨時増刊号）
高橋哲哉（1999）『戦後責任論』講談社
炭鉱写真集編集委員会編（1998）『炭鉱——有限から無限へ』宇部市
朝鮮人強制連行真相調査団編（2001）『朝鮮人強制連行調査の記録　中国編』柏書房
布引宏（1991）「長生炭鉱の『集団渡航鮮人付記録』を読む」宇部地方史研究会編『宇部地方史研究』19号
――（1991）「長生炭鉱犠牲者名簿の総合」宇部地方史研究会編『宇部地方史研究』19号
福留範昭，亘明志（2008）「戦後補償問題における運動と記憶Ⅲ——強制動員被害者の遺骨返還」『長崎ウエスレヤン大学地域総合研究所研究紀要』6巻1号
藤原修（2004）「序論　歴史と平和——戦争責任から平和責任へ」内海愛子，山脇啓造編『歴史の壁を超えて——和解と共生の平和学』法律文化社
藤原帰一（2001）『戦争を記憶する』講談社現代新書
『法と民主主義』（2007年4月；同年7月，2008年2・3月）
山口武信（1976）「炭鉱における非常——昭和17年長生炭鉱に関するノート」宇部地方史研究会編『宇部地方史研究』5号
――（1991）「1942年　長生炭鉱"水非常"ノート）」宇部地方史研究会編『宇部地方史研

究』19号
──(1997)「長生炭鉱水非常についてⅢ」宇部地方史研究会編『宇部地方史研究』25号
山口定(2004)『市民社会論──歴史的遺産と新展開』有斐閣
李修京・湯野優子(2008)「宇部長生炭鉱と戦時中の朝鮮人労働者」『東京学芸大学紀要人文社会科学系Ⅰ』50号
劉傑(2007)「東アジア歴史認識問題への挑戦」西川潤,平野健一郎編『国際移動と社会変容』岩波書店

【ホームページ】
「長生炭鉱の"水非常"を歴史に刻む会」ホームページ　http://chouseikizamukai.hp.infoseek.co.jp/index.html(2009年8月8日取得)

15 イスラム主義とその限界
―― インドネシアの事例から

佐々木拓雄

1 はじめに

「グローバル秩序」という概念は，まずもってグローバリゼーションという現象を前提としている。グローバリゼーションはしばしば，世界各地に既得権益をもつ勢力が，政治・経済・文化にわたるその影響力を行使して「帝国」支配を押し進める企てとして理解されてきた。この場合，アメリカであれ，先進諸国であれ，あるいはグローバル資本主義のネットワークであれ，支配の主体は自明であり，焦点はその支配に抵抗する側の勢力に向けられる。本章でとりあげる「イスラム主義(1)」勢力もそのような勢力の1つである。

イスラム主義とは，聖法「シャリーア（イスラム法）」に基いたイスラム共同体（ウンマ）の再興をめざす政治イデオロギーである。シャリーアとは，聖典『コーラン』と預言者ムハンマドの慣行（スンナ）に示される諸規範の総体とされるものであり，「イスラム主義者」は人間社会のあらゆる営みを規定する律法体系としてこれを捉えている。イスラム主義者の目標は，個人と社会の生活を，西洋出自の近代法の体系や通念ではなくシャリーアによって統括する「イスラム国家」の実現にある。

イスラム主義をめぐる研究は，イラン革命をはじめとした中東・北アフリカにおける社会政治情勢の変化を背景に1980年代半ばから本格化し，1990年代後半には理論的側面における蓄積をともなうようになった。この時期の研究の多くは，従来において支配的であった近代化論的なアプローチへの異議を表明しつつ，啓蒙的近代にかわる新時代を切り開く1つのオルタナティブとしてイスラム教やイスラム主義を評価しようとした点に特徴がある。欧米圏ではジョ

ン・エスポズィト、日本国内では小杉泰などが、その最も著名な論者としてあげられるだろう［エスポズィト、ボル 2000; 小杉 1994］。

　21世紀に入ってまもなく起きた9・11テロとその後におけるアメリカ・ブッシュ政権の対外政策は、現存のグローバル秩序にたいする人々の問題関心をあらためて喚起した。この間、少なくとも日本のアカデミズムにおいて、イスラム主義をグローバリゼーションにたいする抵抗戦略やオルタナティブとして評価する人々の層は拡大したといえる。自らはムスリム（イスラム教徒）の社会にさほど接点をもたない知識人の間でも、ポストモダンや左翼系のジャーナルを媒体として、イスラム主義をサポートする議論がなされるようになった。中沢新一のイスラム経済論［中沢 2002］などもその系統にある。

　しかしながら現実は皮肉である。このような評価が外部において広がっているまさにその間、イスラム主義勢力は、グローバリゼーションへの抵抗勢力としての力の弱さを露呈してきた。最たる問題は、彼らが地元のムスリム民衆から広い支持を得られていないことにある。それゆえ、フランス人のアラブ研究者ジル・ケペルが多数の事例をあげて主張したように、イスラム主義勢力はこれまで、イスラム圏のほとんどの国において政権獲得という目標に到達できておらず、いわば挫折続きなのである［ケペル 2006］。もっとも、イスラム主義の諸アクターの活力自体がどう変動しているのかについては評価の分かれるところであり、現在はさらなる事例検討の蓄積が待たれている。

　以下では、イスラム主義をめぐる従来の議論を参照しつつ、インドネシアという国においてイスラム主義運動がこれまでどう展開してきたのかをふり返る。インドネシアは、東南アジアの地域大国であるとともに、世界最大のムスリム人口を抱える国でもある。この国は、20世紀後半のきわめて長期にわたってスハルト政権という世俗的な権威主義政権のもとにあった。イスラム主義運動が解禁されたのは、1998年に同政権が崩壊した後のことである。解禁後のイスラム主義運動は活発であり、多数のイスラム主義政党（イスラム政党）が出現して選挙に参加したり、一部の急進派グループによって幾度か大規模な爆弾テロが起こされたりした。その運動は、始まりが遅く、変化が激しいことなどから、前述したケペルらの考察対象からは外れ、インドネシアの専門家による総括も

まだ十分になされていない。筆者は，1990年代後半以来この国の研究に携わるなかで，イスラム主義の擡頭とその挫折を目にしてきた。一連の過程をふり返るとともに，今後の展望を示したい。

2 イスラム主義の擡頭

　現代イスラム地域を観察する論者の誰もが確認してきたように，1970年代よりイスラム圏の諸社会では，「イスラム覚醒」や「イスラム復興」などとよばれる宗教回帰現象が広範に起きた［ケペル 1992；小杉 1994；大塚 2004］。ムスリムの基本的義務である礼拝や断食を行う人々が増加し，ヴェールを着用する女性も増えた。『コーラン』の読誦会や勉強会が市民レベルで開かれ，イスラム教の布教を目的とした音楽や映画も多数制作された。イスラム覚醒（復興）とは，このように，イスラム的なものと認識されるシンボルや行動が公共の場にあふれ，ムスリムの生き方のさまざまな側面に影響を及ぼす現象のことであり，それはムスリムが自らのアイデンティティの根拠としてイスラムを見直した結果だとされる［大塚 2004, 14-15頁］。

　イスラム主義は，このイスラム覚醒の一部をなす現象である。それは反近代的な復古主義と混同されがちであるが，実際は異なる。多くのイスラム主義者は，啓蒙主義近代を批判する一方で，イスラムの伝統のいくつかの側面，たとえばウラマー（イスラム法学者）の過剰な権威や極端な形式主義といった事柄について批判的である(2)。彼らの理想は，そのような「悪習」がまだ存在していない初期のイスラム共同体にある。ムハンマドが率いた初期の共同体は，不当な差別や暴力などの野蛮な（前近代的な）風習からも自由であったと彼らは考える。イスラム主義とは，この超時代的な評価をともなった初期イスラム共同体を現代世界に復元しようとするためのイデオロギーだということができる。

　イスラム主義は，その理念のうえで，現代世界の国民国家体系を超越するイデオロギーである。そこでは信仰による人のつながりが重視され，ナショナリズムはそれ自体に価値を有さない。依拠するシャリーアに国民国家の存在が記

第15章　イスラム主義とその限界

されていない以上，イスラム主義がこれを最終的な統治形態とすることはない。かわってイスラム主義者がめざすのは，シャリーアを遵守し，「カリフ」（預言者の代理人）によって統治されるイスラム国家（大イスラム国家）の実現である。現存の国民国家の枠内でその運営原理としてシャリーアを採用すれば，それもイスラム国家（小イスラム国家）と呼ばれうるが，理念上それは真のイスラム共同体への移行期の形態にすぎない。

　インドネシア社会でイスラム覚醒現象が顕著になり始めたのは，スハルト政権がまだ盤石であった1980年代のことである。数十万人規模の共産党員や「共産党シンパ」を虐殺しつつ1966年に成立したスハルト政権は，その後も共産主義の撲滅に力を注ぎ，その政策の一環として宗教教育を強化した。それが識字率の上昇や社会における自発的な宗教見直しの気運とあいまって，結果的にイスラム覚醒現象が起きた。礼拝や断食は多数の住民が行うところとなり，メッカ巡礼に出かける中産階級の人々も飛躍的に増えた。

　しかし，このような現象の広がりに一役買いつつも，スハルト政権は政治的なイスラム運動（イスラム主義）の存在を認めなかった。インドネシアは，独立から現在まで「パンチャシラ」と呼ばれる国家原則を掲げている[3]。パンチャシラは，それを構成する5項目のうち第1項で「唯一神への信仰」を国民に課すが，この第1項は，初代大統領のスカルノなど，世俗的な近代国家の形成を志向する指導者たちの立場を大きく反映したものであり，イスラム教という特定の宗教の国家イデオロギー化を拒絶した表現でもある[4]。第二代大統領のスハルトは，このパンチャシラを絶対的な国家規範として位置づけなおし，特定の宗教的シンボルを掲げる政治的運動を厳しく取り締まった。

　スハルト政権は，経済開発の成果を担保にその独裁的な支配を正当化する，いわゆる開発独裁政権であった。同政権は，経済開発の成功のために，冷戦体制のもとで西側諸国との結びつきを強めた。アメリカのカリフォルニア大学バークレー校などで経済学を学んだ海外留学組を経済開発のテクノクラートとして多数採用し，国際通貨基金（以下，IMF）や世界銀行を中心とした国際的な経済秩序にインドネシアを組み入れた[5]。そして，そのような対外関係の進展とともに，ハリウッド映画やMTVに代表される娯楽産業，豪華なショッピン

261

第Ⅳ部　オルター・グローバリズム

グモールやファーストフード店が国内市場に参入し，アメリカ的な消費文化と低俗文化の影響が社会に広まった。イスラム覚醒は，その急激な「西洋化」にたいする反動としての性格も帯びている。

　スハルト政権は政治的イスラムを弾圧したが，後のイスラム主義の基礎となる社会的活動は同政権期から進行した。活動の場となったのはおもに大学のキャンパスである。イスラムの信仰に目覚めた若者の間で，エジプトのイスラム主義組織ムスリム同胞団の指導者であったサイイド・クトゥブらの著作が読まれるようになり，それに刺激を受けた者たちは，自社会の新しいあり方を模索するようになった。また，イスラム圏のさまざまな場所に設立されたサウジアラビア資金の大学に留学したり，アフガニスタンにおけるムジャヒディンの訓練キャンプに参加する者たちもおり，そこで形成されたネットワークが後の急進派の運動につながっていく［見市 2004, 23-64頁］。

　インドネシアでイスラム主義運動が擡頭する直接的なきっかけとなったのは，1997年後半から始まったアジア経済危機である。歴史的な規模の経済破綻とともにスハルト政権が崩壊し，その直後から「民主化」が進行した。そして，その最初の大きなステップとして，1999年には，約半世紀ぶりとなる自由な選挙が実施された。参加政党は48に上り，そのうち18もがイスラム教を党原則とするイスラム政党であった[6]。それらの政党は，選挙という穏健な方法を通じて政権獲得ないしは政権中核への参画をめざし，その当面の目標を果たしたうえで国家・社会制度の変革を進めようと構想していた。

　他方では，民主的な手続きを度外視した急進的イスラム主義勢力の擡頭も顕著となった。教育機関から庶民の食堂まで，いたる所で人員を募り，国内宗教紛争への派兵を行ったラスカル・ジハードや，2002年のバリ事件をはじめ幾度にもわたる大規模テロを実行してきたとされる国際テロ・ネットワークのジャマーア・イスラミヤ（JI）などが，まずその存在を知られるようになった。ほかにもキリスト教の教会や娯楽施設の襲撃などで有名なイスラム擁護戦線（FPI）やカリフ制を念頭に国際経済の金本位制を構想するヒズブット・タフリル（HTI）など，急進派の内実も多様であり，そのそれぞれが活字・映像メディアを主要な媒体として自らの主張を活発に展開することになった。

3 「改革」の内実

　インドネシアでイスラム主義運動がたどった道程を知るには、もちろんインドネシア固有の文脈のなかでその動向を捉えなおす必要がある。スハルト政権崩壊直後のインドネシアでは、国家経済の破綻と国民生活の困窮を背景に、「改革（レフォルマシ）」がほぼ全ての政治勢力に共通のスローガンとなった。ただし、この「改革」の意味内容はさまざまであった。1999年総選挙における参加政党の綱領集［Tim Litbang Kompas 1999］は、イスラム主義勢力にとっての「改革」が何であったのかを知る手がかりとなる。そこで明確な傾向として窺えたのは、道徳・文化の面における変化の強調と経済面における具体的な提案の欠如である。

　多くの宗教と同じく、イスラム教もその信徒に高い道徳（モラル）を求めるが、この時期のインドネシアでは、とくにその点が強調される傾向があった。汚職や癒着を含め、インドネシアが抱える諸問題の根源が国民全般の道徳の欠如にあり、その道徳を回復することが他の分野の解決を可能にするのだという主張を、イスラム政党の人々や宗教運動家が中心になって行っていた。たとえばイスラム信徒党（PUI）という政党の綱領では、「道徳や倫理の分野こそ改革を徹底すべきだ。道徳や倫理の改革なしでは、他の分野の改革は何も始まらない」［Tim Litbang Kompas 1999, p.357］と明示的な表現がなされている。

　道徳の重要性が強調される一方で、経済危機を乗り越えるための斬新で具体的な経済改革案を提示できたイスラム政党は皆無といってよかった。経済問題についてイスラム政党が展開したのは、汚職や癒着の蔓延を道徳の向上によって克服し、より効率的な経済運営を実現しようといった抽象的な道徳論にとどまった。この点は重要である。なぜなら、イスラム主義がグローバリゼーションへの抵抗勢力として国際的な注目を集めた理由の1つは、それが「イスラム経済」とよばれる独自の経済論を内包すると考えられていたことにあり、それが活用されないのであれば、運動への評価も変えざるをえないからである。以

第Ⅳ部　オルター・グローバリズム

下でも述べるように、実際にイスラム経済なるものは存在するが、ではなぜそれはインドネシアの「改革」の場において語られなかったのか。

これにはまず、運動の担い手の問題がある。ジル・ケペルが明らかにしたように［ケペル 2006, 93-95頁］、イスラム主義運動は、1970年代にアラブで勃興したときから、敬虔な富裕層と都市の貧困層との複合によって成り立ってきた。後者は大胆な経済改革を求めていたが、前者は、自らが現存の資本主義制度の受益者であるため、その改革に本腰になることはなかった。彼らにとっては、それよりも、アイデンティティにまつわる自らの内面の不安を解消することのほうが重要であった。イスラム主義運動は、この内部の不均質性を隠すために、争点を経済ではなく、道徳・文化の問題に置く傾向をもつようになった。この仕組みは、そのままインドネシアの状況にもあてはまる。

これにくわえて、より深刻な問題として、イスラム主義というイデオロギーそれ自体に内在する無理や矛盾がある。中沢らが賛美するイスラム経済であるが、まずそもそも「経済」は西洋出自の概念であり、イスラム教の原理には存在しない［Roy 1996, pp. 132-134］。イスラム経済の理論化と体系化は、20世紀中葉に、あるシーア派知識人によってなされたといえるが、このイスラム経済[7]は、脱世俗的な性格が強く、著しく規範論的な経済理論である。それは、富の蓄積や物質的な豊かさを目的とするのではなく、人が神に従うことそれ自体を目的とする。したがって、物質的な豊かさを目的に経済活動を行う人々にとって、イスラム経済は本質的に不向きな理論だといわねばならない。しかるに、現実の問題として、多くのムスリムは物質的な豊かさを求めて活動しており、むろんそれは咎められるべきことではない。

このような無理を知ったうえで、インドネシアのイスラム主義者たちはより単純で抽象的な「イスラム的」経済観を示そうとしてきた。彼らの多くは、弱者や貧者の救済を強調する。たしかに、『コーラン』において神は、それをムスリムの義務であると教えている。だがここで生じるのが、弱者や貧者とはそもそも誰なのかという問題である。この点においてイスラム主義者が必然的にたどり着くのは、国内の一般的な弱者や貧者よりも、真に救済すべきは、アフガニスタンやパレスチナで戦火にさらされ、家族や土地を失った同胞（ムスリ

ム）であるといった答えである。しかし，インドネシアという制度のもとで，彼らはインドネシア人の生活を語らなくてはならない。ここに，イスラム主義をめぐる論理的な矛盾が露呈する。つまりそれは，イスラム主義と国民国家制度の原理的矛盾である。このような矛盾の指摘を恐れるがゆえに，多くのイスラム主義者は，経済改革論への深入りに躊躇せざるをえないのである。

　1998年初頭，破綻した経済の再建のために，スハルトはIMF会長（当時）のマイケル・キャンデサスと交渉の場をもち，IMFの構造改革案に署名した。署名のために頭を垂れたスハルトとそれを隣で腕組みして見下ろすキャンデサスの写真は，翌朝，多数の日刊紙が国辱として1面に掲載するところとなった。そのとき以来，グローバリゼーションへの問題意識は，確実にインドネシア社会で高まりを見せていた。しかしイスラム主義勢力は，結局，それに応えるための実質的な力をもたないままに「擡頭」したのであった。

4　イスラム主義の挫折

　前述したように，インドネシアにおいて穏健派のイスラム主義勢力は多数のイスラム政党として出現した。イスラム経済を保留しつつも，彼らは，「神の言葉」という強力な武器を用いて，道徳・文化の改革を雄弁に訴えた。しかしながら，これまで3度にわたる（1999年，2004年，2009年）総選挙をとおして，彼らは大きなジレンマと挫折を経験することになった。

　イスラム主義者たちが最初に直面した困難は，国内社会に存在する信仰スタイルの多様性という問題であった。インドネシアでは，1980年代以降に社会現象としてのイスラム覚醒が顕著となったが，この現象は住民の信仰スタイルの画一化までをもたらしたわけではない。イスラム教は聖典宗教であり，イスラム覚醒は聖典を読むという行為を軸に展開する。しかし，その聖典の解釈にしても，重点の置き方にしても，人によって，地域によって，あるいは団体によってさまざまであり，イスラム教に目覚めたからイスラム主義に糾合されるといった単線的な図式は成り立たない。

第Ⅳ部　オルター・グローバリズム

　インドネシアに居住するムスリム民衆の日常について銘記すべきは，国際的な経済関係の深まりとともに生じている多様な文化的要素との接触を，彼らの多くが高度に受け入れながら生活しているということである。モスクと洋風の娯楽施設は場所を1つにして並び建ち，書店ではジハードを訴える宗教雑誌と，水着のモデルが表紙の男性雑誌が隣り合う棚に置かれている。インドネシアの国民音楽ともいわれるダンドゥットは，地方の伝統舞踊からインド，アラブ，ラテンの音調，ロックやポップス，ディスコやエアロビクスなどの要素を幅広く取り込むことによって成り立ってきた。雑多という言葉を絵に描いたようなこの生活空間のあり方について，不満を述べたり，抗議運動を起こすムスリム住民は数少ない。また，大多数のムスリム住民は，国民の10パーセント以上にあたる異教徒（大半はキリスト教徒）との関係も良好である。彼らが概して寛容あるいは多元主義的であり，民主的な政治文化の担い手であるという事実は，いくつかの調査や論考をとおしてさまざまな角度から明らかにされている[Masdar 2000; 佐々木 2004; Mujani 2008]。

　このようなインドネシアのムスリム社会において，ある種の排他性をともなったイスラム主義運動が広範な支持を集めるのは容易なことではない。インドネシアのイスラム主義者たちが自らの不人気を自覚するようになったのは，1999年総選挙のときである。この選挙においてイスラム政党が獲得した票は，全体のわずか2割にも満たなかった。この年，現地で出版されたエッセイ集『イスラム政党はなぜ敗れたのか』[Basyaib, Abidin 1999]には，イスラム主義者たちが，結果に失望し，困惑する状況が映し出されている。

　この困難を経験したイスラム政党は，その後，ほぼ例外なく，より現実主義的な戦略を選ぶようになる。しかし，挫折はまだ続いた。わずか2割に満たなかったイスラム政党全体の得票率は，2004年にはやや伸張したものの，2009年になると2割を大きく切ることとなった。以下に，現在のインドネシアで最大のイスラム政党として存在している福祉正義党（PKS）の事例をとおして，穏健派イスラム主義の挫折がいかなるものであったかを示したい。

　福祉正義党は，スハルト政権崩壊の直後に「正義党（PK）」という名前で設立された。現在の名称に変わったのは2003年のことである。正義党設立のもと

第15章　イスラム主義とその限界

となったのは，スハルト政権時代，大学のキャンパスでサークルや勉強会をとおして展開したイスラム布教運動とそのネットワークであった。そこに参加した経歴のある人々が，スハルト退陣要求デモを機に政治に参入し，その活動の拠点として正義党を設立した。正義党は，設立まもないころから観察者たちの注目を引いた。それはおもにこの政党が古い政治体制との癒着やしがらみから自由であり，純粋に理念を追求するための活力を有していたということ，そしていわゆる政党としての活動以外にも，出版社や教育機関，労働組合の設立など，多角的な活動を展開する潜在的な大組織であったという理由による。

　しかし，1999年総選挙において正義党は最初の躓きを経験する。同党が獲得した得票率はわずか1.4パーセントにすぎず，それは将来の政権獲得を構想するにはあまりに遠い数字であった。結局，正義党は，1999年総選挙後，その布教活動と政治活動との間に明確な仕切りを入れた戦略をとることになる。学校や学習塾，出版社の活動において，同党は従来通りにイスラム主義の理念を語り続けたが，他方で政治活動となると，意図して世俗的な装いをまとうようになった。党外にアピールを行う際は，イスラム的とされるシンボルや言葉の使用が極力避けられた。諸問題への言及が，以前よりも具体的に，そして相対的に世俗的な表現を用いて行われるようになった。

　そのような戦略転換が明らかになったのは，2004年総選挙前のキャンペーンにおいてである。福祉正義党（旧正義党）は，教条主義的な政党というそれまでのイメージを覆そうとする動きを見せた。たとえば，ジャワ島における活動においてはジャワ語（地方語）のスローガンを織り交ぜ，地域との密着をアピールした。また，選挙キャンペーンで用いられる小型トラックの荷台には，時折ではあるが，ヴェールを被らない女性の姿が見受けられた。

　この2004年総選挙は，数十年来にわたり国を蝕んできた汚職問題が主要な争点となった選挙であり，福祉正義党は，嘘つきや厚顔無恥という印象を国民の側に与えることなく汚職撲滅を訴えることのできる稀少な政党であった。その汚職没滅の訴えと上述のイメージチェンジが実を結び，福祉正義党は，この選挙で7.3パーセントにまで得票率を引き上げることに成功した。とりわけ，首都での得票率は20パーセントをこえ，国際的にも注目を浴びた。党の上層部は，

世俗勢力との間の垣根を下げて,世俗派で,有力な大統領候補であった民主党(PD)のスシロ・バンバン・ユドヨノを政治的にサポートすることを決定し,まもなく成立したユドヨノ政権への参画も果たした。さらに,党首であったヒダヤット・ヌルワヒドは,国民評議会の議長という要職に就いた。

もっとも,設立6年目で躍進を果たしたとはいえ,福祉正義党にとって7.3パーセントはまだ十分な数字とはいえなかった。政権中枢に組み入るには,悪くても15パーセント〜20パーセントの得票率が必要であり,党内の目標もその線に置かれた。福祉正義党は,2009年総選挙に向けて,引き続き党組織と支持層の拡大を課題としたのであり,そのために再び重要な決断を迫られた。それはすなわち,このまま現実主義路線を進むのか,理念の政治に立ち戻るのかということであった。

結果的に,福祉正義党は前者を選んだ。その選択の背景には,大きくは次の2つの要因があったといえる。1つは,設立以来それまでに行われてきた党組織の拡大である。あらゆる組織は,その拡大とともに,それだけ多様な人材を抱えることになる。福祉正義党が党組織を拡大する過程において,非イスラム主義者がそこに含まれるようになり,彼らが党内の言論状況に影響を及ぼしたとしても不思議ではない。もう1つの要因は,従来からの党員における情熱の低下である。そこでは,自社会の現状についての学習作用も働いていたであろう。1999年総選挙に端を発し,その後に起きたいくつもの社会的な出来事が,インドネシア人の大多数は依然としてイスラム主義に賛同する可能性の低い人々であるという事実を示唆していた。[8]

福祉正義党の2009年総選挙キャンペーンは,2004年総選挙キャンペーンの拡大版ともいえるものであった。議員候補のポスターは,笑顔や機知に富んだジョークを織り交ぜた標語で装飾されるようになった。黒髪をさらした女性が小型トラックの荷台に乗り込むのは,もはや全く珍しくない光景となった。党の宣伝映像に登場する女性や,討論番組の応援団席に陣取る女性サポーターの半数も,ヴェールを着用していない者たちで構成されていた。表面だけみれば,福祉正義党は世俗政党への転身を図ったかのようにさえみえた。

しかしながら,多数派の世俗的民衆に向けたこれだけのアピールにもかかわ

らず，2009年総選挙において福祉正義党は再度の躍進を果たせなかった。注目された得票率は，わずか0.6パーセント上乗せの7.9パーセントにとどまった。2009年総選挙は，イスラム政党が全般に不振をきわめた総選挙であり，そのなかで福祉正義党は善戦したという見方もできなくはない。このとき，福祉正義党は，他のイスラム政党を追い抜いて国内最大のイスラム政党となった。しかし，1パーセントに満たない上昇の幅は，それに費やした党組織拡大の努力と選挙キャンペーンの資金に見合うものではなかった。現実主義路線を推進した幹部たちは，自らの選択が正しいことを証明できなかったのである。

　この福祉正義党の二度目の躓きは，おそらく，20パーセント以上の得票率を収めて全国第1党への躍進を果たした民主党の成功と表裏の関係にある。民主党は，2003年，ユドヨノを大統領にするための政党として設立された。そして，設立まもないにもかかわらず，ユドヨノの個人的な人気と戦略によって，やはり7パーセント台の得票率を記録した。ユドヨノは，福祉正義党の支持も得て大統領に就任した。そして，その第1次政権の存続中，ユドヨノは2つの大きな問題に成果を収めた。1つは汚職対策であり，もう1つは対テロ対策である。

　第1次ユドヨノ政権期においては，中央，地方を問わず，多数の政治家や官僚が汚職容疑で逮捕された。ユドヨノ自身の親族にまで逮捕・刑罰が及んだほどであり，汚職問題にたいするユドヨノ政権の本腰ぶりが国民の間に伝わった。ユドヨノの取り組みには，むろん福祉正義党の協力も関わっているが，手柄のほとんどは大統領に帰された。何よりこの場合における皮肉は，インドネシアが直面している諸問題の克服のために，言い換えるなら「改革」のために，イスラムのシンボルは不要であるという事実が，国民の側においてあらためて認識されたということであろう。ケペルは，イスラム圏諸国における発展の鍵は，イスラム主義ではなく，世俗勢力の自覚と成長いかんであると論じたが［ケペル 2006, 497-499頁］，インドネシアではその世俗勢力が徐々に進歩の兆しをみせてきたといえるかもしれない。

　福祉正義党は，その支持層拡大のために露骨なまでのイメージチェンジを断行した。そして，そのために党内分裂という大きな代償もともなった。2004年から2009年までの間に，イスラム主義の理念にたいしてより忠実な党員や支持

者の間に不平や不満が出始めていた。彼らの大半は，党幹部とは接触をもたない学生や中下層階級の青年たちであり，不満を募らせたあげく，ヒズブット・タフリルなどの急進派組織に活動の足場を置き換えた者もいる。この福祉正義党内の亀裂は現在も修復されていない。

　福祉正義党などの穏健派イスラム主義勢力が選択した路線は，穏健派内部だけではなく，急進派の諸団体からも厳しい批判を浴びるようになった。急進的なイスラム雑誌『サビリ』は，2009年総選挙直後の号（7月16日号）で，「イスラム政治は終焉した」とする20頁以上の特集記事を掲載した。そこでは，福祉正義党を始めとしたイスラム政党の「プラグマティズム」（現実主義路線）にたいして，「政治が目的化している」「悪魔に魂を売った」などの批判がさまざまなかたちで並べられており，興味深い。

　では急進派イスラム主義自体の活動はこれまでどう展開してきたのかというと，これについては穏健派イスラム主義以上に評価する言葉を見出すのが難しい。急進派の諸団体は，いずれも少ない成員数から始まったが，その状況は現在も大きく変わらない。想像できるように，インドネシアの一般民衆にとって，急進派が行う暴力やテロは何の利益ももたらさず，むしろ外国の投資を遠ざける邪魔な行為と解されてきた。わずかに，反アメリカ感情を強く抱いた住民の溜飲を下げたのみである。そして，イスラム政党の現実主義路線においてみられたような学習作用は，急進派内部でも働くこととなった。ジャマーア・イスラミヤのリーダー格と目されていたアブ・バカル・バアシルは，近年，武力闘争エリアの限定（縮小）を主張した。それにともない，ジャマーア・イスラミヤは分裂状態に陥ったといわれている［ICG 2009］。

　最近でも，2009年7月に，ジャカルタで10人の死者を出すテロ事件（ジャマーア・イスラミヤの一派による犯行とされる）が起きたように，今後もインドネシアでテロが継続して起こる可能性はある。しかし，それは急進派中の急進派による自暴自棄的な選択にすぎず，そこには支持する多数の住民もいなければ，明瞭なプランも存在しない。今後，このような事件にたいする政権側の対処は，社会の広範な支持を背景に，より厳しいものとなるだろう。

5 展　　望

　理念を押し通せば民衆から遠ざかる。民衆に近づこうとすれば，理念と行動の整合性を失い，期待したほどの支持が得られないばかりでなく，組織内の対立も不可避となる。このような隘路を経験したインドネシアのイスラム主義勢力には，今後どのような道が残されているのだろうか。

　大まかには2つの選択肢が考えられる。1つは，政治勢力として存在し続けながらも，その政治の場において「脱宗教化」を図ることである。宗教的シンボルの使用は最低限にとどめ，民主主義の深化や実務的な経済改革の進展を重視する。ただし，宗教的な利害が否応なく絡む問題において，敬虔なイスラム教徒の主張の受け皿となる役割は保たれることになる。

　イスラム主義勢力に残されたもう1つの選択肢は，いっそ政治の領域から撤退し，イスラム主義をやめてしまうことである。もちろん，かわりになすべきことがあり，それは社会・文化的領域における倫理やアイデンティティとしてのイスラムの普及活動である。ここでは，シャリーアの法制化やイスラム経済をめぐる首尾一貫しない主張ではなく，イスラム共同体のつながりを基礎とした相互扶助の精神，つまりは「共同性」を国民の間に育んでいくことが求められる。重要なのは，それが国際関係におけるグローバリゼーションへの抵抗という文脈にも連なるということである。

　これまでのインドネシアにも，宗教的シンボルではなく共同性を重視するイスラム団体やムスリム知識人は存在してきたし，イスラム主義からその方面に歩みを進めた宗教政治家もいる。現在のこの国において，そのような意味で興味深い人物の一人として，たとえばアミン・ライスがいる。1990年代にイスラム主義的な運動家として知られていた彼は，反スハルト・デモの先導，世俗的な政党の設立，国民評議会議長就任などの多彩な政治的経験を経て，近年，反グローバリゼーションをテーマとする1冊の著書［Rais 2008］を書いた。そこでは，意図したかたちで世俗的な表現が貫かれている。内容は経済ナショナリ

ズムの強化を唱えたものであるが，その根本にはイスラム教徒としての倫理観や共同性の主張が垣間見える。「イスラム」や「イスラム主義」という本来的にグローバルな性格をもつパラダイムをあえて使用せず，ローカルな言葉と発想によってグローバリゼーションへの抵抗を構想するその道筋は，従来のイスラム関連研究の枠組みにおいては見過ごされがちであった。

　グローバリゼーションを支える思潮は，新自由主義とよばれる考え方や行動規範である。新自由主義は利己主義をともない，その利己主義が各国社会の荒廃や不公正の要因となってきたという現実がある。したがって，グローバリゼーションへの抵抗を論じる際には，この利己主義を凌駕する共同性の創出が当然不可欠だということができる。つけくわえておくと，「文明の衝突」論などのイスラム脅威論に異を唱える観察者たちがいつも指摘してきたように，イスラム教は，その共同体の内部の結束だけでなく，外部との共存や助け合いを模索できる宗教である。そしてそれゆえに，現代世界において依然，特別な注目を払われるに値するファクターなのである。

⑴　「イスラム主義」は，「イスラム原理主義」「イスラム復興主義」「政治的イスラム」などとも互換可能な観察者側の用語である。いずれについても，通常，当事者によって自称されることはない。
⑵　歴史的にみると，このような態度は，19世紀以降に西アジアとアラブで発祥し，その後世界に広がった「改革主義」の流れにある。
⑶　パンチャシラの内容は，①唯一の神への信仰，②公平で文化的な人道主義，③インドネシアの統一，④協議と代議制において英知によって導かれる民主主義，⑤インドネシア全人民にたいする社会正義，である。
⑷　パンチャシラの成立においては，世俗的ナショナリストの指導者とイスラムを国家原則に据えようとするイスラム原理主義的な指導者との間で論争があった。スカルノによる原案では，「唯一への神への信仰」は5番目の条項として配置された。それが1番目に「昇格」したのは，世俗的ナショナリスト側がイスラム原理主義者側に譲歩した結果である。ちなみに，イスラム原理主義勢力は1950年代から60年代にかけて活発に運動を展開し，インドネシア政治の不安定要因の1つとなった。これらの伏線がスハルト政権の始まりには存在する。
⑸　スカルノは，1960年代から反植民地主義（反帝国主義）外交に傾斜し，対米関係を悪化させた。そのあげく，1965年初頭にインドネシアは，国際連合を脱退した初めての国となった。
⑹　それぞれインドネシア屈指の規模のイスラム社会組織を母体としながらパンチャシラを党原則とした民族覚醒党（PKB）や国民信託党（PAN）のように，イスラム政党と世俗政党の中間的な政党も存在した。しかしイスラム主義を扱う本章においては，それらの政党はひ

(7) この知識人の名前はムハンマド・バーキルッ＝サドルであり，その著書は日本語訳［バーキルッ＝サドル 1993］も出ている。
(8) イスラム主義にたいする民衆間の違和感が明示的に示された大きな社会的出来事として，あるダンドゥット歌手の踊りをめぐって起きた「イヌル現象」などがある［佐々木 2004］。その他，未婚の男女の抱擁などの「反イスラム的」とされる表現を用いた青春映画が，イスラム団体の抗議にもかかわらず人気を博すなどした。

【参考文献】

エスポズィト，J.，ボル，J.（宮原辰夫・大和隆介訳）（2000）『イスラームと民主主義』成文堂
大塚和夫（2004）『イスラーム主義とは何か』岩波書店
ケペル，G.（中島ひかる訳）（1992）『宗教の復讐』晶文社
──（丸岡高弘訳）（2006）『ジハード──イスラム主義の発展と衰退』産業図書
見市建（2004）『インドネシア──イスラーム主義のゆくえ』平凡社
小杉泰（1994）『現代中東とイスラム政治』昭和堂
佐々木拓雄（2004）「戸惑いの時代と『イヌル現象』──大衆文化の観点からみたインドネシア・ムスリム社会の動態」『東南アジア研究』42巻2号
中沢新一（2009）『緑の資本論』筑摩書房
バーキルッ＝サドル，M.（黒田壽郎訳）（1993）『イスラーム経済論』未知谷
Basyaib, H., Abidin, H., eds. (1999), *Mengapa Partai Islam Kalah ? : Perjalanan Politik Islam dari Pra-Pemilu '99 sampai Pemilihan Presiden*, Jakarta, Alvabet
ICG=International Crisis Group (2009) "Indonesia : The Hotel Bombings." *Asia Briefing*, no. 94, 24 July
Masdar, U. (2000), *Agama Orang Biasa*, Yogyakarta, Yayasan Kajian dan Layanan Informasi untuk Kedaulatan Rakyat
Mujani, S. (2007), *Muslim Demokrat : Islam, Budaya Demokrasi, dan Partisipasi Politik di Indonesia Pasca Orde Baru*, Jakarta, Penerbit PT Gramedia Pustaka Utama
Rais, M. A. (2008), *Agenda Mendesak Bangsa : Selamatkan Indonesia !*, PPSK Press
Roy, O. (1994), *The Failure of Political Islam*, Cambridge, Massachusetts, Harvard University Press
Tim Litbang Kompas ed. (1999), *Partai Partai Politik Indonesia : Ideologi, Strategi, dan Program*, Jakarta, Kompas

事項索引

あ 行

愛国心 ……………… 110, 156, 157, 165, 166
アウスグライヒ ………………… 155, 161
アジア（亜洲）……………………… 199
　　──・欧州連合（ASEM）………… 202
　　──・太平洋戦争
　　　……………… 240, 241, 248, 251, 253, 254
　　──共通通貨 ………………………… 176
　　──経済危機 ………………………… 171
　　──債権市場 ………………………… 175
　　──主義 ……………………………… 189
　　──太平洋 …… iv, 87, 101, 173, 193, 194, 199
　　──通貨基金（AMF）……………… 175
新しい戦争 ……………………… 207-209, 210
アドヴァンスト・リベラリズム ………… 13
アナーキー ………………… 7, 40, 42, 47, 48, 70
アパルトヘイト …………………………… 43
アファーマティブ・アクション（積極的差別解消策）……………………………… 137-139
アブハジア …………………………… 205, 219
　　──人 ………………………………… 209
アメリカ
　　──帝国 …………………………… 2-4
　　汎──会議 ………………………… 135
アンザック協定 …………………………… 95
安全保障
　　──帝国主義（Security Imperialism）…… 101
　　無償の──（Free Security）……… 90
イスラム
　　──覚醒 …………………… 260-262, 265
　　──教 ……………………………… 114
　　──脅威論 ………………………… 272
　　──共同体（ウンマ）………… 258, 271
　　──経済 ………………… 263-265, 271
　　──圏 …………………… 150, 218, 259
　　──原理主義 ……………………… 272
　　──国家 ………………………… 258, 261
　　──信徒党（PUI）………………… 263

　　──政党 ……………… 259, 263, 265, 266, 269
　　──的共同性 ……………………… vi, 9
　　──復興 …………………………… 260
　　──法 ……………………………… 258
　　──擁護戦線（FPI）……………… 262
イタリア共産党（PCI）… 104, 105, 107, 111, 115
イタリア社会党（PSI）……… 104, 107, 111
イヌル現象 ……………………………… 273
移 民
　　──排斥 …………………………… 149
　　新── ……………… 141, 142, 144, 148
　　新・新── ………………………… 144
　　不法── …………………… 140, 147, 148
イラン革命 …………………………… 13, 258
ウィーン体制 …………………………… 39
ヴェール ………………………………… 268
ヴォイス・オブ・アメリカ（VOA）……… 111
ウラマー（イスラム法学者）………… 260
ウルグアイ・ラウンド ………………… 177
英国学派（English School）
　　………………… 1, 7, 8, 11, 16, 21, 32
沿ドニエストル …………… 205, 206, 209-217
欧州安全保障・協力会議（機構）
　　（CSCE/OSCE）……… vi, 206-208, 211-219
オーストリア＝ハンガリー帝国 ……… 164
オセチア人 ……………………………… 209

か 行

ガガウズ人 ……………………………… 209
カトリック行動隊 ……………………… 111
カリフ …………………………………… 261
企 業 …………………………………… ii, 7
「刻む会」→ 長生炭鉱
基 地 …………………… 89, 96, 98, 100
　　──戦略 ……………………………… v
逆人種差別（リバース・レイシズム）…… 137
キャンベラ会議 …………………… 99, 100
9.11（テロ）………………… i, 36, 45, 51, 259
共同謀議（コンスピラシー）………… 73-77, 82

275

京都議定書……………………………… 208
キリスト教民主党（DC）
　……………………… 104, 105, 108, 111, 115
金融危機…………………………… i, ii, 14, 171
金融・世界経済に関する首脳会合（G20）…… i
グローカリゼーション…………………… 174
グローバリゼーション
　反――…………………………………… 171
　反――運動………………… 231, 232, 234
グローバリティ（globality）………… iii, 37
グローバル
　――・ガヴァナンス
　……… ii, 1, 3, 8, 11, 12, 50, 53, 72, 172, 173
　――・ジャスティス（正義）
　…………………………… 26, 27, 30-32, 234
　――・デモクラシー（民主主義）……… 9, 173
　――・ヒストリー………………………… 6
　――（な）規範……………… iv, 55, 58, 103
　――経済………………………………… ii
　――国家………………………………… 1
　――市民社会
　…………………… ii, 11, 12, 37, 230, 232, 235-237
　――な権威…………………………… 36, 48
　――な責任……………………………… 54
　――な配分的正義……………… 13, 23-25
　――（な）ミニマム………………… 31, 33
　――（な）水企業………… 224-226, 237
　――水パートナーシップ（GWP）
　…………………… 226, 227, 229, 233, 236
経済財としての水………… 225-228, 233, 235
原国籍割当制度………………… 142, 143, 146
原産地規則（rule of origin）………… 179-181
原初状態（original position）………………… 23
公共文化………………………… 25, 26, 30, 34
交戦規則（ROE）………………………… 60
公定ナショナリズム……………………… 164
公民権運動…………………… 138, 139, 143
コーラン…………………………… 258, 260
国際機構（国際機関／国際組織）…… i, ii, 9, 11, 12, 14, 15, 39, 44, 50, 51, 88, 90-93, 95-97, 100, 191, 196, 202, 205, 206, 210, 215, 216, 218, 224, 226
国際行政連合……………………………… 39

国際軍事裁判（所）……………… 70, 76, 77, 79
国際刑事裁判所………………… 45, 66, 208
国際信託統治……………………… 88-94, 97, 100
国際政策ネットワーク（TPN）…… 229, 230, 236
国際制度……………………………………… 44
国際通貨基金（IMF）
　……………… i, 175, 176, 185, 228, 231, 261, 265
国際的権威………………… 36, 37, 40-44, 48
国際的道義性……………………………… 23
国際法………………… iii, 7, 9, 39, 41, 54, 70, 74, 75
国際レジーム……………………… 196, 202
国内類推……………………………… 11, 41
国民（ネイション）
　……… 25, 26, 28, 31, 34, 155, 156, 160, 161, 213
　――意識……………………… 72, 156, 157
　――共同体……………… v, 9, 159-164, 168
　――国家…… v, 15, 23, 24, 148, 169, 173, 209, 215, 260, 265
　――信託党（PAN）………………… 272
　――世論…………………………… 71, 72
　――帝国……………………………… 6
　――的秩序…………………… 155, 156
国務省（アメリカ国務省）
　……… 91-94, 96-98, 100, 107, 111, 121, 123-130
国連（国際連合）…… iv, 15, 36, 39, 44, 54, 58, 98, 109110, 191, 201, 215, 223, 226
　――安全保障理事会（安保理）
　…………………… 36, 37, 41-51, 58, 60, 61, 92
　――環境開発会議（UNCED）……… 225-228
　――環境計画（UNEP）……………… 227
　――軍………………………… 43, 44, 60
　――憲章……………… iii, 42-48, 50, 51
　――憲章39条………………………… 55
　――平和維持活動……………… iv, 46, 54
　――ルワンダ支援団（UNAMIR）…… 47, 56
コスモポリタニズム………… 23, 27-29, 33
　希薄な（薄い）――………………… 29, 33
　制度的――……………………… 27, 29
　道徳的――……………………… 27-29, 32
　弱い――……………………………… 30, 33
コスモポリタン
　――・デモクラシー（民主主義）……… ii, 5
　――・リベラリズム……………………… 27

276

事項索引

──な危害原理 33
──な正当性 51
──-コミュニタリアン論争 iv, 21, 22, 26, 32, 33
国家安全保障会議（NSC） 107
コラボレーター 105, 106, 115

さ　行

在日コリアン 246, 251-254
サレルノの転換 105
産出的権力／産出力としてのパワー
(productive power) 12, 13, 48
CIA（アメリカ中央情報局） 111, 128
シーア派 264
ジェノサイド 65
──条約 iii
指揮官責任（command responsibility） 77
ジハード 266
市民社会 ii, vi, 10-14, 165, 174, 183, 186, 224, 240, 242
指紋押捺
──拒否 250-252
──問題 254
社会的リベラリズム 27
ジャマーア・イスラミヤ（JI） 262, 270
シャリーア 258, 260, 261, 271
自由貿易協定（FTA） v, 172, 177-186, 197
主　権
──国家 6, 7, 37-41, 44, 70
──的国民国家 6
少数民族（マイノリティ） 21, 137-140, 161, 209, 216
植民地 31
脱──化 72, 88
反──主義 88
新自由主義（ネオリベラリズム） i, vi, 13, 14, 225, 231, 236, 272
──理論 180
人　道
──的介入 9, 39, 49, 54-56, 59, 65, 66
──に対する罪（C級戦争犯罪） 75, 76
心理戦争 v, 103, 108, 111, 115, 116
捨て子院 157-159, 163, 164, 166, 167

スハルト政権 261-263, 266, 267, 272
正義党（PK） 266, 267
正義の原理 24, 26, 29, 30
正当性（正統性） iv, 8, 9, 36, 37, 39, 40, 43-46, 48, 50, 51, 64, 65, 69, 73, 75, 164, 209, 210, 236
西洋国家 15
勢力均衡 39, 71, 193
世　界
──銀行 i, vi, 225-231, 233, 234, 236, 261
──社会フォーラム（WSF） 11, 232-234
──人権宣言 iii
──政府（グローバル・ガヴァメント） 3, 5, 6, 10, 14, 21, 54
──貿易機関（WTO） 10, 15, 177, 178, 180, 182, 231, 234
責任のアポリア 57
先住民 142, 143, 145
戦　争
──裁判 81
──における正義（jus in bello） 79, 81
──犯罪 75, 81
──犯罪人 69-71, 74, 75, 77, 79
──犯罪人裁判 78
──への正義（jus ad bellum） 78, 79, 81
通例の──犯罪（B級戦争犯罪） 75, 76
戦犯裁判 iv
ソヴィエト帝国 vi, 2, 5
ソフト・パワー 103, 199
ソマリア内戦 46
ソ連崩壊 2

た　行

大西洋憲章 72, 90, 92
対テロ戦争 114, 208
タイトル（基幹）民族 205
非── 205
対日新思考 194
多元主義（pluralism） 8, 9, 21
多国間主義（multilateralism） 193, 195, 196, 198-200
多国籍企業 12, 38, 174

277

多国民的編成······156, 161, 164
多文化主義······140
ダンドゥット······266, 273
地　域
　──監督理事会······91-93, 100
　──統合······v
　──ポリツァイ······158
チェンマイ・イニシアティブ（CMI）···175-177
地　球
　──温暖化問題······iii
　──環境問題······ii
　──環境レジーム······ii
地方自治体······174
中国脅威論······197
朝貢システム······189
長生炭鉱······vi
　──の"水非常"を歴史に刻む会
　　······vi, 241, 244, 246-255
通貨スワップ協定······175
帝　国······ii, iv, v, 1-6, 8, 53, 115, 118-121, 132, 135, 136, 145, 148, 155-161, 164-166, 168, 169, 195
　──化······200
　──主義······2
　──的（に）支配······123, 130-133
　──的秩序······155, 156
　──論······16
　自由──······2, 4, 5
　招かれた「──」······106
テロリズム······38, 48, 183
天安門事件······190, 193
道義（性）······8, 23, 24
東京裁判······74, 76
統治性（governmentality）······1, 11-13
道徳的責務······74, 75, 80, 81
東方正教会······211, 218
東方の復興······192, 195
ドーハ・ラウンド······177
トービン税······14
トランスナショナル市民···243, 249, 254, 255
　──社会······vi, 10, 243

な　行

内政不干渉······38, 39, 49, 54, 191
ナゴルノ＝カラバフ······205
ナショナリズム······28, 132, 149, 155, 156, 160, 161, 171, 183, 189, 199, 254, 260
ナルヴァ・シッラマエ地域······206, 214
南北戦争······135
二言語教育法······139, 140
28字方針······190
ニュルンベルク裁判······76, 77

は　行

ハーグ平和会議······39
ハイアラーキー（ヒエラルキー）······3, 40
覇　権······40, 178, 194
　──（ヘゲモニー）国家······2
破綻国家······15, 53, 65, 210
パクス・アメリカーナ······2
パクス・ルッソ・アメリカーナ······5
ハプスブルク
　──王朝······164
　──神話······155, 156
　──帝国······155
パンチャシラ······261, 272
反乱鎮圧計画（CIP）······122-126
東アジア······vi
　──・コミュニティ······183
　──・サミット······179, 180, 184, 186
　──・スタディ・グループ（EASG）
　　······180, 184
　──安全共同体······198
　──共同体······vi, 171, 172, 180-186, 188, 189, 192, 200-202
　──通貨危機······192
非国家主体······7, 12
非承認国家······vi, 205-207, 209, 210, 213-218
ヒスパニック······v, 135-141, 144, 147, 149150
ヒズブット・タフリル（HTI）······262
批判理論（critical theory）······32
複合的ガヴァナンス（complex governance）
　······8, 10, 11
福祉正義党（PKS）······266-270

ブラセロ計画……………………… 146, 147
ブラヒミ報告……………………………… 50
ブルー・プラネット・プロジェクト……… 231
ブレトンウッズ…………………………… 14, 15
文明の衝突…………… 140, 211, 214, 216, 272
米国人行政官……………………… 128-132
米州自由貿易地域（FTAA）…………… 183
米西戦争………………………………… 135, 145
米墨戦争………………………………… 145
平　和
　──維持活動（PKO）
　　………… 43, 47, 49, 50, 55-59, 61-63, 66
　──強制……………………… 43, 46, 47
　──構築……………………… 47, 48, 55
　──的台頭…………………… 195, 197
　──に対する罪（A級戦争犯罪）… 70, 76-78
　──への課題…………………………… 47
ヘゲモニー………………… v, 3-5, 118, 121, 173
　──国家（ヘゲモン）
　　………… iv, 3, 5, 6, 105, 115, 119, 120, 122
　──支配………………………………… 132
　モラル・──…………………… iv, 70, 71
補完性原理……………………………… 166
保護する責任（Responsibility to Protect）
　……………………………… iv, 54, 55, 58
ポルトアレグレ水宣言………… 232, 234, 237

ま　行

マーシャル・プラン…………………… 116
マニラ事件………………………………… 79
マルメディ事件…………………………… 79
ミクロネシア……………… 89-91, 94, 100, 101
水の安全保障…………………………… 223
南オセチア…… vi, 205, 206, 209, 210, 212, 213,
　215, 217-219
南太平洋委員会（SPC）…… v, 87-89, 97, 99-101
南太平洋フォーラム………………… 87, 88
南ベトナム解放民族戦線……………… 121
ミレニアム開発目標（MDGs）… 223, 224, 236
民　族
　──覚醒党（PKB）……………… 272
　──自決…………………………………… 90
ムスリム（イスラム教徒）… 114, 259, 260, 266

無知のヴェール（veil of ignorance）…… 23, 24
メルコスール……………………………… 5
モーゲンソープラン……………………… 72
モラリティ（morality）………… 69-73, 77, 80

や　行

ユーロ・グローバリズム……… vi, 208, 210, 218
ユダヤ
　──人……………………………… 141
　反──主義……………………… 162
ヨーゼフ・システム……………………… 157
ヨーロッパ復興計画（マーシャル・プラン）
　……………………………………… 111

ら　行

リアリズム……………………… 11, 23, 39, 197
リージョナル・ガヴァナンス
　……………… vi, 172, 176, 185, 192, 202
リベラル
　──・コスモポリタニズム………… 23, 24
　──・ナショナリズム（liberal nationalism）
　　………………………… 25, 28, 29, 31, 34
　──・ナショナリズム論………… 22, 27, 34
　──−コミュニタリアン論争（liberal-communitarian debate）………… 21, 26, 34
　ネオ──型……………………………… 173
冷　戦……………………………………… 2
レールム・ノヴァールム……………… 166
連帯主義（solidarism）………… 8-10, 21, 32
ロキ・トンネル………………………… 210

わ　行

和諧世界………………………… 201, 202
ワシントン・コンセンサス………………… i
湾岸戦争……………………………… ii, 44, 60

アルファベット

AFTA（アセアン自由貿易地域）……… 178, 181
APEC（アジア太平洋経済協力会議）
　………………………… 87, 184, 192, 196, 202
ASEAN（東南アジア諸国連合）…… 5, 171, 175,
　177-179, 181, 184, 185, 191, 197, 201
　──＋3…… v, 171, 175, 176, 179-181, 183

-186, 188, 192, 193, 197, 202
　── Way……………………………………191
ARF（アセアン地域フォーラム）
　………………………………87, 191, 196, 197
BRICs（ブラジル・ロシア・インド・中国）……6
CIP　→　反乱鎮圧計画
CMI　→　チェンマイ・イニシアティブ
CSCE/OSCE　→　欧州安全保障・協力会議
　（機構）
DRC（コンゴ民主共和国）…………………59-66
EAFTA（東アジア自由貿易地域）……180-182
EASG　→　東アジア・スタディ・グループ
EU（欧州連合）……46, 59, 155, 173, 180, 183,
　202, 206, 208, 214, 217, 218
EUBAM（The EU border Assistance
　Mission to Moldova and Ukraine）
　…………………………………………210, 217
FTA　→　自由貿易協定
GWJM（Global Water Justice Movement）
　……………………………………………234-236
GWP　→　グローバル水パートナーシップ
IEMF（暫定緊急多国籍部隊）……………59, 60
IMF　→　国際通貨基金

NGO（非政府組織）……vi, 7, 12, 13, 38, 58, 60,
　63, 174, 214, 216, 217, 224, 226-228, 230, 232
　-234, 236, 237
NAFTA（北米自由貿易協定）……147, 173, 183
NATO（北大西洋条約機構）……48, 106, 206, 208
NIES（新興工業経済地域）…………………195
MDGs　→　ミレニアム開発目標
MONUC（国連コンゴ民主共和国ミッション）
　……………………………………47, 50, 59, 61-65
PKO　→　平和維持活動
SPC　→　南太平洋委員会
TPN　→　国際政策ネットワーク
UNAMIR　→　国連ルワンダ支援団
WBCSD（持続可能な開発のための世界経済人
　会議）…………………………………226, 227
WSF　→　世界社会フォーラム
WSSD（持続可能な開発のための世界首脳会議）
　……………………………………………233, 235
WTO　→　世界貿易機関
WWC（世界水会議）……226, 227, 229, 233, 236
WWF（世界水フォーラム）
　………………………223, 227-231, 233, 235, 236
WWW（世界水ビジョン）………………228-231

人名索引

あ 行

アイゼンハワー（Dwight D. Eisenhower）
　………………………………… 115, 120-122
青山瑠妙 ……………………………………… 189
アチソン（Dean Acheson）………………… 99
アデナウアー（Konrad Adenauer）……… 105
アナン（Kofi Annan）……………………… 50
天児慧 ………………………………………… 189
アラウ（Sergio Arau）…………………… 150
李修京 ………………………………………… 241
李明博 ………………………………………… 182
ウィーラー（Nicholas J. Wheeler）…… 54-55
ウィルソン（Woodrow Wilson）………… 80
ウェストン（Burns Weston）……………… 45
ウェルズ（Summner Welles）……………… 91
ウェント（Alexander Wendt）…………… 14
ウォーカー（Rob. B. J. Walker）…… 235-236
ウォーラーステイン（Immanuel Wallerstein）
　……………………………………………… 6
ウノウスキー（Daniel L. Unowsky）…… 165
エスポズィト（John L. Esposito）…… 258-259
エプスタイン（Alois Epstein）…………… 163
エリツィン（Boris Nikolaevich El'tsyn）… 211
閻学通 …………………………………… 197-198
王逸舟 ………………………………………… 196
王毅 ………………………………… 182, 200-201
大芝亮 ………………………………………… 208
奥原敏雄 ……………………………………… 76
オバマ（Barack Hussein Obama, Jr.）
　……………………………………… 136, 138
温家宝 ………………………………………… 201

か 行

何新 ………………………………… 193-195, 200
ガスペリ（Alcide De Gasperi）…………… v
ガードナー（Lloyd C. Gardner）………… 3
カマールト（Patrick Cammaert）……… 61-62
ガムサフルディア（Zviad Gamsakhurdia）
　……………………………………………… 209
カムドゥシュ（Michel Camdessus）…… 228
ガリ（Boutros Boutros-Ghali）…………… 47
カルドー（Mary Kaldor）………… 55, 207-209
菅英輝 ……………………………… 3, 119, 121
ギデンズ（Anthony Giddens）…………… 13
木畑洋一 ……………………………………… 3
キムリッカ（Will Kymlicka）…………… 27
ギル（Stephen Gill）……………………… 231
金大中 ………………………………………… 180
金英丸 ………………………………………… 243
キャンデサス（Michel Camdessus）…… 265
キング（Jeremy King）…………………… 155
クーパーマン（Alan J. Kuperman）……… 65
クチュール（Jocelyne Couture）……… 27-29
クトゥブ（Sayyid Qutb）………………… 262
グラムシ（Antonio Gramsci）…………… 231
グリーン（James F. Green）……………… 100
クロード（Inis L. Claude, Jr）…………… 44
クローン（Rene' Coulomb）……………… 226
ケネディ（John F. Kennedy）…… 119-120, 122-123, 125-127, 129-130, 132, 143
ケペル（Gilles Kepel）…………………… 259
胡鞍鋼 …………………………………… 196-198
江沢民 ………………………………………… 191
胡錦涛 ………………………………………… 201
小杉泰 ………………………………………… 259
コットレル（Sterling J. Cottrell）……… 129
ゴールドマン（Michel Goldman）…… 229-230

さ 行

ザウム（Dominik Zaum）………………… 49
佐伯啓思 ……………………………………… 242
坂本義和 ……………………………………… 243
佐々木寛 ……………………………………… ii
ザーラ（Tara Zahra）……………… 156, 162
ジェム（Ngo Dinh Diem）………… v, 120-133
シドロフ（Matti Sidorof）………………… 216
清水正義 ……………………………………… 76

281

ジャドソン（Pieter M. Judson）............... 155
シャプコット（Richard Shapcott）.... 32-33, 51
朱鎔基................ 182
シュミッツ（David F. Schmitz）............. 121
シュミット（Carl Schmitt）...................... 5
シュルツ（Michael Schulz）..................... 173
シュレジンガー Jr.（Arthur M. Schlesinger, Jr.）................ 120
ショー（Martin Shaw）.............. iii, 14-15
ショルテ（Jan Aart Scholte）............... iii
ジョンソン（Lyndon Baines Johnson）...... 137
肖歓容................ 199
秦亜青................ 196
スーター（David H. Souter）.................. 136
スカルノ（Soekarno）..................... 261, 272
スティムソン（Henry L. Stimson）
.... iv, 69-75, 80-81
ストロング（Maurice Strong）.............. 228
スハルト（Soeharto）................... 261, 265
スローター（Anne-Marie Slaughter）......... 10
セラゲルディン（Ismail Serageldin）........ 228
センディング（Ole Jacob Sending）........... 12
ソトマイヨール（Sonia Sotomayor）
.... 136-139, 149
ゾーロ（Danilo Zolo）.................... 5-6

た 行

高田和夫................ vii
ダーブロウ（Elbridge Durbrow）
.... 122, 124-127
タルキアーニ（Alberto Tarchiani）......... 107
ダレス（John F. Dulles）..................... 121
ダレール（Roméo A. Dallaire）.......... 56-57
チャーチル（Winston Churchill）............. 90
チョムスキー（Noam Chomsky）.......... i, iii
テイラー（Maxwell D. Taylor）...... 128-130
テリー（Jim Terrie）............................. 66
デ・ガスペリ（Alcide De Gasperi）
.... 105-107, 113, 115
鄧小平................ 190
土佐弘之................ 66
ドイル（Michael W. Doyle）... v, 3-4, 118-119
ドゥヴァル（Raymond Duvall）......... 11-13

ドヴォジャーク（Jan Dvořák）............... 163
トフラー（Alvin Toffler）..................... 195
トリアッティ（Palmiro Togliatti）
.... 105, 107, 111-112
トルーマン（Harry S. Truman）........ 103, 115
トンプソン（Grahame Thompson）......... 207

な 行

中沢新一................ 259, 264
ニューマン（Iver B. Neumann）............... 12
布引宏................ 241
ヌルワヒド（Hidayat Nur Wahid）......... 268
ネグリ（Antonio Negri）...... 1-3, 5-6, 135, 232
盧武鉉................ 182
ノルティング（Frederick E. Nolting, Jr.）
.... 126-130

は 行

バアシル（Abu Bakar Baasir）............... 270
バーキルッ＝サドル
（Muhammad Baqir-s-Sadr）............... 273
バークマン（Tobias C. Berkman）............. 58
ハースト（Paul Hirst）....................... 207
ハート（Michael Hardt）......... 1-3, 5, 135, 232
バドリオ（Pietro Badoglio）............ 104-105
バーネイズ（Murray C. Bernays）..... 74-75, 77
バーネット（Michael N. Barnett）..... 11-13, 50
ハーバーマス（Jürgen Habermas）............. 33
羽場久浘子................ 208
バラッサ（Bela Balassa）..................... 183
ハリファックス（Lord Halifax）............... 90
ハル（Cordell Hull）.......................... 92
バーロウ（Maude Barlow）............. 231, 234
ハレル（Andrew Hurrell）............... 8-12, 14
ハンチントン（Samuel P. Huntington）
.... 140, 146, 218
バンディ（McGeorge Bundy）............... 127
ヒス（Alger Hiss）............................ 99
ファインバーグ（Joel Feinberg）.......... 29, 33
フィッツジェラルド（Desmond FitzGerald）
.... 128
フィネモア（Martha Finnemore）............. 50
フェルト（Harry D. Felt）.................. 126

人名索引

フォーク（Richard Falk） 172
フォション（Loic Fauchon） 226
福留範昭 242
フーコー（Michel Foucault） 12-13
ブザン（Barry Buzan） 7-8
藤原帰一 2-3, 240
藤原修 254
ブラウン（Chris Brown） 22
ブラウン（Gordon Brown） i
ブル（Hedley Bull） 7, 11, 54, 64
ブレスラウアー（Hans Karl Breslauer） 150
ベイツ（Charles Beitz） 22-27, 29, 31-32
ベッタウアー（Hugo Betauer） 150
ベラミー（Alex J. Bellamy） 54-55
ヘルド（David Held） ii, 5
ホーンベック（Stanley K. Hornbeck） 91
龐中英 198-199
ホルスティ（Kalevi J. Holsti） 69
ホルト（Victoria K. Holt） 58

ま 行

マクガー（Lionel C. McGarr） 126
マッカーサー（Douglas MacArthur） 77, 79
マルクス（Karl Marx） 15
ミード（Walter Russel Mead） 4-5, 115
ミラー（David Miller） 22, 25-27, 29-33
ミル（John Stuart Mill） 33
ムソリーニ（Benito Mussolini） 104, 116
ムハンマド（Muhanmmad） 258, 260
ムフ（Chantal Mouffe） ii, 5
メイアー（Charles S. Maier） 115
モーゲンソー（Hans J. Morgenthau） 71
モーゲンソー（Henry Morgenthau, Jr.） 72-73
毛沢東 190
毛里和子 189
最上敏樹 43, 56
モノー（Jerome Monod） 228
盛山和夫 64
モロトフ（Vyacheslav Molotov） 90

門洪華 196

や 行

山口武信 241
山下範久 6
山下奉文 71, 77-79
山室信一 6
山本吉宣 5, 118
ヤング（Kenneth T. Young） 126-127
ヤング（Marilyn Blatt Young） 3
ユドヨノ（Susilo Bambang Yudhoyono） 268-269
湯野優子 241
葉自成 196
吉田茂 105, 115

ら 行

ライス（Mohammad Amien Rais） 271
ラスク（Dean Rusk） 124, 126
ランズデール（Edward G. Lansdale） 123-124
リンクレイター（Andrew Linklater） 32-33
林尚立 199-200
リンチ（Dov Lynch） 209
ルーズヴェルト（Franklin D. Roosevelt） 89, 90
ルンデシュタット（Geir Lundestad） 106
レイク（David A. Lake） 41
レベジ（Aleksandr Ivanovich Lebed'） 211
レムニッツァー（Lyman L. Lemnitzer） 126
ロヴェット（Robert A. Lovett） 107
ロストウ（Walt W. Rostow） 122, 126
ローズ（Nikolas Rose） 13-14
ロバーツ（Adam Roberts） 49
ロビンソン（Ronald Robinson） 121
ロールズ（John Rawls） 21, 23, 27, 34

わ 行

ワイト（Martin Wight） 7
渡辺昭一 119

283

Horitsu Bunka Sha

2010年3月31日　初版第1刷発行

グローバル秩序という視点
──規範・歴史・地域──

編　者　松井　康浩
　　　　　まつ　い　やす　ひろ

発行者　秋山　　泰

発行所　株式会社　法律文化社
〒603-8053　京都市北区上賀茂岩ヶ垣内町71
電話 075(791)7131　FAX 075(721)8400
URL:http://www.hou-bun.co.jp/

ⓒ2010 Yasuhiro Matsui　Printed in Japan
印刷：共同印刷工業㈱／製本：㈱藤沢製本
　　　装幀　石井きよ子
ISBN978-4-589-03227-0

高田和夫著
現代世界と平和　●3045円

「平和」の多義性から説きおこし、制度的保障の変遷、軍拡、第三世界、地域における平和、今後のあり方など12章にわたって国際関係を軸に展開した平和論。現代世界をどう捉え、いかに考えるか、一人ひとりの内なる国際化を説く。

高田和夫編
新時代の国際関係論 ▶グローバル化のなかの「場」と「主体」
●2835円

21世紀に入って混迷の度を深める国際関係論。その歴史と理論をふり返りながら、多様なアクターなどの登場によって国家中心の国際関係が揺れ動くさまを、情報化や地域主義、国際機構の動きなどから具体的に分析する。

中谷義和編
グローバル化理論の視座 ▶プロブレマティーク＆パースペクティブ
●3360円

「グローバル化」状況の動態とインパクトを理論的・実証的に解明するとともに、「グローバル民主政」をめぐる課題と展望を考察。グローバル化理論の代表的論者たちによる、理論的到達点と新たな地平を拓くための視座を提起する。

加藤哲郎・國廣敏文編
グローバル化時代の政治学　●6510円

グローバル化時代の政治学に課せられた課題である新たな民主主義的パースペクティヴを権力関係の変容や新たな主体形成など最新の政治動向や理論を踏まえ追究する。民主主義やガヴァナンス、協労や連帯などのこれからのあり方を模索する。

グローバル時代の平和学【全4巻】
◆現代世界の深層を明らかにしつつ、明日への希望を与える道標
●各2625円

1 いま平和とは何か ▶平和学の理論と実践　　藤原 修・岡本三夫編
2 いま戦争を問う ▶平和学の安全保障論　　磯村早苗・山田康博編
3 歴史の壁を超えて ▶和解と共生の平和学　　内海愛子・山脇啓造編
4 私たちの平和をつくる ▶環境・開発・人権・ジェンダー　高柳彰夫／R.アレキサンダー編

法律文化社

表示価格は定価（税込価格）です